## 펼쳐 보면 느껴집니다

단 한 줄도 배움의 공백이 생기지 않도록
문장 한 줄마다 20년이 넘는
해커스의 영어교육 노하우를 담았음을

## 덮고 나면 확신합니다

수많은 선생님의 목소리와
정확한 출제 데이터 분석으로 꽉 찬
교재 한 권이면 충분함을

해커스북 중·고등
HackersBook.com

# WHY
## HACKERS
# READING GROUND?

## 영어 독해가
## 재미있어지니까!

최신 이슈 및 트렌드가
반영된 흥미롭고 유익한

**독해 지문**

다양한 사고력 문제로
지문을 완벽히
내 것으로 만드는

**문해력+**

지문과 관련된 재미있는
추가 정보로 상식을 키우는

**배경지식**

**Hackers Reading Ground**

Level 1          Level 2          Level 3

# 독해+서술형+어휘+작문+문법을
# 다 잡을 수 있으니까!

필수 문법 포인트 30개로
문법 문제를 확실히 잡는

**Grammar Ground**

학습한 내용을
확실하게 점검하는

**Review Ground**

내신 시험지와 서술형 문제를
그대로 담은

**내신대비 추가문제**

A path to advanced reading skills

# HACKERS
# READING
# PATH

✓ **최신 경향이 반영된 문제**를 통해 효과적으로 독해 실력 향상

✓ **흥미로우면서도 학술적인 내용을 다루는 지문**으로 배경지식 확장

✓ Unit에서 **학습한 내용을 꼼꼼히 복습**할 수 있는 Workbook

# HACKERS
# READING
# GROUND

리딩 그라운드

탄탄한 실력을 속성으로 완성하는 중학 영어 독해서

HACKERS

# CONTENTS

# PREVIEW 책의 구성과 특징

## ❶ 흥미롭고 유익한 지문

최신 이슈와 트렌드가 반영된 참신한 소재의 지문을 통해, 독해 학습을 재미있게 할 수 있어요. 각 지문에는 지문별 단어 개수, 난이도, 지문 음성(QR코드)이 제공됩니다.

## ❷ 생각의 폭을 넓히는 배경지식

지문과 관련된 재미있는 배경지식을 읽으며 상식을 쌓고 생각의 폭을 넓힐 수 있어요.

## ❸ 문법 문제 잡는 Grammar Ground

지문에 나온 중학 필수 문법 포인트 30개를 학습함으로써 문장 구조를 확실하게 파악하는 연습을 하고, 내신 문법 문제에도 대비할 수 있어요.

CHAPTER 02 **Nature**

**3**
141 words
★ ★ ☆

You can't believe your eyes. A hot dog is stuck on a plant's stem! But if you take a bite, you will only get a mouthful of fluff. The "hot dog" is actually the flower of a plant called the *cattail.

Cattails grow in wetlands. They are important to these areas because they protect the banks from **erosion and make the water cleaner. Plus, they provide shelter for birds and fish, while also serving as homes for the insects these animals eat.

Cattails are useful for people, too. Although they may not be as tasty as a hot dog, we can eat every part of them. They are a great source of vitamins and have various health benefits, such as preventing infections. We can even make chairs with the leaves and pillow stuffing with the seeds.

*cattail 부들  **erosion 침식

### 핫도그 vs. 콘도그
한국에서 흔히 '핫도그'(hot dog)라고 부르는 간식은, 사실 미국에서는 '콘도그'(corn dog)이다! 즉, 옥수수 가루 반죽 안에 소시지를 넣은 뒤 튀겨 막대기를 끼워서 먹는 음식이 콘도그인 것이다. 미국에서 핫도그는 길쭉한 빵을 잘라 소시지와 케첩 등의 양념을 넣어 먹는 음식을 일반서.

**Grammar Ground** 양보를 나타내는 접속사와 전치사
양보를 나타내는 다음 부사절 접속사 뒤에는 절(주어 + 동사)이 오고, 전치사 뒤에는 명사(구)가 온다.

| | 비록 ~이지만 | though  although  even though | | ~에도 불구하고 | despite  in spite of |
|---|---|---|---|---|---|
| 접속사 | ~인 반면에 | while  whereas | 전치사 | | |
| | 비록 ~일지라도 | even if | | | |

### 핵심 단어 엿보기

챕터별 핵심 단어를 미리 확인해 지문 독해에 필요한 주요 단어의 뜻을 예습할 수 있어요.

### Review Ground

어휘, 문법, 작문 문제를 풀며 각 챕터에서 배운 내용을 확실하게 복습하고 부족한 부분을 점검할 수 있어요.

**CH 02**
Hackers Reading Ground Level 2

• 해설집 p.6

• 해설집 p.6

**4** **1** 이 글의 제목으로 가장 적절한 것은?

① The Plants That Taste Good
② Ways to Use Different Parts of a Plant
③ Protect the Wetlands and Their Wildlife
④ The Unique-Looking Plant with Many Uses
⑤ The Health Benefits of Eating Plant Products

**2** 이 글의 내용과 일치하면 T, 그렇지 않으면 F를 쓰시오.

(1) The habitat of cattails is the wetlands.
(2) Cattails improve the quality of water.
(3) Cattail seeds are important food for animals.

**3** 이 글의 빈칸에 들어갈 말로 가장 적절한 것은?

① They really are all-round plants!
② We shouldn't pick the flowers at all!
③ They have both bright and dark sides!
④ We don't need to buy furniture anymore!
⑤ They can be harmful for people with diseases!

**문해력+**

**5** **4** 다음 질문에 대한 답이 되도록 빈칸에 들어갈 말을 글에서 찾아 쓰시오.

Q. How do people use cattails?

A. People make furniture with the _____ and fill pillows with the _____ . People also eat them as a source of _____ .

**6** Words | stick 명붙이다 plant 명식물 stem 명줄기 take a bite 한입 베어 물다 a mouthful of 한 입의 ~ fluff 명솜털 wetland 명습지 bank 명독, 제방 shelter 명쉼터 serve as ~의 역할을 하다 insect 명곤충 source 명공급원 benefit 명이점 prevent 통예방하다 infection 명감염 pillow 명베개 stuffing 명 (쿠션 안에 넣는) 속 seed 명씨(앗) <문제> taste 통맛이 ~하다 use 명사용하다; 명용도 unique-looking 명독특한 모습의 habitat 명서식지 all-round 명만능의 furniture 명가구 harmful 명해로운 disease 명질병 fill 통채우다

---

**④ 지문 이해도를 높이는**
# 다양한 문제유형

다양한 유형의 문제를 풀면서
지문 이해도를 높이고
내신 시험에도 대비할 수 있어요.

**⑤ 지문을 완벽하게 정리하는**
# 문해력+

지문의 내용을 완벽하게 이해했는지
확인할 수 있는 요약, 도표 해석 등의 문제로
문해력을 기를 수 있어요.

**⑥ 주요 단어를 정리한**
# Words

지문에 나온 주요 단어 및 표현을 학습하며
어휘력을 키울 수 있어요.

---

## Workbook

### PART 1
**직독직해**

모든 지문을
한 문장씩
직독직해하며
다시 한번
복습할 수 있어요.

### PART 2
**내신대비 추가문제**

내신 시험지 형태의
추가 문제를 풀며
내신·서술형 문제에
대비할 수 있어요.

### PART 3
**Word Test**

챕터별 핵심 단어를
제대로 외웠는지
점검할 수 있어요.

# CHAPTER 01

# Origins

# 1 상쾌함을 위한 7,000년의 여정

🔍 핵심 단어 엿보기

□ breath 몡 숨결

□ invent 동 발명하다

□ evolve 동 발달하다

□ modern 혱 현대의

□ ancient 혱 고대의

□ squeeze 동 짜내다

□ ingredient 몡 성분

□ toothbrush 몡 칫솔

# 2 필라테스가 필라테스하다

🔍 핵심 단어 엿보기

□ familiar 혱 친숙한

□ mistake 동 오해하다

□ quit 동 그만두다

□ recover 동 회복하다

□ athlete 몡 운동선수

□ prison 몡 감옥

□ physical 혱 신체적인

□ attach 동 붙이다

# 3 신과 함께

🔍 핵심 단어 엿보기

□ bless 동 축복하다

□ shorten 동 (길이를) 줄이다

□ convenient 혱 편리한

□ turn into ~으로 변하다

□ phrase 몡 구절

□ term 몡 용어

□ original 혱 원래의

□ religious 혱 종교적인

지문 음성 바로 듣기

# 1

139 words
★ ★ ☆

We all want clean teeth and fresh breath. People in ancient times were just like us!

Around 7,000 years ago, the ancient Egyptians invented the first "toothpaste." (a) It was actually a powder made of salt, mint, pepper, and dried flowers. (b) The ancient Greeks and Romans later added crushed bones and oyster shells. (c) But these early toothpastes weren't very gentle. (d) Some people thought chewing hard things was good for teeth. (e) They could make people's *gums bleed!

For centuries, people continued using powder to clean their teeth. But in the 1870s, American dentist Washington Sheffield created a creamy toothpaste in a jar. The only problem was that scooping toothpaste from jars wasn't **sanitary. Then Sheffield's son ⓖ saw artists squeezing paint from tubes and thought, "Let's do that with toothpaste!" The result was similar to the toothpaste we use today. It's amazing to see how this everyday product has evolved over time!

*gum 잇몸   **sanitary 위생적인

3

6

9

12

15

**Grammar Ground**
**5형식 지각동사 see/watch/hear/listen to/smell/feel의 쓰임** (12행)
지각동사는 '~가 …하는 것을 보다/듣다/냄새 맡다/느끼다'라는 의미의 동사로, 「동사 + 목적어 + 목적격 보어(동사원형 or v-ing)」의 형태로 쓰인다. 목적격 보어 자리에 v-ing형이 오면 진행 중인 동작이 강조된다.
I saw my friend crying alone. 나는 나의 친구가 혼자 울고 있는 것을 보았다.

**1** 이 글의 주제로 가장 적절한 것은?

① the advantages of using tooth powder

② toothpaste ingredients used by dentists

③ the historical development of toothpaste

④ why taking care of our teeth is important

⑤ how the modern toothbrush was invented

**2** 이 글에서 고대 가루 치약의 재료로 언급되지 <u>않은</u> 것은?

① 소금　　　　　② 후추　　　　　③ 씨앗　　　　　④ 뼈　　　　　⑤ 굴 껍데기

**3** 이 글의 (a)~(e) 중, 전체 흐름과 관계<u>없는</u> 문장은?

① (a)　　　　　② (b)　　　　　③ (c)　　　　　④ (d)　　　　　⑤ (e)

문해력+

**4** 이 글의 내용으로 보아, 다음 빈칸에 들어갈 말을 보기에서 골라 쓰시오.

> 보기　creamy　paint　tubes　powder　sanitary　jars
>
> The ancient Egyptians made the first toothpaste in ＿＿＿＿＿＿＿＿ form. In the 19th century, a ＿＿＿＿＿＿＿＿ toothpaste was invented by an American dentist. His son put the toothpaste into ＿＿＿＿＿＿＿＿, and this led to the birth of modern toothpaste.

Words | **teeth** 몡 치아(tooth의 복수)　**fresh** 톙 상쾌한　**breath** 몡 숨결　**ancient** 톙 고대의　**invent** 됭 발명하다　**toothpaste** 몡 치약　**powder** 몡 가루　**salt** 몡 소금　**mint** 몡 박하　**pepper** 몡 후추　**dried** 톙 말린　**Greek** 몡 그리스인　**Roman** 몡 로마인　**crushed** 톙 으깨진　**bone** 몡 뼈　**oyster** 몡 굴　**shell** 몡 껍데기　**gentle** 톙 부드러운　**chew** 됭 씹다　**bleed** 됭 피가 나다　**dentist** 몡 치과의사　**creamy** 톙 크림 같은　**jar** 몡 병, 항아리　**scoop** 됭 푸다, 뜨다　**squeeze** 됭 짜내다　**everyday** 톙 일상의　**product** 몡 제품　**evolve** 됭 발달하다　<문제> **ingredient** 몡 성분　**development** 몡 발전　**take care of** ~을 돌보다　**modern** 톙 현대의　**toothbrush** 몡 칫솔　**birth** 몡 탄생

지문 음성 바로 듣기

# 2

141 words
★ ★ ☆

You may not know of Joseph Pilates, but his name probably ⓐ <u>sounds like familiar</u>. This German athlete created the exercise known as Pilates during World War I!

In 1912, Joseph was working as a circus performer and boxer in England. But when the war began in 1914, he was mistaken for a spy and sent to prison. Instead of quitting physical training, he designed a workout he could do in the small prison space. _____, he helped prisoners who couldn't walk recover. He attached springs to their bedframes. These springs allowed the prisoners to build muscle in their beds by pushing and pulling against the springs. This was the beginning of the Pilates machines!

Today, people worldwide enjoy Pilates. It doesn't require much space.

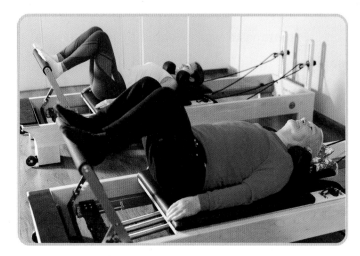

And for people with injuries, the special machines help them ⓑ <u>exercise</u> with less strain on their bodies.

더 알아보기: 운동 이름의 어원
• 플랭크(plank): '넓빤지'라는 뜻으로, 널빤지처럼 몸을 평평하게 만든 후 팔과 다리로 버티는 동작이라서 이런 이름이 붙었다.
• 스쾃(squat): '쪼그리고 앉다'라는 뜻으로, 양발을 좌우로 벌리고 서서 무릎을 구부렸다 폈다 하는 운동이라서 이런 이름이 붙었다.

Grammar Ground

주격 관계대명사 who/which/that의 쓰임 (8행)
He has a friend <u>who</u>[that] is tall. (사람 선행사) 그에게는 키가 큰 친구가 있다.
The tiger which[that] is sleeping looks scary. (동물 선행사) 자고 있는 저 호랑이는 무서워 보인다.
I need a pen which[that] writes well. (사물 선행사) 나는 잘 써지는 펜이 필요하다.

**1**  이 글의 제목으로 가장 적절한 것은?

① Joseph Pilates: Spy Turned War Hero

② How Athletes Design Their Own Exercises

③ Methods Used by Soldiers to Stay Healthy

④ Pilates Is the Simplest Path to Better Health

⑤ Pilates: From Prison to Worldwide Fitness Trend

**2**  이 글의 밑줄 친 ⓐ, ⓑ가 어법상 맞으면 O를 쓰고, 틀리면 바르게 고쳐 쓰시오.

ⓐ: _____          ⓑ: _____

**3**  이 글의 빈칸에 들어갈 말로 가장 적절한 것은?

① However          ② In addition          ③ For example

④ Rather          ⑤ In short

**4**  이 글의 내용과 일치하도록 (A)~(D)를 알맞은 순서대로 배열하시오.

(A) Joseph Pilates invented a type of exercise machine.

(B) Joseph Pilates was thought to be a spy.

(C) Joseph Pilates performed in the circus.

(D) Joseph Pilates was put in prison.

_____ → _____ → _____ → _____

Words | **know of** ~에 관해 알다  **familiar** 휑 친숙한  **athlete** 뗑 운동선수  **exercise** 뗑 운동; 통 운동하다  **known as** ~이라고 알려진
**performer** 뗑 공연자  **boxer** 뗑 권투선수  **mistake** 통 오해하다  **spy** 뗑 첩자, 스파이  **prison** 뗑 감옥  **quit** 통 그만두다  **physical** 휑 신체의
**training** 뗑 훈련  **workout** 뗑 운동  **prisoner** 뗑 죄수  **recover** 통 회복하다  **attach A to B** A를 B에 붙이다  **muscle** 뗑 근육  **push** 통 밀다
**pull** 통 당기다  **against** 젼 ~과 반대 방향으로  **worldwide** 휑 전 세계의, 전 세계적인  **require** 통 필요로 하다  **injury** 뗑 부상  **strain** 뗑 부담
<문제> **soldier** 뗑 군인  **path** 뗑 길  **fitness** 뗑 운동, 신체 단련

지문 음성 바로 듣기

# 3

123 words

★ ☆ ☆

In England in the late 14th century, people blessed each other when they parted. The blessing was "God be with ye." Back then, "ye" meant "you." ( ① ) People often didn't know when they would meet again in those days. ( ② ) But writer Gabriel Harvey thought the phrase was too long. ( ③ ) Therefore, he shortened it to "godbwye." ( ④ ) People started to use this term as it was more convenient than the original one. ( ⑤ ) It kept changing, though! Over time, the "w" was dropped, and later "god" turned into "good." That was because expressions like "good day" were popular.

You already know the resulting word. It is "goodbye," and it is used by people every day!

---

**Grammar Ground**  부사절을 이끄는 접속사 as의 다양한 의미  6행

1. ~하기 때문에: She's happy as she got a present. 그녀는 선물을 받았기 때문에 행복하다.

2. ~하면서, ~하고 있을 때: I read a book as I waited for him. 그를 기다리면서 나는 책을 읽었다.

3. ~하는 대로, ~하는 듯이: He left early as I said. 내가 말했던 대로 그는 일찍 떠났다.

**1** 이 글의 제목으로 가장 적절한 것은?

① Phrases to Say Instead of "Goodbye"

② The Words We Most Commonly Use

③ How Language Changes as Time Goes On

④ Expressions That Have Religious Meanings

⑤ A Short Word with a Long Background Story

**2** 이 글의 흐름으로 보아, 다음 문장이 들어가기에 가장 적절한 곳은?

> So, they asked God to be with their friends until that time.

①　　　　　②　　　　　③　　　　　④　　　　　⑤

**3** 이 글의 내용과 일치하면 T, 그렇지 않으면 F를 쓰시오.

(1) 사람들은 'godbwye'가 기존의 표현보다 더 편리하다고 생각했다. _____

(2) 14세기 후반 영국에서는 'God'과 'good'이 같은 의미로 쓰였다. _____

문해력⁺

**4** 이 글의 내용으로 보아, 다음 빈칸에 들어갈 말을 글에서 찾아 쓰시오.

> In the late 14th century, English people said "God be with ye" when they left each other.

⬇

> One writer shortened the phrase to "_____" because he believed the original one was too _____.

⬇

> Later, the "_____" was dropped, and "god" became "good."

⬇

> The result is "_____."

**Words** | **bless** 동 축복하다　**part** 동 헤어지다　**phrase** 명 구절　**shorten** 동 (길이를) 줄이다　**term** 명 용어　**convenient** 형 편리한
**original** 형 원래의　**though** 부 하지만　**drop** 동 빼다　**turn into** ~으로 변하다　**expression** 명 표현　**popular** 형 인기 있는　**resulting** 형 결과로 생긴
<문제> **religious** 형 종교적인　**background** 명 배경, 배후 사정

# Review Ground

**[1-4] 단어와 영영 풀이를 알맞게 연결하시오.**

1 mistake •  • ⓐ to reduce the length or extent of something

2 invent •  • ⓑ to identify or judge something incorrectly

3 shorten •  • ⓒ to create something new, especially a product or idea

4 quit •  • ⓓ to stop an action, activity, or job; give up

5 다음 빈칸에 공통으로 들어갈 말로 알맞은 것은?

> • The book _____ I'm reading now is very interesting.
> • The puppy _____ barks all night belongs to the Smith family.
> • The child _____ won the science contest is talented.

① who　　② that　　③ whose　　④ which　　⑤ whom

6 다음 빈칸에 들어갈 접속사가 나머지 넷과 <u>다른</u> 것은?

① Do it _____ I showed you earlier.

② He was late _____ his car broke down on the way.

③ Keep the news secret _____ it is officially announced.

④ Jessica saw Jackson _____ she was walking through the park.

⑤ Follow the instructions _____ they are written on the package.

**[7-8] 다음 우리말과 같도록 괄호 안의 말을 알맞게 배열하시오.**

7 하지만 이 초기 치약들은 아주 부드럽지는 않았다. (very, weren't, gentle, early toothpastes, these)

→ But _____.

8 게다가, 그는 걸을 수 없었던 죄수들이 회복하도록 도왔다. (recover, he, couldn't walk, who, prisoners, helped)

→ In addition, _____.

Just being there for someone
can sometimes bring hope
when all seems hopeless.

- Dave Llewellyn

모든 것이 절망적으로 보일 때, 누군가를 위해 옆에 있어 주는 것만으로도 가끔은 희망을 가져다줄 수 있다. - 데이브 르웰린 (웨일스의 소설가)

# CHAPTER 02

# Nature

# 1 그들의 위험한 만남

## 🔍 핵심 단어 엿보기

- □ volcano 몡 화산
- □ observe 동 관찰하다
- □ fascinating 혱 매력적인
- □ threat 몡 위협
- □ erupt 동 (화산이) 폭발하다
- □ crash into ~에 충돌하다
- □ pose 동 초래하다
- □ injury 몡 부상

# 2 발 없는 돌이 천 리 간다

## 🔍 핵심 단어 엿보기

- □ alive 혱 살아 있는
- □ race 동 경주하다, 질주하다
- □ collect 동 고이다, 모이다
- □ float 동 떠다니다
- □ impression 몡 인상
- □ on one's own 스스로
- □ freeze 동 얼다
- □ combination 몡 조합

# 3 핫도그가 나무에 열린다면

## 🔍 핵심 단어 엿보기

- □ stick 동 붙이다
- □ shelter 몡 쉼터
- □ benefit 몡 이점
- □ infection 몡 감염
- □ take a bite 한입 베어 물다
- □ serve as ~의 역할을 하다
- □ prevent 동 예방하다
- □ habitat 몡 서식지

# 1

135 words
★ ★ ★

In 2015, the Calbuco volcano in Chile erupted. At the same time, thousands of lightning bolts appeared. _____ a strange sight it was! 3

Lightning is usually seen during a thunderstorm. But it can sometimes occur during a volcanic eruption. Known as volcanic lightning, this rare event has been observed only about 200 times over the past two centuries. 6

So, what causes it? When a volcano erupts, a dark cloud forms above the volcano. This cloud contains tiny fragments of ash, rock, and ice. As these pieces crash into one another, *static electricity is created. If the 9 static electricity becomes too strong, a bright bolt of lightning appears!

In photographs, volcanic lightning looks fascinating. 12 However, it poses threats to humans just like regular volcanic eruptions. Flying 15 rocks and extreme heat can cause injury, or even death.

*static electricity 정전기

---

**Grammar Ground** **의문사가 주어인 의문문** 7행

의문문의 주어가 what(무엇), who(누구) 등의 의문사인 경우 「의문사 + 동사 ~?」의 형태로 쓰며, 의문사는 3인칭 단수 취급한다.

What **causes** it? 무엇이 그것을 일으키는가?
Who **made** this cake? 누가 이 케이크를 만들었니?

**1** 이 글의 주제로 가장 적절한 것은?

① a strange place in Chile

② an unusual type of lightning

③ how static electricity is created

④ where to see volcanic eruptions

⑤ the formation of a thunderstorm

**2** 다음 빈칸에 들어갈 말이 이 글의 빈칸에 들어갈 말과 다른 것은?

① _____ wonderful paintings these are!

② _____ a clever idea!

③ _____ a delicious meal this is!

④ _____ cute puppies!

⑤ _____ loud the audience is!

**3** 이 글의 밑줄 친 these pieces에 포함되는 것 세 가지를 글에서 찾아 쓰시오.

(1) _____   (2) _____   (3) _____

문해력+

**4** 이 글의 내용으로 보아, 다음 빈칸에 들어갈 말을 글에서 찾아 쓰시오.

### How Volcanic Lightning Appears

| The volcano erupts. |
| :---: |

⬇

| Particles inside the dark cloud _____ into one another. |
| :---: |

⬇

| _____ _____ is created and becomes strong. |
| :---: |

⬇

| Volcanic lightning appears. |
| :---: |

Words | volcano 圆 화산   erupt 圄 (화산이) 폭발하다   thousands of 수많은 ~   lightning 圆 번개   bolt 圆 (번쩍하는) 번개   strange 圈 이상한
sight 圆 광경   thunderstorm 圆 뇌우(천둥과 번개를 동반한 비)   observe 圄 관찰하다   contain 圄 포함하다   tiny 圈 아주 작은   fragment 圆 조각
ash 圆 화산재   piece 圆 조각   crash into ~에 충돌하다   one another 서로   fascinating 圈 매력적인   pose 圄 초래하다   threat 圆 위협
extreme 圈 극심한   injury 圆 부상   death 圆 죽음   <문제> unusual 圈 흔치 않은   formation 圆 형성   clever 圈 영리한   particle 圆 조각

지문 음성 바로 듣기

# 2

159 words
★ ★ ☆

Are rocks alive? You might think so if you visit the Racetrack in Death Valley, California. The Racetrack is a dry *lake bed with hundreds of large stones. Behind each stone, there's a long track, and it can be as long ₃ as four kilometers! This gives the impression that the stones are racing across the ground. But wait. Can rocks move on their own?

In 2013, scientists finally found the answer to that question. ( ① ) ₆ The tracks are caused by rain, ice, and wind! ( ② ) If a small amount of rainwater collects in the lake bed during winter, some of it freezes and becomes ice. ( ③ ) As a result, the stones move and leave those tracks in ₉ the soft mud. ( ④ ) When the water dries up after winter, the mud gets harder, and the tracks become set in place. ( ⑤ ) There are no magic tricks; it's all about the wonders of nature! ₁₂

*lake bed 호수 바닥

**Grammar Ground** 원급 비교 「as + 형용사/부사의 원급 + as」: ~만큼 …한/하게 (3~4행)

원급 비교는 두 대상의 정도가 비슷하거나 같음을 나타내며, 부정형인 '~만큼 …하지 않은/않게'는 앞에 not을 붙여 나타낸다.
Jihyun is as smart as her older sister. 지현이는 그녀의 언니만큼 똑똑하다.
I think hot dogs are not as tasty as hamburgers. 나는 핫도그가 햄버거만큼 맛있지 않다고 생각한다.

**1** 이 글의 제목으로 가장 적절한 것은?

① Who Put the Rocks in the Racetrack?

② The Discovery of an Ancient Lake Bed

③ How Was Death Valley First Formed?

④ The Racing Rocks: Solving the Mystery

⑤ The Racetrack: Stones Move by Themselves

**2** 이 글의 흐름으로 보아, 다음 문장이 들어가기에 가장 적절한 곳은?

> The ice floats and pushes on the stones when the wind blows.

①　　　　　　②　　　　　　③　　　　　　④　　　　　　⑤

**3** 이 글을 읽고 답할 수 <u>없는</u> 질문은?

① 레이스트랙은 어디에 있는가?

② 바위 뒤 트랙의 길이는 얼마나 되는가?

③ 과학자들은 바위 뒤 트랙의 발생 원인을 언제 밝혀냈는가?

④ 레이스트랙에서 바위 뒤 트랙이 형성되는 원인은 무엇인가?

⑤ 레이스트랙에 얼마나 자주 비가 내리는가?

문해력+
**4** 이 글의 내용으로 보아, 괄호 안에서 알맞은 말을 골라 표시하시오.

> **Is Someone Playing Tricks at the Racetrack?**
>
> The answer is (1) ( yes / no ). The tracks on the Racetrack were made through a combination of rain, (2) ( mud / ice ), and wind. They are a miracle of (3) ( scientists / nature ).

---

Words | **alive** 혱 살아 있는　**hundreds of** 수백 개의 ~　**track** 몡 (자동차 바퀴) 자국　**impression** 몡 인상　**race** 통 경주하다, 질주하다
**across** 젠 ~을 가로질러　**on one's own** 스스로　**rainwater** 몡 빗물　**collect** 통 고이다, 모이다　**freeze** 통 얼다　**leave** 통 남기다　**mud** 몡 진흙
**dry up** 바싹 마르다　**set** 혱 고정된　**in place** 제자리에　**trick** 몡 속임수　**wonder** 몡 경이(로움)　<문제> **discovery** 몡 발견　**mystery** 몡 수수께끼
**float** 통 떠다니다　**push** 통 밀어내다　**blow** 통 (바람이) 불다　**play tricks** 장난을 치다　**combination** 몡 조합　**miracle** 몡 기적

지문 음성 바로 듣기

# 3

141 words
★ ★ ☆

You can't believe your eyes. A hot dog is stuck on a plant's stem! But if you take a bite, you will only get a mouthful of fluff. The "hot dog" is actually the flower of a plant called the *cattail. 3

Cattails grow in wetlands. They are important to these areas because they protect the banks from **erosion and make the water cleaner. Plus, they provide shelter for birds and fish, while also serving as homes for the 6 insects these animals eat.

Cattails are useful for people, too. Although they may not be as tasty as a hot dog, we can eat every part of them. They are a great source of 9 vitamins and have various health benefits, such as preventing infections. We can even make chairs with the leaves and pillow stuffing with the seeds.

12

*cattail 부들  **erosion 침식

### 핫도그 vs. 콘도그
한국에서 흔히 '핫도그'(hot dog)라고 부르는 간식은, 사실 미국에서는 '콘도그'(corn dog)이다! 즉, 옥수수 가루 반죽 안에 소시지를 넣은 뒤 튀겨 막대기를 끼워서 먹는 음식이 콘도그인 것이다. 미국에서 핫도그는 길쭉한 빵을 잘라 소시지와 케첩 등의 양념을 넣어 먹는 음식을 일컫는다.

**Grammar Ground** 양보를 나타내는 접속사와 전치사 (8행)

양보를 나타내는 다음 부사절 접속사 뒤에는 절(「주어 + 동사」)이 오고, 전치사 뒤에는 명사(구)가 온다.

| 접속사 | 비록 ~이지만 | though  although  even though | 전치사 | ~에도 불구하고 | despite  in spite of |
|---|---|---|---|---|---|
| | ~인 반면에 | while  whereas | | | |
| | 비록 ~일지라도 | even if | | | |

**1** 이 글의 제목으로 가장 적절한 것은?

① The Plants That Taste Good
② Ways to Use Different Parts of a Plant
③ Protect the Wetlands and Their Wildlife
④ The Unique-Looking Plant with Many Uses
⑤ The Health Benefits of Eating Plant Products

**2** 이 글의 내용과 일치하면 T, 그렇지 않으면 F를 쓰시오.

(1) The habitat of cattails is the wetlands. _____
(2) Cattails improve the quality of water. _____
(3) Cattail seeds are important food for animals. _____

**3** 이 글의 빈칸에 들어갈 말로 가장 적절한 것은?

① They really are all-round plants!
② We shouldn't pick the flowers at all!
③ They have both bright and dark sides!
④ We don't need to buy furniture anymore!
⑤ They can be harmful for people with diseases!

**4** 다음 질문에 대한 답이 되도록 빈칸에 들어갈 말을 글에서 찾아 쓰시오.

> Q. How do people use cattails?

A. People make furniture with the _____ and fill pillows with the
_____ . People also eat them as a source of _____ .

--------------------------------------------------------------------

Words | stick 통붙이다  plant 명식물  stem 명줄기  take a bite 한입 베어 물다  a mouthful of 한 입의 ~  fluff 명솜털  wetland 명습지
bank 명둑, 제방  shelter 명쉼터  serve as ~의 역할을 하다  insect 명곤충  source 명공급원  benefit 명이점  prevent 통예방하다
infection 명감염  pillow 명베개  stuffing 명(쿠션 안에 넣는) 속  seed 명씨(앗)  <문제> taste 통맛이 ~하다  use 통사용하다; 명용도
unique-looking 형독특한 모습의  habitat 명서식지  all-round 형만능의  furniture 명가구  harmful 형해로운  disease 명질병  fill 통채우다

# Review Ground

**[1-4]** 다음 영영 풀이에 해당하는 단어를 보기에서 골라 뜻과 함께 쓰시오.

| 보기 | impression | ash | benefit | injury | plant | wonder |

단어 / 뜻

1  an advantage gained from an action or thing

2  an instance of physical harm or damage to the body

3  surprise or amazement caused by something unfamiliar

4  a feeling or opinion formed about someone or something

5  다음 중, 빈칸에 들어갈 수 없는 것을 모두 고르시오.

- _____ the puzzle was complex, the clever boy solved it quickly.
- _____ the movie is long, they plan to watch it until the end.

① Although        ② Despite        ③ Though

④ Even though      ⑤ In spite of

6  다음 중, 어법상 어색한 것은?

① She is as fast as a cheetah on the track.

② This restaurant is as popular as the one downtown.

③ His performance was as impressive as hers.

④ The coffee is as hot as boiling water.

⑤ His voice is as louder as thunder.

**[7-8]** 다음 우리말과 같도록 괄호 안의 말을 알맞게 배열하시오.

7  그 결과, 그 돌들은 움직이고 부드러운 진흙에 그 자국들을 남긴다. (the soft mud, the stones, and, in, move, those tracks, leave)

  → As a result, _____.

8  화산이 폭발하면, 그 화산 위에 어두운 구름이 형성된다. (erupts, the volcano, forms, a dark cloud, a volcano, above, when)

  → _____, _____.

*Never give up
on what you really want to do.
The person with big dreams
is more powerful than
one with all the facts.*

*- Albert Einstein*

네가 정말 하고 싶은 일을 절대 포기하지 말아라. 큰 꿈을 가진 사람이 모든 사실을 알고 있는 사람보다 더 강하다. - 알베르트 아인슈타인 (독일의 물리학자)

# Human Body

# 1 핀과 바늘이 콕콕

# 2 단지 껍데기인 것이 아니다

# 3 너만 보면 눈물이 나

# 1

158 words
★ ★ ★

You are resting your head on your arm during a break. When the bell rings, you sit up and feel small, sharp pains in your arm! This feeling is commonly called "pins and needles." The name describes [G] how it feels: it's like pins and needles are poking your skin.

Why does this happen? Your *nerves need oxygen and **glucose to function properly, and they are delivered through the blood. But when you put pressure on a body part for too long, the blood flow to your nerves becomes blocked. As a result, your nerves can't do their job and "fall asleep." If you release the pressure by changing position, they start to _____ and become more active than usual. This sudden increase in activity causes pins and needles.

Although the feeling is uncomfortable, it is harmless and will disappear in a few minutes. But if it continues, it might be a sign that the nerves are damaged.

3

6

9

12

15

18

**be on pins and needles**

pins and needles에 be on이 붙어 be on pins and needles가 되면 '초조하다, 안절부절못하다'라는 의미의 숙어가 된다. 이외에도 be like a cat on a hot tin roof(뜨거운 양철 지붕 위에서 고양이가 가만히 있지 못하는 모습), have butterflies in one's stomach(나비들이 뱃속에서 날아다니는 것 같은 느낌) 등의 표현들 또한 초조한 감정을 나타낸다.

*nerve 신경   **glucose 포도당

**Grammar Ground** 의문사가 있는 간접의문문: 「의문사 + 주어 + 동사」 ⑤행

간접의문문은 다른 문장의 일부로 쓰여 질문 내용을 간접적으로 물으며, 의문사가 주어일 때는 「의문사 + 동사 ~」의 형태로 쓴다.

I want to know what her name is. (「의문사 + 주어 + 동사」) 나는 그녀의 이름이 무엇인지 알고 싶다.

I'm not sure who came first. (「의문사 + 동사 ~」) 나는 누가 먼저 왔는지 확실히 알지 못한다.

**1**　이 글의 제목으로 가장 적절한 것은?

① Different Feelings Caused by Nerves

② Why We Get the Pins and Needles Feeling

③ How We Can Ease Pins and Needles Quickly

④ The Best Positions for Increasing Blood Flow

⑤ Pins and Needles: The Most Affected Body Parts

**2**　이 글의 내용과 일치하면 T, 그렇지 않으면 F를 쓰시오.

(1) The condition is called pins and needles because of how it feels. ＿＿＿＿＿＿

(2) Pins and needles are normally a sign of a serious medical condition. ＿＿＿＿＿＿

**3**　이 글의 빈칸에 들어갈 말로 가장 적절한 것은?

① get lost　　　　② lie down　　　　③ wake up

④ wrap up　　　　⑤ take a rest

**문해력+**

**4**　이 글의 내용으로 보아, 다음 (A)와 (B)에 각각 공통으로 들어갈 말을 글에서 찾아 쓰시오.

> Putting ＿＿(A)＿＿ on a body part for a long time blocks the flow of blood to the ＿＿(B)＿＿ . When the ＿＿(A)＿＿ is removed, the ＿＿(B)＿＿ suddenly become active again, and the result is the uncomfortable feeling known as "pins and needles."

(A): ＿＿＿＿＿＿＿＿　　(B): ＿＿＿＿＿＿＿＿

Words | rest 통 기대다　arm 명 팔　ring 통 울리다　sit up 자세를 바로 하다　needle 명 바늘　describe 통 설명하다　poke 통 찌르다
oxygen 명 산소　function 통 기능하다　properly 부 제대로　deliver 통 전달하다　pressure 명 압력　blood flow 혈류(피의 흐름)
block 통 차단하다　fall asleep 잠들다　release 통 풀어 주다　position 명 자세　active 형 활동적인　usual 형 평소의　sudden 형 갑작스러운
increase 명 증가; 통 증가시키다　uncomfortable 형 불편한　harmless 형 무해한　disappear 통 사라지다　damage 통 손상시키다
<문제> ease 통 완화하다　affect 통 영향을 미치다　condition 명 (건강) 상태, 질환　medical 형 의학의　wrap up 마무리하다　remove 통 제거하다

# 2

158 words
★ ★ ☆

What is the largest organ in your body? Is it your brain, or is it your heart? Actually, your skin is the biggest! It measures over two square meters and can make up more than 15 percent of your total body weight. But it's not just a big cover for your body. It keeps you alive!

To begin with, the skin is a barrier that stops *germs like bacteria and viruses from entering your body. Thus, it can protect you from infections. In addition, the skin keeps moisture inside the body. This helps to prevent **dehydration, which can result from having little water in the body. Another important function of your skin is to detect external threats with its millions of specialized cells. If it senses extreme heat or pain, it sends a message to your brain to move away from the threat.

Clearly, your skin is essential. So, why not take good care of it with moisturizer?

*germ 병원체  **dehydration 탈수 증세

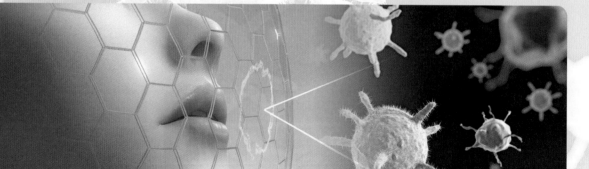

**Grammar Ground**  **셀 수 없는 명사와 함께 쓰는 수량형용사 little/a little** 8행

little(거의 없는), a little(약간의, 조금 있는)은 water(물), juice(주스), bread(빵), oxygen(공기)과 같은 셀 수 없는 명사와 함께 쓴다. 셀 수 없는 명사 앞에 few(거의 없는), a few(약간의, 조금 있는)는 쓸 수 없다.

I have (little, few) juice left in my bottle. 내 물병에 남은 주스가 거의 없다.

**1**   **이 글의 제목으로 가장 적절한 것은?**

① How the Skin Detects Pressure

② Is Your Skin Actually an Organ?

③ Various Types of Specialized Cells

④ The Roles of the Body's Largest Organ

⑤ Moisturizer: Taking Care of Everything

**2**   **이 글의 내용과 일치하면 T, 그렇지 않으면 F를 쓰시오.**

(1) The skin is larger than any other organ in the body.   _____

(2) Specialized skin cells detect changes inside the body.   _____

**3**   **이 글의 밑줄 친 Another important function이 의미하는 내용을 우리말로 쓰시오.**

_____

문해력+

**4**   **이 글의 내용으로 보아, 다음 빈칸에 들어갈 말을 보기에서 골라 쓰시오.**

보기   survival   weight   bacteria   dehydration   pressure   moisture

| The Roles of the Skin as a Barrier | |
|---|---|
| **Protection against Germs** | **Preventing Water Loss** |
| • keeps harmful viruses and (1) _____ out of your body | • preserves (2) _____ in the body, helping to avoid (3) _____ |

........................................................................................................

Words | **organ** 몡장기, 기관   **measure** 통(치수·길이가) ~이다   **square meter** 제곱미터(m²)   **make up** ~을 차지하다   **weight** 몡무게
**alive** 혱살아 있는   **barrier** 몡장벽   **bacteria** 몡박테리아, 세균   **infection** 몡감염   **moisture** 몡수분   **prevent** 통막다   **result from** ~에서 비롯되다
**function** 몡기능   **detect** 통감지하다   **external** 혱외부의   **threat** 몡위협   **millions of** 수백만 개의 ~   **specialized** 혱특수의   **cell** 몡세포
**sense** 통감지하다   **move away from** ~으로부터 벗어나다   **essential** 혱극히 중요한   **take care of** ~을 돌보다   **moisturizer** 몡보습제
<문제> **loss** 몡손실   **keep A out of B** A를 B 안에 들이지 않다   **preserve** 통보존하다   **avoid** 통방지하다

지문 음성 바로 듣기

**3**

159 words
★ ★ ★

Have you wondered why chopping onions makes us cry? Actually, it's all about survival! Onions grow underground where hungry animals live. To avoid being eaten, they have evolved a chemical defense system.

3

This system begins to work when we cut an onion, damaging the cells. The broken cells release *enzymes and chemicals containing **sulfur. 6 Then, these two combine and form a gas, which is very light and easily rises into the air. As this gas enters our eyes and mixes with the water in them, sulfuric acid is created. It is this acid that irritates our eyes! 9 But we have a method of protection, too. When our eyes detect a harmful

substance coming in, they produce tears to wash it away. That's why onions bring tears 12 to our eyes.

Fortunately, we <u>don't need to</u> suffer whenever we cut them. Before chopping 15 onions, just put them in the refrigerator for about 30 minutes to slow down the release of gas! 18

*enzyme 효소  **sulfur 유황

---

**Grammar Ground**  「It is ~ that …」 강조 구문: …한 것은 바로 ~이다 (9행)

It is와 that 사이에 강조할 대상을 쓰고, 나머지 부분은 that 뒤에 쓴다. 강조하는 대상에 따라 that 대신 who(m)/which/where/when을 쓸 수도 있다.

It is **this bus** that takes me to school. 나를 학교에 데려다주는 것은 바로 이 버스이다.

**1** 이 글의 주제로 가장 적절한 것은?

① the risks of using harmful substances

② the health benefits of producing tears

③ the science of why onions make us cry

④ the survival strategy of underground plants

⑤ how humans evolved a defense mechanism

**2** 다음 질문에 대한 답이 되도록 빈칸에 들어갈 말을 글에서 찾아 쓰시오.

> Q. Why did onions develop a defense system?

A. to prevent being _____ by hungry _____ underground

**3** 이 글의 밑줄 친 <u>don't need to</u>와 바꿔 쓸 수 있는 것을 <u>모두</u> 고르시오.

① cannot          ② must not          ③ should not

④ don't have to          ⑤ need not

**4** 다음 밑줄 친 부분이 이 글의 내용과 일치하지 <u>않는</u> 보기를 골라 기호를 쓰고, 바르게 고쳐 쓰시오.

① An onion is <u>sliced</u>.

⬇

② Chemicals and enzymes <u>come out</u>.

⬇

③ A <u>heavy</u> gas is made and rises into the air.

⬇

④ Our eyes become <u>irritated</u> as the gas enters them and creates sulfuric acid.

⬇

⑤ Our eyes make tears to <u>remove</u> the acid.

_____ → _____

**Words** | chop 통 썰다  survival 명 생존  underground 부 땅속에서; 형 땅속의  evolve 통 발달시키다  chemical 형 화학적인; 명 화학물질  defense 명 방어  cell 명 세포  broken 형 손상된  release 통 방출하다; 명 방출  combine 통 결합하다  light 형 가벼운  rise 통 피어오르다  acid 명 산  irritate 통 자극하다  protection 명 보호  harmful 형 해로운  substance 명 물질  wash A away A를 씻어내다  bring 통 가져오다  suffer 통 고통받다  refrigerator 명 냉장고  <문제> strategy 명 전략  mechanism 명 기제  slice 통 썰다  come out 나오다

• 해설집 p.10

# Review Ground

**[1-4] 단어와 영영 풀이를 알맞게 연결하시오.**

1 deliver •          • ⓐ to figure out or notice that something is there

2 detect •          • ⓑ to transport something to where it needs to go

3 suffer •          • ⓒ to determine the size or quantity of something

4 measure •          • ⓓ to experience pain, hardship, or tough conditions

5 다음 두 문장을 한 문장으로 바르게 연결하기 위해 빈칸에 들어갈 말로 알맞은 것은?

> Do you know? How does she stay calm even in difficult situations?
> → Do you know _____ even in difficult situations?

① how she stays calm                    ② how stays she calm

③ how does she stay calm                ④ how calm stays she

⑤ she stays calm how

6 다음 중, 어법상 <u>어색한</u> 것은?

① A little oxygen helps keep the fire burning.

② I have little juice remaining in the container.

③ Could you please pour me a few water?

④ Few people can solve this complex puzzle.

⑤ There are a few students in the classroom.

**[7-8] 다음 우리말과 같도록 괄호 안의 말을 알맞게 배열하시오.**

7 그것은 무해하며 몇 분 안에 사라질 것이다. (a few, it, and, harmless, is, will disappear, in, minutes)

→ _____

8 당신은 양파를 써는 것이 왜 우리를 울게 만드는지 궁금해해 본 적이 있는가? (makes, have, wondered, chopping, us, onions, why, you, cry)

→ _____

It ain't about how hard you hit.
It's about how hard you can get hit
and keep moving forward.

– From the movie *Rocky Balboa*

네가 얼마나 세게 때리느냐가 중요한 게 아냐. 네가 세게 맞더라도 계속 앞으로 나아갈 수 있느냐가 진짜 중요한 거야. - 영화「록키 발보아」중에서

# CHAPTER **04**

# Psychology

# 1 기차에서 만난 '그 사람'

## 🔍 핵심 단어 엿보기

- □ concern 몡 고민
- □ tendency 몡 경향
- □ burden 통 부담을 지우다
- □ judge 통 평가하다

- □ behavior 몡 행동
- □ discuss 통 논의하다
- □ negative 혱 부정적인
- □ comfort 몡 위안, 편안함

# 2 다가와, 아니 다가오지 마

## 🔍 핵심 단어 엿보기

- □ approach 통 다가가다
- □ expand 통 확장시키다
- □ be afraid of ~할까 봐 두려워하다
- □ wound 통 상처를 입히다

- □ apart 뮈 떨어져
- □ end up 결국 ~에 처하게 되다
- □ distance 몡 거리
- □ maintain 통 유지하다

# 3 쉿, 방송 중입니다

## 🔍 핵심 단어 엿보기

- □ feature 통 출연시키다, 특별히 포함하다
- □ consider 통 여기다
- □ symptom 몡 증상
- □ minor 혱 사소한

- □ convenient 혱 편리한
- □ expert 몡 전문가
- □ illness 몡 질환
- □ disorder 몡 이상, 장애

# 1

142 words

★ ☆ ☆

Have you ever ⓐ <u>posted</u> about your concerns online? If so, (A) <u>why didn't you simply talk to your friends about them?</u> This behavior can be explained by the "strangers on a train" phenomenon. It describes ₃ our tendency ⓑ <u>to discuss</u> personal matters with strangers, like the ones sitting next to us on a train.

Why do we act like this? ⓒ <u>When talking</u> to close friends, we are usually ₆ very careful. We do not want to burden them with our problems. Or, we may fear that they will share our secrets with others. However, it is different with strangers on a train. We won't see them again after getting ₉ off the train! So, we can freely express our private thoughts without ⓓ <u>to</u> <u>worry</u> about negative comments or being judged. Although these strangers may not solve our problems, the act of discussion ⓔ <u>itself</u> can bring us ₁₂ comfort.

**Grammar Ground** 부사절(「접속사 + 주어 + 동사」)을 분사구문으로 바꾸는 법 6행&9행

분사구문은 부사절에서 접속사와 주어를 생략한 후, 동사를 v-ing로 바꿔 만든다. 단, 주절의 주어와 같을 때만 부사절의 주어를 생략할 수 있으며, 의미를 분명하게 하기 위해 접속사를 생략하지 않기도 한다.

Waiting (= While she waited) for the trainer, she warmed up. 트레이너를 기다리면서, 그녀는 몸을 풀었다.

**1** 이 글의 제목으로 가장 적절한 것은?

① Helpful Tips for Traveling by Train

② How Strangers Become Best Friends

③ Why We Open Up to Unfamiliar People

④ The Train: The Ideal Place to Meet New Friends

⑤ Be Careful about Telling Personal Issues to Strangers

**2** 이 글의 밑줄 친 ⓐ~ⓔ 중, 어법상 어색한 것은?

① ⓐ      ② ⓑ      ③ ⓒ      ④ ⓓ      ⑤ ⓔ

**3** 다음 영영 풀이에 해당하는 단어를 글에서 찾아 쓰시오.

> a state of feeling relaxed and mentally supported

_____

**문해력+**

**4** 이 글의 밑줄 친 (A)에 다음과 같이 답할 때, 빈칸에 들어갈 말을 보기 에서 골라 쓰시오.

> 보기    fear    reveal    give    satisfy    ignore    follow
>
> I avoid telling my secrets to those who are close to me because I don't want to _____ them any stress. Also, I worry that they may _____ my secrets.

---

Words | post ⑧ (웹사이트에) 게시하다   concern ⑲ 고민   behavior ⑲ 행동   stranger ⑲ 이방인   phenomenon ⑲ 현상   describe ⑧ 말하다
tendency ⑲ 경향   discuss ⑧ 논의하다   matter ⑲ 문제   act ⑧ 행동하다; ⑲ 행위   close ⑱ 가까운   careful ⑱ 조심하는   burden ⑧ 부담을 지우다
fear ⑧ 두려워하다   get off ~에서 내리다   freely ⑨ 자유롭게   express ⑧ 표현하다   private ⑱ 사적인   negative ⑱ 부정적인   comment ⑲ 지적
judge ⑧ 평가하다   discussion ⑲ 논의   bring ⑧ 가져다주다   comfort ⑲ 위안, 편안함   <문제> open up 비밀을 털어놓다   unfamiliar ⑱ 잘 모르는
ideal ⑱ 이상적인   issue ⑲ 문제   state ⑲ 상태   relaxed ⑱ 편안한   mentally ⑨ 정신적으로   support ⑧ 지지하다   reveal ⑧ 밝히다, 폭로하다

지문 음성 바로 듣기

# 2

138 words
★ ★ ☆

It's a cold winter night. A *hedgehog curls up tightly to stay warm. (A) As it gets close to the other, however, they both shout "Ouch!" (B) This is because they are poking each other with their sharp spines.

3

(C) But that isn't enough, so it decides to approach another hedgehog. But 6 if they are apart, they will freeze to death.

Sigmund Freud expanded this story into a psychological concept. He called it the "hedgehog's dilemma." Just like the hedgehogs, we 9 may end up in this position. We want to have close relationships with others, but we are afraid of _____. So, how can we deal with this dilemma? We can learn from the 12 hedgehogs' solution to this problem. The solution is to keep a safe distance—close enough to stay 15 warm but far enough to avoid wounding each other.

*hedgehog 고슴도치

---

**Grammar Ground**

「형용사/부사 + enough + to-v」: ~할 만큼 충분히 …한/하게 (15~17행)

위 표현은 「so + 형용사/부사 + that + 주어 + can/could + 동사원형」(매우 …해서 ~할 수 있는)으로 바꿔 쓸 수 있다.

The situation was funny enough to make me laugh. 그 상황은 나를 웃게 할 만큼 충분히 재미있었다.
= The situation was so funny that I could laugh. 그 상황이 매우 재미있어서 나는 웃을 수 있었다.

**1** 이 글의 문장 (A)~(C)를 순서에 맞게 배열한 것으로 가장 적절한 것은?

① (A) – (B) – (C)　　　② (A) – (C) – (B)　　　③ (B) – (A) – (C)

④ (C) – (A) – (B)　　　⑤ (C) – (B) – (A)

**2** 이 글의 빈칸에 들어갈 말로 가장 적절한 것은?

① getting hurt　　　② going away　　　③ growing old

④ having space　　　⑤ being alone

**3** 이 글이 주는 교훈으로 가장 적절한 것은?

① Don't forget how to have fun together.

② Don't try to change the people around you.

③ You should consider other people before you act.

④ Communication is the most important thing in relationships.

⑤ It's important to maintain just the right distance in relationships.

**문해력+**
**4** 다음 질문에 대한 답이 되도록 빈칸에 들어갈 말을 보기에서 골라 쓰시오.

> 보기　calling　poking　shouting　position　danger　warmth

> Q. What is the dilemma faced by the hedgehogs?

A. They want to stay close for _____, but at the same time, they need to avoid _____ each other with their spines.

Words │ **curl up** 몸을 웅크리다　**tightly** 團 바짝　**warm** 團 따뜻한　**get close** 가까이 다가가다　**poke** 團 찌르다　**spine** 團 가시
**approach** 團 다가가다　**apart** 團 떨어져　**freeze to death** 얼어 죽다　**expand** 團 확장하다　**psychological** 團 심리학적인　**concept** 團 개념
**dilemma** 團 딜레마, 난제　**end up** 결국 ~에 처하게 되다　**relationship** 團 관계　**be afraid of** ~할까 봐 두려워하다　**deal with** ~을 해결하다
**distance** 團 거리　**far** 團 먼　**wound** 團 상처를 입히다　<문제> **space** 團 공간, 간격　**have fun** 재미있게 놀다　**consider** 團 고려하다
**maintain** 團 유지하다　**warmth** 團 온기　**face** 團 직면하다

# 3

129 words
★ ★ ☆

In the movie *The Truman Show*, the main character has been featured on a popular TV program since he was born. Millions of viewers watch him 24/7, and every person in his life, including his parents, is a professional actor. He is the only person who doesn't know his life is not real!

Surprisingly, some people in real life think <u>this</u> is happening to them, too. They are experiencing the Truman Show *Delusion (TSD). Those with TSD believe their every move is being watched by hidden cameras on a secret TV set.

It's convenient to consider the rise of reality TV shows as the cause of TSD. But keep in mind that it's not that simple. According to experts, TSD can be a symptom of a serious mental illness.

*delusion 망상, 착각

### 빅 브라더(Big Brother)

빅 브라더는 조지 오웰의 소설 『1984』에 나오는 독재자로, 텔레스크린이라는 기기를 통해 사회 전체를 감시한다. 현대에는 강력한 정보수집력을 가진 정보통신기업들을 빅 브라더라고 일컫기도 한다.

**Grammar Ground** 가주어 it의 쓰임 (10행)

긴 to부정사(구)나 명사절 등이 문장의 주어일 때는, 주로 주어 자리에 가주어 it을 쓰고 원래 주어인 진주어를 뒤로 보낸다.

<u>It</u> is easy <u>to learn cooking.</u> 요리를 배우는 것은 쉽다.

**1** 이 글의 제목으로 가장 적절한 것은?

① How *The Truman Show* Was Filmed

② Behind the Scenes: Secrets of TV Sets

③ Truman's Wisdom: Always Keep It Real

④ A Big Delusion: Real Life or Reality Show?

⑤ Modern Society Is Watching You Every Minute

**2** 이 글의 밑줄 친 this가 의미하는 것은?

① becoming an actor

② getting more viewers

③ having a mental illness

④ living lives full of difficulties

⑤ being watched on TV secretly

**3** 영화 「트루먼 쇼」에 관한 이 글의 내용과 일치하면 T, 그렇지 않으면 F를 쓰시오.

(1) 정신 질환을 주제로 한 영화이다. _____

(2) 배우의 실제 부모님이 영화에서 부모님의 역할을 맡았다. _____

문해력+

**4** 이 글의 내용으로 보아, 다음 빈칸에 들어갈 말을 보기 에서 골라 쓰시오.

| 보기 | serious | expert | symptom | minor | solution | secret |

The Truman Show Delusion (TSD) may not be a(n) _____ condition.
It could be a(n) _____ of a mental disorder.

.........................................................................................................................................................................

**Words** | **feature** 图 출연시키다, 특별히 포함하다  **24/7** 图 언제나(하루 24시간 1주 7일 동안)  **professional** 图 전문적인  **convenient** 图 편리한
**consider** 图 여기다  **rise** 图 부상, 상승  **cause** 图 원인  **keep in mind** ~을 명심하다  **expert** 图 전문가  **symptom** 图 증상  **serious** 图 심각한
**mental** 图 정신적인  **illness** 图 질환  <문제> **keep it real** 진실되게 행동하다  **full of** ~으로 가득 찬  **difficulty** 图 어려움  **minor** 图 사소한
**condition** 图 질환, (건강) 상태  **disorder** 图 이상, 장애

# Review Ground

**[1-3] 다음 밑줄 친 단어와 가장 비슷한 의미의 단어를 알맞게 연결하시오.**

1  He faced an urgent <u>problem</u> just before the project deadline. •    • ⓐ space

2  They kept their <u>distance</u> from the wild animals on the safari. •    • ⓑ condition

3  Due to a serious <u>illness</u>, she stayed in the hospital for weeks. •    • ⓒ dilemma

4  다음 빈칸에 들어갈 단어로 가장 적절한 것은?

>  We _____ others more strictly for the same mistakes we also make.

①  fear          ②  support          ③  forget          ④  wound          ⑤  judge

5  다음 두 문장의 의미가 같도록 분사구문을 이용해 문장을 완성할 때, 빈칸에 들어갈 말로 알맞은 것은?

>  After he finished his homework, he went for a walk to relax.
>  → _____, he went for a walk to relax.

①  Finish his homework              ②  Finished his homework
③  He finished his homework         ④  After finishing his homework
⑤  After finished his homework

6  다음 빈칸 (A)와 (B)에 각각 공통으로 들어갈 말로 알맞은 것은?

>  •  ___(A)___  is wise  ___(B)___  listen carefully before responding in a conversation.
>  •  ___(A)___  is necessary  ___(B)___  follow the safety guidelines in the laboratory.

①  (A) It - (B) that        ②  (A) It - (B) to        ③  (A) It - (B) which
④  (A) That - (B) that      ⑤  (A) That - (B) which

**[7-8] 다음 우리말과 같도록 괄호 안의 말을 알맞게 배열하시오.**

7  우리는 그들이 우리의 비밀을 다른 사람들과 공유할까 봐 두려워하는 것일지도 모른다. (our secrets, will share, we, that, with, may fear, they, others)

→ _____

8  이는 그것들이 날카로운 가시들로 서로를 찌르고 있기 때문이다. (each other, with, they, this is because, are, their sharp spines, poking)

→ _____

The more that you read,
the more things you will know.
The more that you learn,
the more places you'll go.

- Dr. Seuss

더 많이 읽을수록, 너는 더 많은 것들을 알게 될 것이다. 더 많이 배울수록, 너는 더 많은 곳에 가게 될 것이다. - 닥터 수스 (미국의 동화 작가)

# CHAPTER 05

# Science

# 1 안과 밖이 다른 온도

# 2 거품은 어떤 색일까요?

# 3 경고: 절대 들어가지 마시오

지문 음성 바로 듣기

**1**

136 words
★ ★ ★

When we are outside on a ^G15-degree Celsius day, we feel comfortable. But swimming in 15°C water makes us shake with cold. Why does water feel colder than air at the same temperature? This is because ₃ our skin is more sensitive to heat loss than to overall temperature!

Heat moves from hotter to colder objects. And <u>this</u> occurs 25 times faster in water than in air. So, when you jump into a pool of 15°C water, ₆ the heat in your body, which has a temperature of around 36.5°C, is quickly transferred to the water. This causes your skin temperature to drop suddenly, making you feel cold. ₉

On a 15°C day, your body loses heat to the air, too. But the heat moves much more slowly from your body to the air. Therefore, you don't get chilly! ₁₂

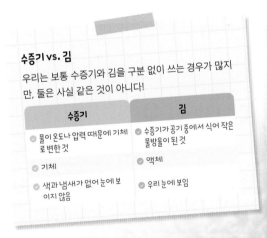

**수증기 vs. 김**
우리는 보통 수증기와 김을 구분 없이 쓰는 경우가 많지만, 둘은 사실 같은 것이 아니다!

| 수증기 | 김 |
|---|---|
| ✓ 물이 온도나 압력 때문에 기체로 변한 것 | ✓ 수증기가 공기 중에서 식어 작은 물방울이 된 것 |
| ✓ 기체 | ✓ 액체 |
| ✓ 색과 냄새가 없어 눈에 보이지 않음 | ✓ 우리 눈에 보임 |

**Grammar Ground** **하이픈(-)으로 연결된 「숫자 + 단위명사」** ⟨1행⟩

「숫자 + 단위명사」는 하이픈(-)으로 연결되어 형용사처럼 명사 앞에서 명사를 수식할 수 있다. 이때 단위명사는 단수형으로 쓴다.

Yumi found a ten-dollar <u>bill</u> on the street.  유미는 길에서 10달러짜리 지폐를 발견했다.
Yumi found a ten-dollars <u>bill</u> on the street. (X)

**1** 이 글의 주제로 가장 적절한 것은?

① how our body senses the temperature
② what makes our body shake when it is cold
③ which body part is the most sensitive to heat
④ the side effects of swimming in very cold water
⑤ why water and air temperatures affect us differently

**2** 이 글의 밑줄 친 this가 의미하는 내용을 우리말로 쓰시오.

_____

**3** 이 글의 내용과 일치하면 T, 그렇지 않으면 F를 쓰시오.

(1) Our skin is easily affected by heat loss.  _____

(2) Skin temperature remains constant in 15°C water.  _____

문해력+

**4** 이 글의 내용으로 보아, 괄호 안에서 알맞은 말을 골라 표시하시오.

> The speed of heat transfer is different in water and in air. Heat moves ( quickly / slowly ) from our body to the water. On the other hand, it transfers more ( quickly / slowly ) from our body to the air.

Words | **outside** 图 바깥에  **Celsius** 図 섭씨의(한국에서 사용하는 °C의 온도 체계)  **comfortable** 図 편안한  **shake** 图 떨다  **cold** 명 추위; 図 추운  **temperature** 명 온도  **sensitive** 図 민감한  **loss** 명 손실  **overall** 図 전반적인  **object** 명 물체  **pool** 명 수영장  **transfer** 图 이동하다; 명 이동  **drop** 图 떨어지다  **suddenly** 图 갑자기  **chilly** 図 추운  <문제> **sense** 图 감지하다  **side effect** 부작용  **affect** 图 영향을 미치다  **remain** 图 유지되다, 남다  **constant** 図 변함없는

지문 음성 바로 듣기

# 2

139 words
★ ★ ☆

[G] Have you ever wondered why soap foam is white, even when we use purple or pink soap? It's all about the *scattering of light! If something reflects all the colors of light equally, it appears white. This is because ₃ white light is a combination of all colors. The same principle applies to foam, too.

When we rub soap between our wet hands, foam is created. This foam ₆ consists of countless tiny bubbles. These bubbles are almost **transparent. Thus, some light can pass through these clear bubbles, while other light is reflected. As the light hits bubbles continuously, it scatters in all directions. ₉ This has the same effect as reflecting all of the colors. So, when we look at the foam, it appears white.

Now, the next time you see white foam, remember that you're watching ₁₂ a mini light show!

*scattering 산란(빛이 여러 방향으로 흩어지는 현상)
**transparent 투명한

 **Grammar Ground** 현재완료 시제의 의문문 「Have/Has + 주어 + p.p. ~?」: ~해 본 적이 있니? (1행)

현재완료 시제의 의문문은 과거부터 현재까지의 [경험]을 물으며, ever, before, never, once 등의 표현과 자주 함께 쓴다.
Have you eaten **snails** before? 너는 이전에 달팽이를 먹어 본 적이 있니?

• 해설집 p.14

**1** 이 글의 제목으로 가장 적절한 것은?

① How to Make Soap Bubbles Colorful

② The Different Ways That Light Behaves

③ What Makes Soap Bubbles Look White

④ The Science behind Making Soap Bubbles

⑤ Colored Soaps Cause More Light Reflection

**2** 다음 중, 이 글의 내용과 일치하지 <u>않는</u> 것을 <u>모두</u> 고른 것은?

(A) 비누의 색깔에 따라 생성되는 거품의 양이 다르다.
(B) 보라색 비누와 분홍색 비누의 거품 색은 같다.
(C) 비누 거품은 무수히 많은 기포들로 구성되어 있다.
(D) 비누 거품 속 기포는 불투명한 막으로 이루어져 있다.

① (A), (B)　　　　　　② (A), (D)　　　　　　③ (B), (C)
④ (B), (D)　　　　　　⑤ (C), (D)

**3** 이 글의 밑줄 친 **This**가 의미하는 내용을 우리말로 쓰시오.

_____

**문해력⁺**
**4** 이 글의 내용으로 보아, 다음 빈칸에 들어갈 말을 글에서 찾아 쓰시오.

Soap foam is made up of many bubbles that are almost _____ . So, some light is _____ by the bubbles. As this happens over and over, the light scatters in all directions, making the foam look _____ .

Words | soap 圀 비누　foam 圀 거품　reflect 圄 반사하다　equally 凁 고르게, 똑같이　appear 圄 ~으로 보이다　combination 圀 결합(물)
principle 圀 원리　apply to ~에 적용되다　rub 圄 비비다　wet 圀 젖은　consist of ~으로 구성되다　countless 圀 무수히 많은　tiny 圀 아주 작은
bubble 圀 기포, 거품　pass through ~을 투과하다　clear 圀 투명한　continuously 凁 계속해서　in all directions 사방으로　effect 圀 효과
<문제> colorful 圀 (색이) 다채로운　behave 圄 작용하다　colored 圀 색이 있는　reflection 圀 반사　be made up of ~으로 구성되다
over and over 계속해서

지문 음성 바로 듣기

# 3

158 words
★ ★ ★

You have probably heard of a black hole—an area of space with super strong gravity. But did you know that it's surrounded by something called[G] an *event horizon?

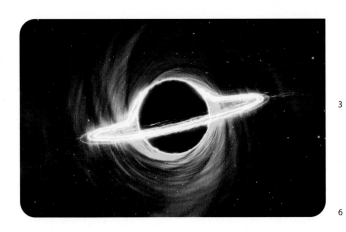

3

6

An event horizon is the outer edge of a black hole. As energy or matter approaches the black hole, the pull of gravity becomes stronger. If anything crosses this outer edge, it will become trapped by the black hole 9 forever. Even the fastest thing in the universe, light, cannot escape! In other words, the event horizon _____. As a result, any "events" that happen within the "horizon" cannot be seen from outside it. 12 This is where the name "event horizon" comes from. It's like a barrier that hides everything. However, that isn't stopping scientists. They created the Event Horizon Telescope (EHT) by collecting data from **radio telescopes 15 [G]spread across the world. Using the EHT, they keep knocking on the door of this "no-entry" zone!

*event horizon 사건의 지평선  **radio telescope 전파 망원경

**Grammar Ground** 과거분사(p.p.): 수동(~된, 당한), 완료(~된) 5행&16행

과거분사는 수동·완료의 의미를 나타내며, 형용사처럼 명사를 수식하거나, 주어나 목적어를 보충 설명하는 보어로 쓰인다.

Look at the painting called *Mona Lisa*. (명사 수식) 「모나리자」라고 불리는 저 그림을 보아라.
He heard his name called. (목적격 보어) 그는 그의 이름이 불린 것을 들었다.

**1** 이 글의 제목으로 가장 적절한 것은?

① Does Gravity Affect a Black Hole?

② How to Escape an Event Horizon

③ The Secrets on the Edge of a Black Hole

④ What Is Surrounding an Event Horizon?

⑤ Exploring Gravity, a Mysterious Strength

**2** 이 글의 빈칸에 들어갈 말로 가장 적절한 것은?

① is just around the corner

② is the edge of the universe

③ shows how fast light travels

④ makes gravity much weaker

⑤ marks the point of no return

**3** 이 글의 내용과 일치하면 T, 그렇지 않으면 F를 쓰시오.

(1) An event horizon is located in a black hole's center. _____

(2) Fast-moving matter can return from the event horizon. _____

(3) Scientists made the EHT by getting information from radio telescopes. _____

문해력+

**4** 이 글의 내용으로 보아, 다음 빈칸에 들어갈 말을 글에서 찾아 쓰시오.

> An event horizon is a black hole's outer boundary where the force of _____
> is very strong. In fact, it is so strong that anything that crosses the event horizon gets
> _____ and cannot escape.

Words | space 몡 우주  gravity 몡 중력  surround 통 둘러싸다  outer 혱 바깥쪽의  edge 몡 가장자리  matter 몡 물질
approach 통 접근하다  pull 몡 끌림  cross 통 건너다, 가로지르다  trap 통 가두다  universe 몡 우주  escape 통 빠져나가다
within 젠 (특정한 구역) 안에  come from ~에서 유래하다  barrier 몡 장벽  hide 통 숨기다  collect 통 수집하다  spread 통 퍼뜨리다
across the world 전 세계에  knock 통 두드리다  no-entry 혱 진입 금지의  <문제> explore 통 탐구하다  mysterious 혱 불가사의한
strength 몡 힘  around the corner 코앞에 와 있는  mark 통 (위치를) 나타내다  locate 통 위치시키다  boundary 몡 경계(선)  force 몡 (물리적) 힘

# Review Ground

**[1-4] 단어와 영영 풀이를 알맞게 연결하시오.**

1 shake •  • ⓐ to be relevant to a particular thing or context

2 rub •  • ⓑ to be completely around someone or something on all sides

3 surround •  • ⓒ to move two objects back and forth against each other

4 apply •  • ⓓ to make quick up-and-down or side-to-side movements, often due to fear or cold

**5 다음 빈칸 (A), (B), (C)에 들어갈 말이 바르게 짝지어진 것은?**

• I got tired after the twelve-_____(A)_____ flight.
• Jihyun made a three-_____(B)_____ plan to learn the piano.
• The weather forecast predicts a 5-_____(C)_____ Celsius drop in temperature tonight.

 (A)  (B)  (C)     (A)  (B)  (C)
① hour ⋯ years ⋯ degree  ② hours ⋯ years ⋯ degrees
③ hour ⋯ year ⋯ degrees  ④ hours ⋯ year ⋯ degrees
⑤ hour ⋯ year ⋯ degree

**6 다음 빈칸에 공통으로 들어갈 말로 가장 적절한 것은?**

• The scientist finally discovered the treasure _____ for centuries.
• The truth of the accident remained _____.

① hide   ② hidden   ③ hiding
④ to hide   ⑤ have hidden

**[7-8] 다음 우리말과 같도록 괄호 안의 말을 알맞게 배열하시오.**

7 이것은 당신의 피부 온도가 갑자기 떨어지게 만든다. (this, to drop suddenly, skin temperature, causes, your)

→ _____

8 에너지나 물질이 블랙홀에 접근함에 따라, 중력의 끌림은 더 강해진다. (stronger, the pull, gravity, of, becomes)

→ As energy or matter approaches the black hole, _____.

*There is no one who can't fall.*
*However, only those who get up again*
*will learn how to move forward.*

*- From the movie Bambi*

넘어지지 않을 수 있는 사람은 없어. 하지만, 다시 일어나는 사람만이 앞으로 나아가는 방법을 배울 수 있어. - 영화 「밤비」 중에서

# CHAPTER **06**

# Stories

# 1 '누구나' 지원할 수 있습니다

### 🔍 핵심 단어 엿보기

- ☐ hire ⑧ 채용하다
- ☐ apply ⑧ 지원하다
- ☐ attitude ⑲ 태도
- ☐ point out ~을 지적하다
- ☐ operate ⑧ 작동시키다
- ☐ positive ⑲ 긍정적인
- ☐ turn down ~를 거절하다
- ☐ prove ⑧ 증명하다

# 2 너는 뭐가 될래?

### 🔍 핵심 단어 엿보기

- ☐ complain ⑧ 불평하다
- ☐ boil ⑧ 끓다
- ☐ strict ⑲ 엄격한
- ☐ grateful ⑲ 고마워하는
- ☐ separate ⑲ 별개의
- ☐ be exposed to ~에 노출되다
- ☐ receive ⑧ 받다
- ☐ originally ⑭ 원래

# 3 엄마는 다 알고 있다

### 🔍 핵심 단어 엿보기

- ☐ spill ⑧ 쏟다, 흘리다
- ☐ innocent ⑲ 결백한
- ☐ nervous ⑲ 긴장한
- ☐ disappointed ⑲ 실망한
- ☐ mess ⑲ 엉망인 상태
- ☐ frightened ⑲ 겁먹은
- ☐ relieved ⑲ 안도한
- ☐ apologize ⑧ 사과하다

지문 음성 바로 듣기

**1**

123 words
★ ☆ ☆

There was a sign in a store's window. It said, "NOW HIRING. Must be able to write well, operate a printer, and speak two languages. Anyone Can Apply." 3

That day, ⓐ a dog walking down the street saw the sign. ⓑ He went inside to apply for the job. ( ① ) The receptionist was impressed by his positive attitude, so ⓒ he let the dog interview with the manager. ( ② ) 6 To everyone's surprise, ⓓ he could write and even operate the printer perfectly! ( ③ ) The dog put ⓔ his foot on the part of the sign that read "Anyone Can Apply." ( ④ ) The manager replied, "But you cannot speak 9 two languages!" ( ⑤ ) The dog then looked at him and proudly said, "meow."

영어로 동물 울음소리 표현하기
• 고양이(cat): meow 미아오
• 강아지(dog): bowwow 바우와우
• 병아리(chick): cheep-cheep 취프-취프
• 소(cow): moo 무우
• 돼지(pig): oink 오잉크
• 수탉(rooster): cock-a-doodle-do 카커두-둘두
• 암탉(hen): cluck 클럭

| **Grammar Ground** | 원형-과거형-과거분사형이 모두 같은 동사들 (6행&8행) | | | |
|---|---|---|---|---|
| let ~하도록 하다 | put 놓다 | read ~이라고 쓰여 있다, 읽다 | cut 자르다 | set 놓다 |
| cost 비용이 들다 | shut 닫다 | hurt 다치게 하다 | hit 치다 | spread 퍼뜨리다 |

**1** 이 글의 밑줄 친 ⓐ~ⓔ 중, 가리키는 대상이 나머지 넷과 <u>다른</u> 것은?

① ⓐ       ② ⓑ       ③ ⓒ       ④ ⓓ       ⑤ ⓔ

**2** 이 글의 흐름으로 보아, 다음 문장이 들어가기에 가장 적절한 곳은?

> But the manager turned him down because he couldn't hire a dog.

①       ②       ③       ④       ⑤

**3** 다음 영영 풀이에 해당하는 단어를 글에서 찾아 쓰시오.

> having good or happy feelings, thinking about the good qualities of someone or something

_____

문해력+

**4** 다음 질문에 대한 답이 되도록 빈칸에 들어갈 말을 글에서 찾아 쓰시오.

> Q. Why did the dog make a cat sound?
>
> A. After the manager pointed out that the dog couldn't _____ _____ _____, the dog responded with "a meow" to prove that he could.

Words | **sign** 몡 표지판, 간판   **hire** 통 채용하다   **be able to** ~할 수 있다   **operate** 통 작동시키다   **apply** 통 지원하다   **receptionist** 몡 접수원
**impressed** 혱 감명받은   **positive** 혱 긍정적인   **attitude** 몡 태도   **interview** 통 면접을 보다   **surprise** 몡 놀람   **perfectly** 밑 완벽하게   **foot** 몡 발
**reply** 통 대답하다   **proudly** 밑 자랑스럽게   <문제> **turn down** ~를 거절하다   **quality** 몡 특성   **point out** ~을 지적하다   **respond** 통 대답하다
**prove** 통 증명하다

# 2

145 words
★ ★ ☆

(A) <u>A young girl had trouble keep up with her schoolwork.</u> She complained to her father, "I don't know what to do anymore! The more I try, the more I get lost." Her father gently smiled and led her into the kitchen. "Let me show you something," he said. Then, he added a potato, an egg, and some coffee beans to separate pots of boiling water. (B) "<u>I didn't ask for breakfast</u>," the girl thought.

Twenty minutes later, he showed the girl the three items. Although they were exposed to the same challenge, boiling water, each reacted differently. The potato, which was once hard, became tender. The egg hardened and was no longer runny inside. But most amazingly, the dry coffee beans created something entirely new: a fragrant drink! The father then asked, "What do you want to be: a potato, an egg, or a coffee bean?"

**Grammar Ground**

「the + 비교급 ~, the + 비교급 …」: ~하면 할수록, 더 …하다 (2~3행)

The more I read, the more I learn. 내가 독서를 더 많이 할수록, 더 많이 배운다.

The faster you run, the earlier you'll arrive. 네가 더 빨리 뛰면 뛸수록, 더 일찍 도착할 것이다.

**1**  이 글의 밑줄 친 문장 (A)에서 어법상 <u>어색한</u> 부분을 찾아 쓰고 바르게 고쳐 쓰시오.

_____  → _____

**2**  이 글의 밑줄 친 (B)가 의미하는 내용으로 가장 적절한 것은?

① I usually don't have breakfast.

② He is always too strict with me.

③ I don't have time to eat right now.

④ He doesn't experience much stress.

⑤ He's not helping me with my problem.

**3**  이 글이 주는 교훈으로 가장 적절한 것은?

① Children receive too much schoolwork.

② Stress can be helpful in certain situations.

③ You should always be grateful for your family.

④ You are shaped by your response to challenges.

⑤ Life is like a roller coaster that goes up and down.

문해력+

**4**  이 글의 내용으로 보아, 다음 빈칸에 들어갈 말을 보기 에서 골라 쓰시오.

| 보기 | runny | inside | same | schoolwork | new | hard | drink |

| | **Before Boiling** | **After Boiling** |
| --- | --- | --- |
| **Potato** | • was originally (1) _____ | • turned soft |
| **Egg** | • had a (2) _____ interior | • hardened |
| **Coffee Beans** | • were dry at first | • made a fragrant (3) _____ |

Words | **trouble** 명 문제  **keep up with** ~을 따라가다  **complain** 통 불평하다  **get lost** 길을 잃다  **gently** 부 부드럽게  **bean** 명 콩  **separate** 형 별개의  **boil** 통 끓다  **ask for** ~을 부탁하다  **be exposed to** ~에 노출되다  **challenge** 명 도전, 난제  **react** 통 반응하다  **differently** 부 다르게  **hard** 형 딱딱한  **tender** 형 부드러운  **harden** 통 딱딱해지다  **no longer** 더 이상 ~하지 않은  **runny** 형 묽은  **entirely** 부 완전히  **fragrant** 형 향기로운  <문제> **strict** 형 엄격한  **receive** 통 받다  **grateful** 형 고마워하는  **shape** 통 형성하다  **response** 명 반응, 응답  **go up and down** 오르락내리락하다  **originally** 부 원래  **interior** 명 내부

**3**

138 words

★ ★ ☆

Sally returned home after work. When she entered the kitchen to start making dinner, she got upset. Some milk was spilled on the floor! She called her three children and asked, "Who did this?" They said:

Aurora

(A) It was Charlotte!

I did it. I was going to clean the mess after answering the phone, but I totally forgot.

Brooke

Charlotte

I didn't spill the milk. I'm innocent!

Sally looked closely at her children. Aurora looked frightened, Brooke was calm, and Charlotte seemed angry. Sally said, "Two of you are telling the truth, and ⓐ one is lying. Charlotte, don't worry. (B) I know you aren't lying." Charlotte sighed and smiled. Then, ⓑ the daughter who had spilled the milk cleaned the floor while Sally made a delicious meal. Before they went to bed, Sally called Aurora and said, "＿＿＿＿＿＿＿＿＿＿＿＿＿＿＿＿＿＿＿＿"

3

9

12

---

**Grammar Ground** 대과거(「had + p.p.」) ⑫행

「had + p.p.」는 과거에 일어난 두 개의 일 중 먼저 일어난 일(대과거)을 나타내기 위해 쓰일 수 있다.

At that time, I realized I had left my keys at home. 그때, 나는 내가 집에 열쇠를 두고 왔다는 것을 깨달았다.

**1** 이 글의 내용과 일치하면 T, 그렇지 않으면 F를 쓰시오.

(1) Sally가 바닥에 있는 우유를 닦았다. _____

(2) Sally는 자기 전에 Aurora와 이야기했다. _____

**2** 이 글의 밑줄 친 (A)와 (B)를 들은 이후의 Charlotte의 심경 변화를 유추한 것으로 가장 적절한 것은?

|  | (A) | (B) |  | (A) | (B) |
|---|---|---|---|---|---|
| ① | nervous | → hopeless | ② | jealous | → gloomy |
| ③ | mad | → relieved | ④ | disappointed | → scared |
| ⑤ | proud | → cynical |  |  |  |

**3** 이 글의 빈칸에 들어갈 말로 가장 적절한 것은?

① Thank you for being honest with me.

② You had better apologize to Charlotte.

③ You were the one who spilled the milk.

④ You should answer the phone next time.

⑤ I hope Brooke learned an important lesson.

문해력+
**4** 이 글의 밑줄 친 ⓐ와 ⓑ가 가리키는 대상을 글에서 찾아 쓰시오.

ⓐ: _____ ⓑ: _____

**Words** | upset 휑 속상한  spill 통 쏟다, 흘리다  floor 명 바닥  mess 명 엉망(인 상태)  totally 튀 완전히  innocent 휑 결백한
closely 튀 유심히  frightened 휑 겁먹은  calm 휑 침착한  sigh 통 한숨을 쉬다  daughter 명 딸  meal 명 식사  <문제> nervous 휑 긴장한
hopeless 휑 가망 없는  jealous 휑 질투하는  gloomy 휑 우울한  mad 휑 몹시 화가 난  relieved 휑 안도한  disappointed 휑 실망한
scared 휑 무서운  proud 휑 자랑스러운  cynical 휑 냉소적인  honest 휑 정직한  apologize 통 사과하다  lesson 명 교훈

# Review Ground

**CHAPTER 06**

**[1-4] 다음 빈칸에 들어갈 가장 적절한 단어를 보기 에서 한 번씩만 골라 쓰시오.**

| 보기 | tender | dry | positive | frightened | strict | innocent |

1 She has a(n) _____ attitude and believes that the situation will improve.

2 I don't like cookies, and I swear I'm _____ in the case of the missing cookies!

3 The steak was so _____; it practically melted in my mouth.

4 The sudden loud noise left the cat _____, and it ran quickly under the bed.

5 다음 중, 동사의 원형-과거형-과거분사형이 <u>잘못</u> 연결된 것은?

① put - put - put

② read - read - read

③ let - let - let

④ come - come - come

⑤ shut - shut - shut

6 다음 우리말을 영작할 때 빈칸에 들어갈 알맞은 말이 순서대로 짝지어진 것은?

네가 더 열심히 공부하면 할수록, 너의 성적은 더 높아질 것이다.
→ _____ you study, _____ your grades will be.

① Harder - higher      ② More harder - the higher

③ The harder - higher      ④ Harder - more high

⑤ The harder - the higher

**[7-8] 다음 우리말과 같도록 괄호 안의 말을 알맞게 배열하시오.**

7 한 어린 소녀가 그녀의 학교 공부를 따라가는 데 문제를 겪고 있었다. (her schoolwork, trouble, a young girl, with, keeping up, had)

→ _____

8 저는 전화를 받은 뒤에 엉망인 것을 치울 계획이었어요. (the phone, was going, answering, after, the mess, to clean)

→ I _____ .

*A friend is
one of the nicest things you can have,
and one of the best things you can be.*

*~ Douglas Pagels*

친구는 당신이 가질 수 있는 가장 좋은 것들 중 하나이고, 당신이 될 수 있는 최고의 것들 중 하나이다. ~ 더글라스 파겔스 (미국의 작가)

# Technology

# 1 공기만 준비하세요

# 2 네가 변해도 널 알아볼 거야

# 3 판독은 '매의 눈'으로

지문 음성 바로 듣기

# 1

138 words

★ ★ ☆

Will humans someday live on Mars, the most Earth-like planet in our solar system? Maybe, but there's a big problem: Mars has no water.

Luckily, a robot ⓐ <u>called</u> ELU can help! ELU means "life" in Estonian. Egyptian engineer Mahmoud Elkoumy invented this robot to produce drinking water on Mars. ⓑ <u>In order to</u> work properly, ELU needs humid air, something that does exist on Mars. ⓒ <u>Using</u> solar energy, it takes in air, *squeezes it, and filters the resulting water. Lastly, healthy mineral salts are added!

Elkoumy hopes his robot can also help people on Earth, especially in

places with ⓓ <u>few</u> water. It costs only $250 to build, and producing water with this robot is ten times ⓔ <u>cheaper</u> than using other methods, like digging wells. So, ELU isn't just about Mars; it's a way to improve life on Earth, too.

3

6

9

12

15

*squeeze 압착하다(눌러서 짜내다)

---

**Grammar Ground**

「배수사 + 비교급 + than」 12~13행

위 표현은 '~보다 몇 배 더 …한/하게'라는 의미로, 원급 비교 표현인 「배수사 + as + 원급 + as」로 바꿔 쓸 수 있다.

The online course is three times longer than the workshop. 온라인 수업은 워크숍보다 3배 더 길다.

= The online course is three times as long as the workshop.

**1** 이 글의 제목으로 가장 적절한 것은?

① Mars: The Last Hope for Humankind

② Can Robots Replace Humans in the Future?

③ Mahmoud Elkoumy's Dream: A Life of Equality

④ The Most Common Methods for Filtering Water

⑤ A Possible Solution for Drinkable Water on Mars

**2** 이 글에서 ELU에 관해 언급되지 <u>않은</u> 것은?

① 발명가          ② 제작 기간          ③ 발명 목적

④ 작동 조건          ⑤ 제작 비용

**3** 이 글의 밑줄 친 ⓐ~ⓔ 중, 어법상 <u>어색한</u> 것은?

① ⓐ        ② ⓑ        ③ ⓒ        ④ ⓓ        ⑤ ⓔ

문해력+

**4** 이 글의 내용으로 보아, 다음 빈칸에 들어갈 말을 글에서 찾아 쓰시오.

| **What is ELU?** | It is a robot that uses (1) _____ air to produce clean drinking water. |
| --- | --- |
| **What is its advantage?** | ELU is inexpensive to (2) _____ and (3) _____ than other methods to operate. |

지문 음성 바로 듣기

# 2

139 words
★ ★ ★

Face ID lets you unlock your iPhone just by looking at ⓐ <u>it</u>! This is possible because of the TrueDepth camera at the top of your phone.

When you *glance at the camera, Face ID gets activated. (a) The TrueDepth camera system shines over 30,000 **infrared dots onto your face. (b) It adjusts settings like brightness while you're looking at the device. (c) It uses these dots to create a 3D map of your face. (d) Then, the phone's "brain," called the neural engine, turns this map into a mathematical model. (e) The engine checks whether this model matches the one ⓑ <u>it</u> <sup>G</sup> stored when you first set up Face ID. If they match, your phone unlocks. This all happens in a second!

If your appearance changes, Face ID could fail and ask for your passcode. Enter it, and Face ID will learn that your look has changed a bit. Next time, ⓒ <u>it</u> will recognize you well!

*glance 힐끗 보다
**infrared 적외선의

**개인정보 보호를 위한 유럽의 옵트인(Opt-in) 제도**

많은 기업이 생체 정보와 개인정보를 수집하면서, '편리함'과 '개인정보 보호' 사이의 딜레마가 커지고 있다. 미국은 기업의 개인정보 수집에 비교적 너그러운 반면, 유럽연합은 개인정보 처리에 대해 반드시 동의를 요구하는 옵트인(Opt-in; 사전동의) 제도를 운용해 왔다. 이는 사용자가 자신의 개인정보에 대한 통제권과 '잊힐 권리'를 갖게 하기 위함이다.

**Grammar Ground** 관계대명사의 생략 (9행)

1. 목적격 관계대명사 that, who(m), which는 생략할 수 있다.

The book (that) I read yesterday was sad. 내가 어제 읽은 책은 슬펐다.

2. 「주격 관계대명사 + be동사」는 생략할 수 있다.

The house (that is) next to the park is for sale. 공원 옆에 있는 집은 판매 중이다.

**1** 이 글의 주제로 가장 적절한 것은?

① ways to improve iPhone security

② the origin of the TrueDepth system

③ why users have problems with Face ID

④ different types of security technologies

⑤ how Face ID unlocks an iPhone quickly

**2** 이 글의 밑줄 친 ⓐ, ⓑ, ⓒ가 가리키는 것을 글에서 찾아 쓰시오.

ⓐ: _____

ⓑ: _____

ⓒ: _____

**3** 이 글의 (a)~(e) 중, 전체 흐름과 관계없는 문장은?

① (a)　　　　② (b)　　　　③ (c)　　　　④ (d)　　　　⑤ (e)

문해력⁺

**4** 이 글의 내용으로 보아, 다음 빈칸에 들어갈 말을 글에서 찾아 쓰시오.

### How Does Face ID Work?

| TrueDepth camera | Neural engine |
|---|---|
| • Using infrared (1) _____, it produces a 3D map of the face. | • It turns the 3D map into a mathematical model and then checks if it (2) _____ the stored one. |

---

Words | **unlock** 통 잠금을 해제하다　**possible** 형 가능한　**activate** 통 활성화시키다　**shine** 통 비추다　**dot** 명 점　**adjust** 통 조정하다
**setting** 명 설정, 환경　**brightness** 명 밝기　**device** 명 장치　**neural** 형 뉴럴, 신경의　**turn A into B** A를 B로 바꾸다　**mathematical** 형 수학적인
**match** 통 일치하다　**store** 통 저장하다　**set up** ~을 설정하다　**second** 명 (시간 단위인) 초　**appearance** 명 외모　**fail** 통 작동이 안 되다
**ask for** ~을 요구하다　**passcode** 명 비밀번호　**look** 명 외모　**a bit** 조금　**recognize** 통 알아보다　<문제> **security** 명 보안　**origin** 명 기원

지문 음성 바로 듣기

# 3

162 words
★ ★ ★

In 1980, professional tennis player John McEnroe hit a powerful serve that landed just inside the line. But the judge said the ball was out. Although McEnroe disagreed with the judge, he couldn't do anything!

These kinds of disputes were common in tennis before the Hawk-Eye system was introduced. Hawk-Eye is a camera system that follows every move of the ball, like a hawk watching its prey. It can accurately determine whether the ball has crossed the line, even when the ball is traveling at over 200 kilometers per hour.

So, how does it work? Ten cameras are placed around the court, and [G] each of them takes 60 high-quality pictures every second. When a player calls for a Hawk-Eye review, the system combines these images and analyzes the ball's path. Within seconds, Hawk-Eye creates virtual replays that anyone can see, including the crowd and people watching from home. Using Hawk-Eye not only prevents disputes in tennis but also provides entertainment for fans!

**Grammar Ground** 부정대명사 each: 각각(의) ~ 11행

부정대명사 each는 「each of + 복수명사」 혹은 「each + 단수명사」의 형태로 쓰이며, 두 경우 모두 단수 취급한다.

Each of the students has to submit an essay. 학생들 각각은 에세이를 제출해야 한다.
Each student has a unique talent. 각각의 학생은 고유의 재능을 지닌다.

**1**　**이 글의 제목으로 가장 적절한 것은?**

① Tennis: A Game with a Long History

② The Limitations of the Hawk-Eye System

③ How Technology Improved Tennis Judging

④ The Development of Tennis Rules over Time

⑤ Why Do Tennis Players Disagree with Judges?

**2**　**다음 중, 이 글을 읽고 답할 수 <u>없는</u> 질문을 <u>모두</u> 고른 것은?**

> (A) 1980년에 존 매켄로는 어떤 선수와 경기를 하였는가?
>
> (B) 호크아이 시스템의 카메라는 1초에 몇 장의 사진을 찍는가?
>
> (C) 호크아이 시스템은 언제 처음 도입되었는가?
>
> (D) 호크아이 시스템은 몇 대의 카메라를 사용하는가?

① (A), (B)　　　　　② (A), (C)　　　　　③ (B), (C)

④ (B), (D)　　　　　⑤ (C), (D)

**3**　**다음 질문에 대한 답이 되도록 빈칸에 들어갈 말을 글에서 찾아 쓰시오.**

> Q. How is the Hawk-Eye system similar to an actual hawk?

A. It follows ＿＿＿＿＿＿＿＿＿ ＿＿＿＿＿＿＿＿＿ of the tennis ball like a hawk

watching its prey.

문해력+

**4**　**이 글의 내용으로 보아, 다음 빈칸에 들어갈 말을 글에서 찾아 쓰시오.**

| Players and referees often had (1) ＿＿＿＿＿ about whether the ball was out during the match. | ⇨ | The introduction of the Hawk-Eye system | ⇨ | The system (2) ＿＿＿＿＿ the ball's route using pictures and produces virtual (3) ＿＿＿＿＿. |

Words | **land** 통 (땅에) 떨어지다　**judge** 명 심판; 통 판정하다　**disagree** 통 동의하지 않다　**dispute** 명 논쟁　**hawk** 명 매　**introduce** 통 도입하다　**prey** 명 먹이　**accurately** 부 정확하게　**determine** 통 알아내다　**place** 통 배치하다　**call for** ~을 요구하다　**combine** 통 결합하다　**analyze** 통 분석하다　**path** 명 경로　**virtual** 형 가상의　**crowd** 명 관중　<문제> **limitation** 명 한계　**referee** 명 심판　**match** 명 경기

# Review Ground

**[1-4]** 다음 빈칸에 들어갈 가장 적절한 단어를 보기에서 한 번씩만 골라 쓰시오.

| 보기 | planet | setting | prey | crowd | engineer | brightness |

1 A(n) _____ at NASA started to design a new rocket to explore space.

2 The cheetah quietly moved toward its _____ while hunting.

3 The user changed the security _____ to protect sensitive information.

4 As the parade passed through the streets, a cheerful _____ gathered to celebrate.

5 다음 중, 밑줄 친 부분을 생략할 수 <u>없는</u> 것은?

① The movie <u>that is</u> now playing is funny.

② I have a friend <u>that</u> makes me laugh all the time.

③ The restaurant serves a dish <u>that</u> customers find delightful.

④ The person <u>that is</u> responsible for the project is on vacation.

⑤ She returned the keys <u>that</u> she borrowed from her neighbor.

6 다음 중, 어법상 <u>어색한</u> 것은?

① Each of the puzzle pieces fits perfectly.

② Each student participates actively in the discussion.

③ Each of the cookies on the plate have been freshly baked.

④ Each question on the quiz requires careful consideration.

⑤ Each of the team members contributes to the project's success.

**[7-8]** 다음 우리말과 같도록 괄호 안의 말을 알맞게 배열하시오.

7 페이스 ID는 그냥 그것을 봄으로써 당신이 아이폰의 잠금을 해제하도록 한다! (your iPhone, lets, Face ID, looking at, just by, unlock, you, it)

→ _____

8 호크아이는 공의 모든 움직임을 따라가는 카메라 시스템이다. (the ball, of, follows, Hawk-Eye, is, a camera system, that, every move)

→ _____

If you can dream it,
you can do it.
Always remember
that this whole thing was started
with a dream and "a mouse."

- Walt Disney

당신이 꿈꿀 수 있는 일은 반드시 이룰 수 있다. 이 모든 것이 꿈과 '생쥐'(미키마우스) 한 마리에서 시작되었다는 것을 늘 기억해라.
- 월트 디즈니 (미국의 만화영화 제작자)

# CHAPTER 08

# Entertainment

# 1 너와 함께라면 두렵지 않아

## 🔍 핵심 단어 엿보기

- [ ] achieve 통 달성하다
- [ ] tend to ~하는 경향이 있다
- [ ] assistant 명 조수
- [ ] belief 명 신념
- [ ] refer to ~을 지칭하다
- [ ] valuable 형 가치 있는
- [ ] correct 형 올바른
- [ ] essential 형 필수적인

# 2 쉿! 그녀가 말하잖아

## 🔍 핵심 단어 엿보기

- [ ] employ 통 사용하다
- [ ] admit 통 인정하다
- [ ] confident 형 자신감 있는
- [ ] pay attention 집중하다
- [ ] authority 명 권위
- [ ] approach 명 접근법
- [ ] ordinary 형 평범한
- [ ] influential 형 영향력 있는

# 3 진정한 '플렉스'를 향해

## 🔍 핵심 단어 엿보기

- [ ] odd 형 이상한
- [ ] on the spot 즉석에서
- [ ] anger 명 분노
- [ ] tough 형 어려운
- [ ] develop 통 발전하다
- [ ] express 통 표현하다
- [ ] extreme 형 과격한
- [ ] means 명 수단

지문 음성 바로 듣기

**1**

147 words
★ ★ ☆

Batman has Robin, and Elsa has Olaf. As "sidekicks," both Robin and Olaf help the main characters achieve their goals!

The term "sidekick" comes from an older word, "side-kicker," which refers to a companion or a friend. Movies need sidekicks for several reasons. First, ⓐ they can add humor to the story. While the main characters are usually serious, ⓑ their sidekicks tend to be silly. So, ⓒ they can lighten the mood. Sidekicks are also great helpers, especially in superhero movies. Although they may be less powerful than the heroes, they often have unique skills that make ⓓ them valuable assistants. Most importantly, they lead the main characters to make the correct choices. They're not afraid to challenge the main characters about ⓔ their questionable actions or beliefs.

Sidekicks are quite fascinating, aren't they? That's why they're essential to a good movie plot. If they didn't exist, movies might be boring!

3

6

9

12

15

18

---

**Grammar Ground** 가정법 과거: 만약 ~한다면, …할 텐데 (현재 사실의 반대) (18행)

가정법 과거는 「If + 주어 + 동사의 과거형 ~, 주어 + would/could/should/might + 동사원형 …」의 형태로 쓴다.
If I had more time, I would visit my grandparents. 만약 나에게 더 많은 시간이 있다면, 나는 조부모님을 방문할 텐데.
If there were no pets, some people might be lonely. 만약 반려동물들이 없다면, 어떤 사람들은 외로울 텐데.

**1**　이 글의 제목으로 가장 적절한 것은?

① What Factors Make a Good Movie Plot?

② How Sidekicks Positively Affect Movies

③ The Roles of Main Characters in Movies

④ The Reasons Why We Need Silly Friends

⑤ Sidekicks: Shining Brighter Than the Heroes

**2**　이 글의 밑줄 친 ⓐ~ⓔ 중, 가리키는 대상이 같은 것끼리 짝지어진 것은?

① ⓐ, ⓑ　　　　② ⓐ, ⓔ　　　　③ ⓑ, ⓒ

④ ⓑ, ⓓ　　　　⑤ ⓑ, ⓔ

**3**　다음 중, 이 글에서 설명하는 사이드킥의 사례로 가장 적절한 것은?

　　　　&lt;영화&gt;　　　　　　　　&lt;사례&gt;

① 나 홀로 집에　…　주인공 케빈에게 호되게 당하는 도둑 2인조

② 빌리 엘리어트　…　주인공 빌리가 발레리노가 되는 것을 반대하는 아버지

③ 슬램덩크　　　…　주인공 강백호의 경쟁심을 자극하는 라이벌 서태웅

④ 셜록 홈즈　　　…　주인공 셜록의 곁에서 사건 해결을 돕는 파트너 존 왓슨

⑤ 아기공룡 둘리　…　주인공 둘리를 구박하면서도 살뜰히 돌봐 주는 고길동

**문해력+**

**4**　이 글의 내용으로 보아, 다음 인터뷰의 빈칸에 들어갈 말을 글에서 찾아 쓰시오.

| Interviewer | Why do you always feature sidekicks in your movies? |
|---|---|
| Director Park | Sidekicks can add ＿＿＿＿＿＿＿ to the story because they're usually silly, while the main characters tend to be ＿＿＿＿＿＿＿. |

**Words** | achieve 图달성하다　term 图용어　refer to ~을 지칭하다　companion 图동반자　serious 图진지한　tend to ~하는 경향이 있다　silly 图우스꽝스러운　lighten 图밝게 하다　mood 图분위기　unique 图독특한　valuable 图가치 있는　assistant 图조수　correct 图올바른　be afraid to ~하는 것을 두려워하다　challenge 图도전하다　questionable 图미심쩍은　belief 图신념　quite 图정말　fascinating 图흥미로운　essential 图필수적인　plot 图줄거리　&lt;문제&gt; factor 图요소　positively 图긍정적으로　feature 图(특별히) 포함하다　director 图감독

# 2

144 words
★ ★ ☆

Imagine ⓐ <u>be</u> an actor whose character is a CEO. Most people would (A) employ / avoid a strong tone to show authority. But Meryl Streep took another path when playing a similar role; she whispered!  3

In *The Devil Wears Prada*, Streep plays Miranda Priestly, the chief editor of a well-known fashion magazine. It was the initial meeting for the film when Streep's voice had her co-stars *gasp in (B) relief / shock .  6 Anne Hathaway, another lead actress, admitted that she expected Streep's lines to be delivered in a "bossy, barking voice."

So, why did Streep take this approach? She learned the confident yet  9 quiet way of speaking from Clint Eastwood. This famous director taught her that ⓑ <u>raise</u> one's voice doesn't always make the person (C) powerful / ordinary . That's how you know that person is truly influential: even if  12 he or she does whisper, everyone will be leaning in to pay full attention.

*gasp 숨이 턱 막히다

**성대모사를 하면 걸리는 병?**
영화배우의 낮은 중저음의 목소리가 멋지게 들린다고 해서, 억지로 따라 하려고 시도하면 안 된다! 목소리를 무리하게 낮춰 성대 근육을 과도하게 사용하면, '보가트-바콜 증후군'(Bogart-Bacall Syndrome)이라는 발성 장애가 생길 수 있기 때문이다. 이는 1940년대에 미국 청소년들이 유명 영화배우인 험프리 보가트와 로렌 바콜의 낮고 독특한 목소리를 흉내 내려다가 목에 통증이 생기는 경우가 많아 붙은 이름이다.

---

**Grammar Ground** **일반동사의 강조: 「do/does/did + 동사원형」** (13행)
일반동사를 강조할 때는 동사원형 앞에 do/does/did를 쓰며 '정말, 진짜'라고 해석한다.
I do believe in myself. 나는 나 자신을 정말 믿는다.
He did sing well yesterday. 그는 어제 노래를 정말 잘했다.

**1**   이 글의 밑줄 친 ⓐ와 ⓑ를 알맞은 형태로 바꿔 쓰시오.

ⓐ: _____          ⓑ: _____

**2**   이 글의 내용과 일치하면 T, 그렇지 않으면 F를 쓰시오.

(1) Meryl Streep and Anne Hathaway appeared in *The Devil Wears Prada* together.          _____

(2) Meryl Streep learned her way of speaking from Miranda Priestly.          _____

**3**   (A), (B), (C)의 각 네모 안에서 문맥에 알맞은 말로 가장 적절한 것은?

|   | (A) | (B) | (C) |
|---|-----|-----|-----|
| ① | employ | ··· relief | ··· ordinary |
| ② | employ | ··· shock | ··· powerful |
| ③ | avoid | ··· shock | ··· ordinary |
| ④ | avoid | ··· shock | ··· powerful |
| ⑤ | avoid | ··· relief | ··· ordinary |

문해력⁺

**4**   이 글의 내용으로 보아, 다음 빈칸에 들어갈 말을 글에서 찾아 쓰시오.

> A person who is actually influential does not need to raise his or her voice in order to show _____. Just by whispering, that person can make others pay _____.

---

Words │ **CEO (chief executive officer)** 몡 최고 경영자   **employ** 동 사용하다   **tone** 몡 어조   **authority** 몡 권위   **play** 동 연기하다   **whisper** 동 속삭이다   **chief editor** 편집장   **well-known** 혱 유명한   **initial** 혱 최초의   **co-star** 몡 함께 출연한 배우   **relief** 몡 안심   **shock** 몡 충격   **actress** 몡 여자 배우   **admit** 동 인정하다   **expect** 동 예상하다   **line** 몡 대사   **deliver** 동 전달하다   **bossy** 혱 거만한   **barking** 혱 짖는   **approach** 몡 접근법   **confident** 혱 자신감 있는   **way of speaking** 말투   **raise** 동 높이다   **ordinary** 혱 평범한   **truly** 뷔 진정으로   **influential** 혱 영향력 있는   **lean in** 몸을 바싹 내밀다   **pay attention** 집중하다

# 3

158 words
★ ★ ★

There are some amazing street dancers who perform unique moves. They pull their arms behind their backs and move them at odd angles. Some even jump off the second story of a building and do backflips! These dancers, or "flexors," are "flexing." 3

Flexing is a wild dance style that began in Jamaica and developed on the streets of Brooklyn, New York. A main feature of flexing is that the dancers 6 create their own moves right on the spot. They don't practice; they simply go with the flow! _____, flexing isn't just about dancing. It's a way for people to express their anger about social problems like racism. Flexors 9 want their performances to be so extreme that viewers feel uncomfortable. They hope this makes people question the strong emotions in their moves and start conversations about those tough problems. One famous flexor 12 said, "Flexing is a means of expression for people who feel like they don't have a voice."

| **Grammar Ground** | **to부정사를 목적격 보어로 쓰는 동사** (10행) | | |
|---|---|---|---|
| want ~가 …하기를 원하다 | expect ~가 …하는 것을 기대하다 | advise ~에게 …하라고 조언하다 | encourage ~가 …하도록 격려하다 |
| tell ~에게 …하라고 말하다 | ask ~에게 …하라고 요청하다 | allow ~가 …하는 것을 허락하다 | force ~가 …하도록 강요하다 |

• 해설집 p.23

**1** 이 글의 제목으로 가장 적절한 것은?

① The Artists That Changed Flexing

② Flexing: How Practice Makes Perfect

③ An Extreme Dance Style with a Purpose

④ How Flexing Connects to Other Art Forms

⑤ The Rise of Flexing in the World's Dance Scene

**2** 이 글의 빈칸에 들어갈 말로 가장 적절한 것은?

① However      ② Otherwise      ③ In short

④ As a result      ⑤ In other words

**3** 다음 영영 풀이에 해당하는 단어를 글에서 찾아 쓰시오.

> a method or tool used to achieve a goal

_____

**문해력+**

**4** 이 글의 내용으로 보아, 다음 빈칸에 들어갈 말을 보기 에서 골라 쓰시오.

> 보기   familiar   traditions   confidence   anger   strange   comfortable
>
> Flexing involves wild movements, such as dancers putting their arms in _____ positions. With their moves, the dancers are showing their _____ about problems in society.

Words | **perform** 图해 보이다, 공연하다 **move** 图동작; 图움직이다 **pull** 图당기다 **back** 图등 **odd** 图이상한 **angle** 图각도 **jump off** ~에서 뛰어내리다 **story** 图층 **do backflip** 뒤로 공중제비를 넘다 **wild** 图거친 **develop** 图발전하다 **feature** 图특징 **on the spot** 즉석에서 **practice** 图연습하다; 图연습 **flow** 图흐름 **express** 图표현하다 **anger** 图분노 **social problem** 사회 문제 **racism** 图인종차별 **performance** 图공연, 연기 **extreme** 图과격한 **viewer** 图관람객 **uncomfortable** 图불편한 **question** 图의문을 가지다 **emotion** 图감정 **tough** 图어려운 **means** 图수단 **voice** 图발언권 <문제> **confidence** 图확신 **tradition** 图전통

# Review Ground

• 해설집 p.24

**[1-3] 다음 빈칸에 들어갈 가장 적절한 단어나 표현을 보기 에서 한 번씩만 골라 쓰시오.**

| 보기 | tend to | achieve | pay attention | express | jump off |
| --- | --- | --- | --- | --- | --- |

1 The patient was encouraged to _____ her thoughts to her therapist.

2 Shy students _____ get nervous before speaking in public.

3 It can be difficult to _____ to the teacher in a noisy classroom.

4 다음 빈칸에 들어갈 단어로 가장 적절한 것은?

> With more practice, the skater will feel _____ about the upcoming race.

① valuable        ② silly        ③ confident        ④ extreme        ⑤ tough

5 다음 중, 밑줄 친 부분의 쓰임이 나머지 넷과 다른 것은?

① I do yoga as a hobby in my free time.

② She does appreciate your thoughtful gesture.

③ He does volunteer work at the local animal shelter.

④ Mary does her laundry on Sundays.

⑤ We did our best to meet the tight deadline.

6 다음 빈칸에 들어갈 말로 어색한 것은?

> My mother _____ me to wake up early.

① made        ② wanted        ③ expected        ④ advised        ⑤ told

**[7-8] 다음 우리말과 같도록 괄호 안의 말을 알맞게 배열하시오.**

7 그것이 바로 좋은 영화 줄거리에 사이드킥이 필수적인 이유이다. (to, that's, sidekicks, a good movie plot, are, essential, why)

→ _____

8 플렉싱은 자신에게 발언권이 없다고 느끼는 사람들을 위한 표현 수단이다. (a means, a voice, feel like, who, they, don't have, of expression, for people)

→ Flexing is _____.

Man is born to live,
not to prepare for life.
Life itself,
the phenomenon of life,
the gift of life,
is so breathtakingly serious!

- Boris Pasternak

인간은 인생을 준비하기 위해서가 아니라, 인생을 살기 위해 태어난다.
인생 그 자체, 인생의 현상, 인생이 가져다주는 선물은 숨이 막히도록 진지하다! - 보리스 파스테르나크 (러시아의 문학가)

# CHAPTER 09

# Environment

# 1  좋지 않은 징조

🔍 핵심 단어 엿보기

- curious 혱 호기심을 끄는, 특이한
- significantly 뷔 크게, 상당히
- suffer from ~으로 고통받다
- climate change 기후 변화

- drought 몡 가뭄
- approach 동 다가오다
- crop 몡 농작물
- take action 조치를 취하다

# 2  종이의 의미 있는 변신

🔍 핵심 단어 엿보기

- environmental 혱 환경의
- throw away ~을 버리다
- recyclable 혱 재활용 가능한
- eco-friendly 혱 친환경적인

- impact 몡 영향
- predict 동 예측하다
- harm 몡 피해
- remedy 몡 해결책, 치료

# 3  버리지 말고 입양하세요

🔍 핵심 단어 엿보기

- trash 몡 쓰레기
- concerned 혱 우려하는
- assign 동 배정하다
- policy 몡 정책

- leave behind ~을 남기다, 버리다
- adopt 동 입양하다
- keep track of ~을 기록하다
- pollution 몡 오염

# 1

149 words

★ ☆ ☆

"If you see me, then *weep!" This curious message is carved on a river rock in the Czech Republic. Why does it tell us to cry? Normally, these words can't be seen because they are under the water. But

during a drought, the water level falls significantly. Thus, the message appears, warning us that hard times are approaching.

This stone is just one of many "hunger stones" around Central Europe. Researchers think that they were made centuries ago by people who suffered from droughts. It is difficult to grow crops during a drought, and this can lead to hunger. That's why the stones are called hunger stones.

Recently, Europe has been experiencing serious droughts in the summer due to climate change. So, these warnings from the past have been showing up more often. Maybe they're a sign that _____ —before it's too late!

3

6

9

12

15

*weep 울다

---

**Grammar Ground** 동격의 「명사 + that절」 ⑯행

명사나 대명사 뒤에 that절을 써서 부연 설명을 덧붙일 수 있으며, 이를 동격이라고 한다. that 앞에는 sign(신호, 징조), fact(사실), news(소식), idea(아이디어), thought(생각), promise(약속), rumor(소문), advice(조언) 등의 명사가 주로 온다.

I appreciate the fact that you always help me. 네가 항상 나를 돕는다는 사실에 고마워.

**1** 이 글에서 헝거스톤에 관해 언급되지 <u>않은</u> 것은?

① why they appear

② who found them first

③ where they are located

④ how they got their name

⑤ when they were probably made

**2** 다음 질문에 대한 답이 되도록 빈칸에 들어갈 말을 글에서 찾아 쓰시오.

> Q. What could happen when a drought occurs?

A. It could become challenging to grow _____, resulting in _____.

**3** 이 글의 빈칸에 들어갈 말로 가장 적절한 것은?

① we need more human-made lakes

② the stones must be moved elsewhere

③ Europeans prefer to eat smaller meals

④ we should take action on climate change

⑤ residents should move away from Europe

문해력+

**4** 헝거스톤의 메시지가 드러나는 과정을 다음과 같이 나타낼 때, 빈칸에 알맞은 내용을 우리말로 쓰시오.

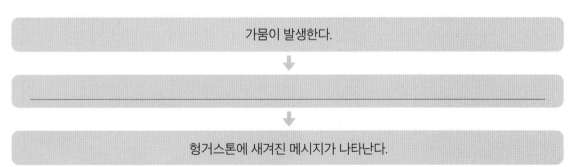

가뭄이 발생한다.

⬇

_____

⬇

헝거스톤에 새겨진 메시지가 나타난다.

Words | **curious** 혤 호기심을 끄는, 특이한  **carve** 동 새기다  **republic** 명 공화국(주권이 국민에게 있는 국가)  **normally** 뤼 일반적으로
**drought** 명 가뭄  **water level** 수위  **fall** 동 떨어지다  **significantly** 뤼 크게, 상당히  **warn** 동 경고하다  **approach** 동 다가오다
**suffer from** ~으로 고통받다  **grow** 동 기르다  **crop** 명 농작물  **hunger** 명 굶주림, 배고픔  **serious** 혤 심각한  **climate change** 기후 변화
**show up** 나타나다  <문제> **locate** 동 위치시키다  **challenging** 혤 어려운  **human-made** 혤 인간이 만든  **elsewhere** 뤼 다른 곳으로  **meal** 명 식사
**take action** 조치를 취하다  **resident** 명 주민  **move away from** ~에서 이사 가다

# 2

159 words
★ ★ ☆

*Ding-dong!* A delivery person is at your door. Shopping online and getting a package is always exciting. But what about the environmental impact of packaging materials? Many companies use plastic bubble wrap. 3 Most of it is used once [G] and thrown away. And it stays in the environment for hundreds of years without *decaying. The United Nations predicts there will be more plastic than fish in the ocean by 2050 unless something 6 changes!

Fortunately, some companies are making a positive change. ( ① ) They are using paper bubble wrap, and it is 100 percent recyclable! ( ② ) It also 9 requires very little energy to produce. ( ③ ) This means it won't cause much harm to the environment. ( ④ ) But paper bubble wrap's honeycomb surface provides excellent protection. ( ⑤ ) It tightly wraps around items, 12 creating a cushion that prevents them from being damaged. From food to electronic devices, almost anything can be delivered safely with this eco-friendly packaging. 15

**비닐봉지에는 사실 '비닐'이 없다**
한국에서 흔히 '비닐봉지'라고 부르는 것은 사실 비닐 (vinyl)로 만들지 않는다. 그것의 정확한 영어 명칭은 plastic bag이며, '플라스틱 필름'으로 만든다. 따라서, 미국에 가서 "Paper bag or plastic bag?"(종이봉투 드릴까요, 비닐봉지 드릴까요?)이라는 질문을 받는다면 비닐봉지가 선택지에 없다고 당황하지 말아라!

*decay 썩다

**Grammar Ground** 배수와 횟수를 나타내는 표현 (4행)

배수와 횟수는 once(한 번), twice(두 배, 두 번), 그 이후부터는 「기수 + times」(~ 배, ~ 번)로 나타낸다.

I showed the class the dance move once, repeated it twice, and then had everyone try it three times.
나는 학급에 춤 동작을 한 번 보여주고, 그것을 두 번 반복하였으며, 그런 다음 모두가 그것을 세 번 시도해 보게 했다.

**1**   이 글의 주제로 가장 적절한 것은?

① global efforts to reduce plastic pollution

② various types of eco-friendly bubble wrap

③ the most effective way to deliver products

④ why most companies use plastic packaging

⑤ a remedy for the waste made by plastic wrap

**2**   이 글의 흐름으로 보아, 다음 문장이 들어가기에 가장 적절한 곳은?

You might worry that paper is too weak to protect objects.

①               ②               ③               ④               ⑤

**3**   이 글의 내용과 일치하면 T, 그렇지 않으면 F를 쓰시오.

(1) 종이 뽁뽁이는 재활용된 재료로 만들어진다. _____

(2) 종이 뽁뽁이의 벌집 모양으로 된 표면이 완충재의 역할을 한다. _____

문해력+

**4**   이 글의 내용으로 보아, 다음 빈칸에 들어갈 말을 글에서 찾아 쓰시오.

| Problem | | Solution |
|---|---|---|
| The use of (1) _____ bubble wrap for packaging is bad for the environment. Without changes, experts think there will be more plastic in the sea than (2) _____. | ⇒ | (3) _____ bubble wrap that is recyclable can replace traditional bubble wrap. It is eco-friendly because not much (4) _____ is needed to make it. |

Words | **environmental** 혱 환경과 관련된  **impact** 몡 영향  **packaging material** 포장재
**bubble wrap** 뽁뽁이(완충 포장을 위해 기포(bubble)를 넣은 필름을 가리키는 말로, 2015년에 표준어로 인정됨)  **throw away** ~을 버리다
**predict** 통 예측하다  **positive** 혱 긍정적인  **recyclable** 혱 재활용 가능한  **require** 통 필요로 하다  **harm** 몡 피해  **honeycomb** 몡 벌집
**surface** 몡 표면  **protection** 몡 보호  **tightly** ㉿ 단단히  **wrap around** ~을 감싸다  **cushion** 몡 완충재  **electronic device** 전자기기
**eco-friendly** 혱 친환경적인  <문제> **effort** 몡 노력  **reduce** 통 줄이다  **pollution** 몡 오염  **remedy** 몡 해결책, 치료  **expert** 몡 전문가
**replace** 통 대체하다  **traditional** 혱 전통적인

# 3

149 words
★ ★ ☆

Imagine you live near the beach. Every day, you see trash left behind by tourists. It makes you concerned about the threat to marine life. What can you do to solve this problem? Residents of some areas have found a smart solution—adopting beaches!

Adopt-a-beach programs have been created in a number of coastal communities. (A) After a beach is assigned, volunteers from the adopting organization clean the trash from the beach several times a year. (B) In these programs, specific beaches are assigned to volunteering organizations such as companies or schools. (C) Furthermore, they keep track of the amount of trash collected. The government can use this data to develop environmental policies.

A successful example of this program is the one in Texas. Since it began in 1986, around 570,000 volunteers _____ almost 10,000 tons of trash! When people work together for the environment, they can make a difference.

3

6

9

12

15

**Grammar Ground** 현재분사(v-ing): 능동(~하는), 진행(~하고 있는) 6행&8행

v-ing 형태의 현재분사는 능동·진행의 의미를 나타내며, 형용사처럼 명사를 수식하거나 문장 안에서 보어로 쓰인다.

The sleeping baby looks adorable. (형용사) 그 자고 있는 아기는 사랑스러워 보인다.
He saw his son laughing happily. (목적격 보어) 그는 그의 아들이 행복하게 웃고 있는 것을 보았다.

**1** 이 글의 제목으로 가장 적절한 것은?

① Wanted: Who Pollutes Coastal Areas?

② The Economic Cost of Marine Pollution

③ How to Create Cooperative Organizations

④ Programs at the Local Level to Preserve Beaches

⑤ Beach Trash: A Challenge for Tourist Destinations

**2** 이 글의 문장 (A)~(C)를 순서에 맞게 배열한 것으로 가장 적절한 것은?

① (A) – (B) – (C)　　　② (B) – (A) – (C)　　　③ (B) – (C) – (A)

④ (C) – (A) – (B)　　　⑤ (C) – (B) – (A)

**3** 이 글의 빈칸에 들어갈 말로 알맞은 것은?

① pick up　　　② will pick up　　　③ are picking up

④ had picked up　　　⑤ have picked up

문해력+

**4** 이 글의 내용으로 보아, 다음 빈칸에 들어갈 말을 보기 에서 골라 쓰시오.

> 보기　collected　trash　adopted　environment　concerned　government

### Wanted: Volunteer Group

| Who are we looking for? | Calling all groups who are (1) _____ about the future of our beaches! |
| What will you do? | You and your group will gather (2) _____ from your assigned beach several times a year. |
| Why should you join us? | This will be the first step to a clean (3) _____ for marine life and beachgoers! |

Words | **trash** 몡 쓰레기　**leave behind** ~을 남기다, 버리다　**concerned** 혱 우려하는　**threat** 몡 위협　**marine** 혱 해양의　**adopt** 동 입양하다
**coastal** 혱 해안의　**assign** 동 배정하다　**volunteer** 몡 자원봉사자; 동 자원봉사 하다　**organization** 몡 단체　**keep track of** ~을 기록하다
**collect** 동 수거하다　**policy** 몡 정책　**difference** 몡 차이　<문제> **pollute** 동 오염시키다　**economic** 혱 경제적인　**cost** 몡 비용
**cooperative** 혱 협동하는　**preserve** 동 보존하다　**destination** 몡 (여행 등의) 목적지　**pick up** ~을 줍다, 치우다　**beachgoer** 몡 해수욕하는 사람

# Review Ground

**[1-3] 다음 빈칸에 들어갈 가장 적절한 표현을 [보기]에서 한 번씩만 골라 쓰시오.**

| [보기]  throw away    take action    leave behind    show up    move away |

**1** This time, Sarah promised to _____ at her appointment on time.

**2** He had to _____ some old food from the refrigerator because of the bad smell.

**3** I checked the hotel room one last time to ensure I didn't _____ anything.

**4** 다음 빈칸에 들어갈 단어로 가장 적절한 것은?

> Traditional methods are used to _____ the taste and texture of homemade jam.

① approach        ② preserve        ③ adopt        ④ predict        ⑤ assign

**5** 다음 중, 밑줄 친 that의 쓰임이 나머지 넷과 다른 것은?

① I smiled at the thought that she remembered my birthday.

② She appreciated the advice that kindness is important.

③ The clouds in the sky were a sign that rain was coming.

④ He forgot to call back despite the promise that he made.

⑤ I was surprised by the rumor that the singer might visit our town.

**6** 다음 괄호 안에서 알맞은 것을 골라 표시하시오.

> When I was taking a walk in the forest after lunch, I heard someone nearby ( screaming / screamed ) in pain.

**[7-8] 다음 우리말과 같도록 괄호 안의 말을 알맞게 배열하시오.**

**7** 사람들이 환경을 위해 함께 일할 때, 그들은 차이를 만들 수 있다. (a difference, the environment, make, work together, people, they, can, for)

→ When _____ , _____ .

**8** 이는 그것이 환경에 큰 피해를 끼치지 않을 것임을 의미한다. (cause, the environment, won't, to, it, much harm)

→ This means _____ .

Darkness cannot drive out darkness:
only light can do that.
Hate cannot drive out hate:
only love can do that.

– Martin Luther King Jr.

어둠은 어둠을 쫓아낼 수 없고, 오직 빛만이 쫓아낼 수 있습니다. 혐오는 혐오를 없애지 못하고, 오직 사랑만이 없앨 수 있습니다.
– 마틴 루터 킹 주니어 (미국의 인권 운동가)

# CHAPTER **10**

# Culture

# 1 푸른 심해의 사람들

🔍 핵심 단어 엿보기

- □ underwater 뮈 물속에서
- □ make a living 생계를 유지하다
- □ gear 몡 장비
- □ generation 몡 세대

- □ specific 혱 특정한
- □ traditionally 뮈 전통적으로
- □ regulation 몡 규제
- □ adapt 됭 적응하다

# 2 잠깐, 아직 일어나지 마세요!

🔍 핵심 단어 엿보기

- □ empty 혱 비어 있는
- □ be used to ~에 익숙하다
- □ custom 몡 관습
- □ cherish 됭 소중히 여기다

- □ hang out 시간을 보내다
- □ famine 몡 기근
- □ promote 됭 증진하다
- □ entertain 됭 즐겁게 하다

# 3 가치 없는 실패는 없다

🔍 핵심 단어 엿보기

- □ unexpected 혱 예상 밖의
- □ collect 됭 수집하다
- □ make fun of ~을 비웃다
- □ bold 혱 대담한

- □ portrait 몡 초상화
- □ charming 혱 매력적인
- □ encourage 됭 격려하다
- □ failure 몡 실패

지문 음성 바로 듣기

# 1

148 words
★ ★ ☆

The Bajau people can swim even before they can walk. They can see clearly underwater as well, like they're wearing goggles! Who are the Bajau? They are a group of people ⓐ who [G] have lived at sea for over 1,000 years! The Bajau—also ⓑ known as the "Sea *Nomads"—don't belong to any specific country. Instead, they live on wooden boats ⓒ that move around the Philippines, Malaysia, and Indonesia.

To make a living, the Bajau traditionally catch fish, ⓓ spending more than five hours underwater every day. Their bodies _____. For example, they don't need scuba gear to dive deeper than 70 meters. Without any gear, they can stay underwater for 13 minutes at a time.

Sadly, the Bajau are having trouble ⓔ kept their traditional way of life because of government regulations and **overfishing. So, the existing generation of Sea Nomads may be the last.

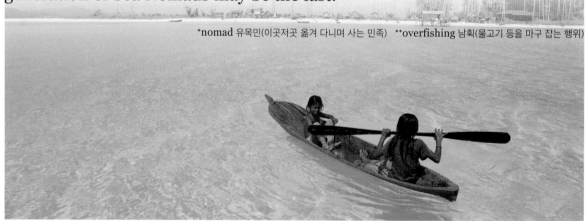

*nomad 유목민(이곳저곳 옮겨 다니며 사는 민족)  **overfishing 남획(물고기 등을 마구 잡는 행위)

**Grammar Ground**  현재완료 시제의 의미 3행

1. 완료(~했다): I have just finished my homework. 나는 숙제를 막 끝냈다.
2. 경험(~해 본 적이 있다): I have visited London. 나는 런던을 방문해 본 적이 있다.
3. 계속(~해 왔다): She has known Jack for ten years. 그녀는 Jack을 10년간 알고 지내 왔다.
4. 결과(~해버렸다): He has lost his wallet. 그는 지갑을 잃어버렸다. (그래서 지금 지갑을 가지고 있지 않다.)

**1** 이 글의 밑줄 친 ⓐ~ⓔ 중, 어법상 <u>어색한</u> 것은?

① ⓐ        ② ⓑ        ③ ⓒ        ④ ⓓ        ⑤ ⓔ

**2** 이 글의 빈칸에 들어갈 말로 가장 적절한 것은?

① have been in a lot of pain

② require some unique gear

③ fit perfectly for life on land

④ have adapted to fit this lifestyle

⑤ cannot handle this job anymore

**3** 바자우족에 관한 이 글의 내용과 일치하면 T, 그렇지 않으면 F를 쓰시오.

(1) 물속에서 시야를 확보하기 위해 고글을 착용한다.      _____

(2) 어느 국가에도 속해 있지 않다.      _____

(3) 인구가 계속 증가할 것으로 예상된다.      _____

문해력+

**4** 이 글의 내용으로 보아, 다음 빈칸에 들어갈 말을 글에서 찾아 쓰시오.

> The Bajau are a nomadic group of people who have lived at sea for centuries. Their homes are _____ made of wood, and they make a living by catching _____. But their way of life is in danger due to overfishing and _____ by the government.

Words | **clearly** 閔 선명하게 **underwater** 閔 물속에서 **specific** 閔 특정한 **wooden** 閔 나무로 된 **make a living** 생계를 유지하다
**traditionally** 閔 전통적으로 **spend** 롱 (시간을) 보내다 **gear** 閔 장비 **dive** 롱 잠수하다 **regulation** 閔 규제 **existing** 閔 현존하는
**generation** 閔 세대 <문제> **fit** 롱 맞다 **perfectly** 閔 완벽하게 **adapt** 롱 적응하다 **lifestyle** 閔 생활 방식 **handle** 롱 다루다

지문 음성 바로 듣기

# 2

148 words
★ ☆ ☆

In today's busy world, many people eat fast food because they're short on time. _____. Even after the plates are empty, the Spanish stay in their seats to enjoy a tradition 3 called *sobremesa*! Meaning "over the table," it usually happens after lunch once the dishes are taken away. It is a period when[G] people *leisurely hang out together, drinking coffee and playing games. *Sobremesa* can easily last 6 for hours!

But why did this tradition develop? Many businesses in Spain close for lunch, the hottest time of the day. Thus, people are used to long, relaxing 9 lunches. In addition, the country has a sad history of war and famine.

Therefore, the Spanish place great importance on 12 family, food, and enjoying the little things in life.

So, if you ever visit 15 Spain, don't rush to leave after your meal. That's when[G] the fun starts! 18

*leisurely 느긋하게

**Grammar Ground** 관계부사 when = 「in/on/at + which」 5행&18행

관계부사 when은 시간 선행사를 받으며, 「전치사 + 관계대명사」로 바꿔 쓸 수 있다. 이때, 선행사가 the time과 같은 일반적인 명사구인 경우에는, 선행사나 관계부사 둘 중 하나를 생략할 수 있다.

Ten p.m. is the time when[at which] Yunho sleeps. 밤 10시는 윤호가 자는 시간이다.
= Ten p.m. is the time Yunho sleeps. = Ten p.m. is when Yunho sleeps.

**1** **이 글의 주제로 가장 적절한 것은?**

① trends in modern food culture

② the importance of eating slowly

③ a social custom following a meal

④ why we need small moments of happiness

⑤ a tip for running a lunch business in Spain

**2** **이 글의 빈칸에 들어갈 말로 가장 적절한 것은?**

① And so do the Spanish.

② But that's not the case in Spain.

③ This has changed the Spanish culture.

④ The Spanish no longer avoid fast food, either.

⑤ Meanwhile, the Spanish prefer to cook at home.

**3** **이 글의 내용과 일치하면 T, 그렇지 않으면 F를 쓰시오.**

(1) *Sobremesa* was developed to promote public health through fresh food. _____

(2) Many businesses in Spain close during the hottest hours of the day. _____

문해력+

**4** **이 글의 내용으로 보아, 다음 빈칸에 들어갈 말을 보기에서 골라 쓰시오.**

> 보기   visit   remain   cherish   close   entertain   rush
>
> *Sobremesa* begins when the Spanish _____ seated after a meal. They
> _____ themselves with coffee and games, spending time together. As a
> result of their country's sad history, the Spanish have learned to _____
> the little things in life.

---

Words | **be short on** ~이 부족하다  **plate** 몡 접시  **empty** 혱 비어 있는  **tradition** 몡 전통  **dish** 몡 접시, 요리  **take away** ~을 치우다
**hang out** 시간을 보내다  **last** 동 지속되다  **develop** 동 생기다; 발달시키다  **be used to** ~에 익숙하다  **relaxing** 혱 편안한  **war** 몡 전쟁
**famine** 몡 기근  **place importance on** ~에 중요성을 부여하다  **rush** 동 서두르다  <문제> **social** 혱 사회적인  **custom** 몡 관습  **following** 전 ~ 후의
**no longer** 더 이상 ~하지 않는  **promote** 동 증진하다  **public health** 국민 건강  **cherish** 동 소중히 여기다  **entertain** 동 즐겁게 하다

# 3

149 words
★ ★ ☆

Scott Wilson was walking in Boston when he saw something unexpected in the trash. It was a portrait of an old lady dancing in a field of flowers with a serious look. (A) So, they developed an idea to collect more "bad" paintings like the portrait! (B) They both agreed it was charming in its own way, although not perfect. (C) Wilson showed it to his friend Jerry Reilly. They searched flea markets, yard sales, and even trash bins. With the artworks gathered from these places, they opened the Museum of Bad Art (MOBA) in 1993 so that everyone could enjoy them, too. Today, it has over 800 pieces of bad paintings!

The purpose of MOBA isn't to make fun of bad artwork. Rather, the museum encourages artists to be bold and not to fear failure. Even if a piece isn't done as perfectly as they hoped, it can still be appreciated!

3

6

9

12

### 미국의 Yard Sale & Garage Sale

미국에는 봄이 오면 집을 대청소한 뒤 불필요한 물건들을 집의 마당이나 차고에서 직접 판매하는 Yard Sale(마당 판매) 혹은 Garage Sale(차고 판매) 문화가 매우 발달해 있다. 땅이 넓어 집마다 차고가 있는 경우가 많아 활성화된 문화로, 봄마다 각 가정만의 '벼룩시장'이 열리는 것이다! 판매가 끝나고 난 후에는 남은 물품들을 기부하기도 한다.

**Grammar Ground** 「so that ~」 vs. 「so ~ that …」 (8행)

1. 「so that ~」(~하도록, ~하기 위해): 목적을 나타내는 부사절을 이끈다.
   I ran so that I would not be late. 나는 지각하지 않도록 뛰었다.

2. 「so + 형용사/부사 + that …」(너무 ~해서 …한): 결과를 나타낸다.
   Jihyun was so angry that she shouted. 지현이는 너무 화가 나서 소리를 질렀다.

**1**   이 글의 제목으로 가장 적절한 것은?

① Two Artists Who Create Bad Art

② What Makes MOBA So Popular?

③ A Place for Art That Is Not Good

④ How to Be a Successful Art Collector

⑤ MOBA: The First Private Museum in Boston

**2**   이 글의 내용과 일치하지 <u>않는</u> 것은?

① Wilson은 쓰레기 속에서 초상화를 발견했다.

② Wilson은 Reilly에게 미술 작품을 선물했다.

③ Wilson과 Reilly는 벼룩시장에서도 미술 작품을 수집했다.

④ Wilson과 Reilly는 1993년에 미술관을 열었다.

⑤ MOBA는 수백 점의 미술 작품을 보유하고 있다.

**3**   이 글의 문장 (A)~(C)를 순서에 맞게 배열한 것으로 가장 적절한 것은?

① (A) – (B) – (C)          ② (A) – (C) – (B)          ③ (B) – (A) – (C)

④ (C) – (A) – (B)          ⑤ (C) – (B) – (A)

 문해력<sup>+</sup>

**4**   이 글의 내용으로 보아, 다음 대화의 빈칸에 들어갈 말을 글에서 찾아 쓰시오.

> **MOBA**  📹 📞 ⋮
>
> **Visitor**  What kind of artwork is displayed at MOBA?
>
> We have artworks that are _____ in unique ways.  **S. Wilson**
>
> **Visitor**  What is the goal of the museum?
>
> We want artists not to be scared of _____.  **S. Wilson**

Words | unexpected 형 예상 밖의  portrait 명 초상화  field 명 밭, 들판  collect 동 수집하다  charming 형 매력적인  flea market 벼룩시장
bin 명 쓰레기통  piece 명 (예술 작품의) 한 점, 작품  make fun of ~을 비웃다  rather 부 오히려  encourage 동 격려하다  bold 형 대담한
failure 명 실패  appreciate 동 감상하다  <문제> private 형 사립의  display 동 전시하다  be scared of ~을 무서워하다

# Review Ground

**[1-3] 다음 빈칸에 들어갈 가장 적절한 단어나 표현을 보기에서 한 번씩만 골라 쓰시오.**

> 보기   make a living    appreciate    make fun of    encourage    rush

1  William's family members _____ by running a small family-owned bakery.

2  The supportive coaches always _____ each player to boost their confidence before a big game.

3  When visiting a museum, I take my time to _____ the beauty of each artwork.

4  다음 중, 단어의 영영 풀이가 올바르지 않은 것은?

①  tradition: the customs passed down through generations within a culture

②  regulation: the act of controlling or managing by an authority

③  empty: containing or holding as much as possible

④  portrait: an artistic depiction of a person, showing the face

⑤  fear: to be afraid of someone or something expected to be dangerous

**[5-6] 다음 빈칸에 들어갈 말로 알맞은 것을 보기에서 골라 쓰시오.**

> 보기   so often that they could grow well          when the festival will draw
>        so that they could grow well               where the festival will draw

5  The time _____ the largest crowd will be around 6 p.m.

6  She watered the plants regularly _____.

**[7-8] 다음 우리말과 같도록 괄호 안의 말을 알맞게 배열하시오.**

7  바자우족은 그들의 전통적인 생활 방식을 유지하는 데 어려움을 겪고 있다. (the Bajau, life, of, having, their traditional way, keeping, are, trouble)

   → _____

8  그들은 모든 사람이 예술 작품을 즐길 수 있도록 MOBA를 열었다. (everyone, so, enjoy, the artwork, could, that)

   → They opened MOBA _____ .

It is only with the heart
that one can see rightly;
what is essential is invisible
to the eye.

- From the book  *The Little Prince*

오로지 마음으로만 올바르게 볼 수 있고, 본질적인 것은 눈에 보이지 않아. - 책『어린 왕자』중에서

MEMO

## Photo Credits

Shutterstock.com
Freepik.com
iStockphoto.com
Depositphotos.com

## Hackers Reading Ground 시리즈를 검토해주신 선생님들

**경기**
강민정    김진성열정어학원
권계미    A&T+ 영어
정선영    코어플러스영어학원

**부산**
김미혜    더멘토영어학원
신연주    도담학원
최지은    하이영어학원

**서울**
공현미    이은재어학원
이정욱    이은재어학원

**세종**
김진아    GnB어학원 도담캠퍼스

## 해커스 어학연구소 자문위원단 3기

**강원**
박정선    잉글리쉬클럽
최현주    최샘영어

**경기**
강민정    김진성열정어학원
강상훈    평촌RTS학원
강지인    강지인영어학원
권계미    A&T+ 영어
김미아    김쌤영어학원
김설화    업라이트잉글리쉬
김성재    스윗스터디학원
김세훈    모두의학원
김수아    더스터디(The STUDY)
김영아    백송고등학교
김유경    벨트어학원
김유경    포시즌스어학원
김유동    이스턴영어학원
김지숙    위디벨럽학원
김지현    이지프레임영어학원
김해빈    해빛영어학원
김현지    지앤비영어학원
박가영    한민고등학교
박영서    스윗스터디학원
박은별    더킹영수학원
박재홍    록키어학원
성승민    SDH어학원 불당캠퍼스
신소연    Ashley English
오귀연    루나영어학원
유신애    에듀포커스학원
윤소정    ILP이화학원
이동진    이름학원
이상미    버밍엄영어교습소
이연경    명품M비욘드수학영어학원
이은수    광주세종학원
이지혜    리케이온
이진희    이엠원영수학원
이충기    영어나무
이효명    갈매리드앤톡영어독서학원
임한글    Apsun앞선영어학원
장광명    엠케이영어학원
전상호    평촌이지어학원
전성훈    훈선생영어교실
정선영    코어플러스영어학원
정준    고양외국어고등학교
조연아    카이트학원
채기림    고려대학교EIE영어학원
최지영    다른영어학원
최한나    석사영수전문

최희정    SJ클쌤영어학원
현지환    모두의학원
홍태경    공감국어영어전문학원

**경남**
강다원    더(the)오르다영어학원
라승희    아이작잉글리쉬
박주언    유니크학원
배송현    두잇영어교습소
안유서    어썸영어학원
임진희    어썸영어학원

**경북**
권현민    삼성영어석적우방교실
김으뜸    EIE영어학원 옥계캠퍼스
배세왕    비케이영수전문고등관학원
유영선    아이비티어학원

**광주**
김유희    김유희영어학원
서희연    SDL영어수학학원
송수일    아이리드영어학원
오진우    SLT어학원수학원
정영철    정영철영어전문학원
최경옥    봉선중학교

**대구**
권익재    제이슨영어
김명일    독학인학원
김보곤    베스트영어
김연정    달서고등학교
김혜란    김혜란영어학원
문애주    프렌즈입시학원
박정근    공부의힘pnk학원
박희숙    열공열강영어수학학원
신동기    신통외국어학원
위영선    위영선영어학원
윤창원    공터영어학원 상인센터
이승현    학문당입시학원
이주현    이주현영어학원
이헌욱    이헌욱영어학원
장준현    장쌤독해종결영어학원
주현아    민샘영어학원
최윤정    최강영어학원

**대전**
곽선영    위드유학원
김지운    더포스둔산학원
박미현    라시움영어대동학원
박세리    EM101학원

**부산**
김건희    레지나잉글리쉬 영어학원
김미나    위드중고등영어학원
박수진    정모클영어국어학원
박수진    지니잉글리쉬
박인숙    리더스영어전문학원
옥지윤    더센텀영어학원
윤진희    위니드영어전문교습소
이종혁    진수학원
정혜인    엠티엔영어학원
조정래    알파카의영어농장
주태양    솔라영어학원

**서울**
Erica Sull    하버드브레인영어학원
강고은    케이앤학원
강신아    교우학원
공현미    이은재어학원
권영진    경동고등학교
김나영    프라임클래스영어학원
김달수    대일외국어고등학교
김대니    채움학원
김문영    창문여자고등학교
김정은    강북뉴스터디학원
김혜경    대동세무고등학교
남혜원    함영원입시전문학원
노시은    케이앤학원
박선정    강북세일학원
박수진    이은재어학원
박지수    이플러스영수학원
서승희    함영원입시전문학원
양세희    양세희수능영어학원
우정용    제임스영어앤드학원
이박원    이박원어학원
이승혜    스텔라영어
이정욱    이은재어학원
이지연    중계케이트영어학원
임예찬    학습컨설턴트
장지희    고려대학교사범대학부속
         고등학교
정미라    미라정영어학원
조민규    조민규영어
채가희    대성세그루영수학원

**울산**
김기태    그라티아어학원
이민주    로이아카데미
홍영민    더이안영어전문학원

**인천**
강재민    스터디위드제이쌤
고현순    정상학원
권효진    Genie's English
김솔    전문과외
김정아    밀턴영어학원
서상천    최정서학원
이윤주    트리플원
최예영    영웅아카데미

**전남**
강희진    강희진영어학원
김두환    해남맨체스터영수학원
송승연    송승연영수학원
윤세광    비상구영어학원

**전북**
김길자    맨투맨학원
김미영    링크영어학원
김효성    연세입시학원
노빈나    노빈나영어전문학원
라성남    하포드어학원
박재훈    위니드수학지앤비영어학원
박향숙    STA영어전문학원
서종원    서종원영어학원
이상훈    나는학원
장지원    링컨더글라스학원
지근영    한솔영어수학학원
최성령    연세입시학원
최혜영    이든영어수학학원

**제주**
김랑    KLS어학원
박자은    KLS어학원

**충남**
김예지    더배움프라임영수학원
김철홍    청경학원
노태겸    최상위학원

**충북**
라은경    이화윤스영어교습소
신유정    비타민영어클리닉학원

# HACKERS
# READING
# GROUND

리딩 그라운드

탄탄한 실력을 속성으로 완성하는 중학 영어 독해서

LEVEL 2

**초판 1쇄 발행 2024년 8월 5일**

| | |
|---|---|
| **지은이** | 해커스 어학연구소 |
| **펴낸곳** | ㈜해커스 어학연구소 |
| **펴낸이** | 해커스 어학연구소 출판팀 |

| | |
|---|---|
| **주소** | 서울특별시 서초구 강남대로61길 23 ㈜해커스 어학연구소 |
| **고객센터** | 02-537-5000 |
| **교재 관련 문의** | publishing@hackers.com |
| | 해커스북 사이트(HackersBook.com) 고객센터 Q&A 게시판 |
| **동영상강의** | star.Hackers.com |

| | |
|---|---|
| **ISBN** | 978-89-6542-728-5 (53740) |
| **Serial Number** | 01-01-01 |

중고등영어 1위,
해커스북 HackersBook.com

· 효과적인 단어 암기를 돕는 **어휘 리스트 및 어휘 테스트**
· 지문 전체를 담았다! 생생한 음성으로 리스닝도 연습할 수 있는 **지문 MP3**

# HACKERS
# READING GROUND

리딩 그라운드

탄탄한 실력을 속성으로 완성하는 중학 영어 독해서

## WORKBOOK

LEVEL 2

# HACKERS
# READING
# GROUND

리딩 그라운드

탄탄한 실력을 속성으로 완성하는 중학 영어 독해서

## WORKBOOK

2 LEVEL

HACKERS

# 1

# 직독직해

끊어 읽기 표시를 따라 문장 구조에 유의하여 해석을 쓰고,
각 문장의 주어에는 밑줄을, 동사에는 동그라미를 쳐보세요.

❶ We all want / clean teeth and fresh breath. ❷ People / in ancient times /

were just like us!

❸ Around 7,000 years ago, / the ancient Egyptians / invented the first

"toothpaste." ❹ It was actually a powder / made of salt, mint, pepper, and dried

flowers. ❺ The ancient Greeks and Romans / later added / crushed bones and

oyster shells. ❻ But these early toothpastes / weren't very gentle. ❼ They could

make / people's gums bleed!

❽ For centuries, / people continued using powder / to clean their teeth.

❾ But in the 1870s, / American dentist Washington Sheffield / created a creamy

toothpaste / in a jar. ❿ The only problem was / that scooping toothpaste from

jars / wasn't sanitary. ⓫ Then Sheffield's son / saw artists squeezing paint / from

tubes / and thought, / "Let's do that / with toothpaste!" ⓬ The result was similar

/ to the toothpaste / we use today. ⓭ It's amazing to see / how this everyday

product / has evolved / over time!

❶ You may not know of / Joseph Pilates, / but his name / probably sounds

familiar. ❷ This German athlete / created the exercise / known as Pilates /

during World War I!

❸ In 1912, / Joseph was working / as a circus performer and boxer / in

England. ❹ But when the war began / in 1914, / he was mistaken / for a spy / and

sent to prison. ❺ Instead of / quitting physical training, / he designed a workout

/ he could do / in the small prison space. ❻ In addition, / he helped / prisoners /

who couldn't walk / recover. ❼ He attached springs / to their bedframes. ❽ These

springs / allowed the prisoners / to build muscle / in their beds / by pushing and

pulling / against the springs. ❾ This was the beginning / of the Pilates machines!

❿ Today, / people worldwide / enjoy Pilates. ⓫ It doesn't require / much space.

⓬ And for people / with injuries, / the special machines help / them exercise /

with less strain / on their bodies.

❶ In England / in the late 14th century, / people blessed each other / when they parted. ❷ The blessing was / "God be with ye." ❸ Back then, / "ye" meant "you." ❹ People often didn't know / when they would meet again / in those days. ❺ So, / they asked God / to be with their friends / until that time. ❻ But writer Gabriel Harvey / thought / the phrase was too long. ❼ Therefore, / he shortened it / to "godbwye." ❽ People started / to use this term / as it was more convenient / than the original one. ❾ It kept changing, / though! ❿ Over time, / the "w" was dropped, / and later / "god" turned into "good." ⓫ That was because / expressions / like "good day" / were popular.

⓬ You already know / the resulting word. ⓭ It is "goodbye," / and it is used / by people / every day!

❶ In 2015, / the Calbuco volcano / in Chile / erupted. ❷ At the same time, / thousands of lightning bolts / appeared. ❸ What a strange sight it was!

❹ Lightning is usually seen / during a thunderstorm. ❺ But it can sometimes occur / during a volcanic eruption. ❻ Known as volcanic lightning, / this rare event / has been observed / only about 200 times / over the past two centuries.

❼ So, / what causes it? ❽ When a volcano erupts, / a dark cloud forms / above the volcano. ❾ This cloud contains / tiny fragments / of ash, rock, and ice. ❿ As these pieces crash / into one another, / static electricity is created. ⓫ If the static electricity / becomes too strong, / a bright bolt of lightning / appears!

⓬ In photographs, / volcanic lightning looks / fascinating. ⓭ However, / it poses threats / to humans / just like regular volcanic eruptions. ⓮ Flying rocks and extreme heat / can cause injury, / or even death.

• 해설집 p.32

❶ Are rocks alive? ❷ You might think so / if you visit the Racetrack / in Death Valley, California. ❸ The Racetrack / is a dry lake bed / with hundreds of large stones. ❹ Behind each stone, / there's a long track, / and it can be / as long as four kilometers! ❺ This gives the impression / that the stones are racing / across the ground. ❻ But wait. ❼ Can rocks move / on their own?

❽ In 2013, / scientists / finally found the answer / to that question. ❾ The tracks / are caused / by rain, ice, and wind! ❿ If a small amount of rainwater / collects / in the lake bed / during winter, / some of it freezes / and becomes ice.

⓫ The ice floats / and pushes on the stones / when the wind blows. ⓬ As a result, / the stones move / and leave those tracks / in the soft mud. ⓭ When the water dries up / after winter, / the mud gets harder, / and the tracks become set / in place. ⓮ There are no magic tricks; / it's all about the wonders / of nature!

❶ You can't believe / your eyes. ❷ A hot dog is stuck on / a plant's stem!

❸ But if you take a bite, / you will only get / a mouthful of fluff. ❹ The "hot dog"

is actually the flower / of a plant / called the cattail.

❺ Cattails grow / in wetlands. ❻ They are important / to these areas / because

they protect the banks / from erosion / and make the water cleaner. ❼ Plus, /

they provide shelter / for birds and fish, / while also serving as homes / for the

insects / these animals eat.

❽ Cattails are useful / for people, too. ❾ Although they may not be / as tasty

as a hot dog, / we can eat / every part of them. ❿ They are a great source / of

vitamins / and have various health benefits, / such as preventing infections.

⓫ We can even make chairs / with the leaves / and pillow stuffing / with the

seeds. ⓬ They really / are all-round plants!

❶ You are resting your head / on your arm / during a break. ❷ When the bell

rings, / you sit up / and feel small, sharp pains / in your arm! ❸ This feeling /

is commonly called / "pins and needles." ❹ The name describes / how it feels: /

it's like / pins and needles / are poking your skin.

❺ Why does this happen? ❻ Your nerves need / oxygen and glucose / to

function properly, / and they are delivered / through the blood. ❼ But when you

put pressure / on a body part / for too long, / the blood flow / to your nerves

/ becomes blocked. ❽ As a result, / your nerves / can't do their job / and "fall

asleep." ❾ If you release the pressure / by changing position, / they start to wake

up / and become more active / than usual. ❿ This sudden increase / in activity /

causes pins and needles. ⓫ Although the feeling is uncomfortable, / it is harmless

/ and will disappear / in a few minutes. ⓬ But if it continues, / it might be a sign

/ that the nerves are damaged.

• 해설집 p.33

❶ What is the largest organ / in your body? ❷ Is it your brain, / or is it your heart? ❸ Actually, / your skin / is the biggest! ❹ It measures / over two square meters / and can make up / more than 15 percent / of your total body weight.

❺ But it's not just a big cover / for your body. ❻ It keeps you alive!

❼ To begin with, / the skin is a barrier / that stops / germs / like bacteria and viruses / from entering your body. ❽ Thus, / it can protect you / from infections.

❾ In addition, / the skin keeps moisture / inside the body. ❿ This helps / to prevent dehydration, / which can result from / having little water / in the body.

⓫ Another important function / of your skin / is to detect / external threats / with its millions of specialized cells. ⓬ If it senses / extreme heat or pain, / it sends / a message / to your brain / to move away / from the threat.

⓭ Clearly, / your skin is essential. ⓮ So, / why not take good care of it / with moisturizer?

❶ Have you wondered / why chopping onions / makes us cry? ❷ Actually, / it's all about survival! ❸ Onions grow underground / where hungry animals live.

❹ To avoid / being eaten, / they have evolved / a chemical defense system.

❺ This system / begins to work / when we cut an onion, / damaging the cells.

❻ The broken cells release / enzymes / and chemicals containing sulfur. ❼ Then, / these two combine / and form a gas, / which is very light / and easily rises / into the air. ❽ As this gas enters our eyes / and mixes / with the water / in them, / sulfuric acid is created. ❾ It is this acid / that irritates our eyes! ❿ But we have / a method of protection, too. ⓫ When our eyes detect / a harmful substance / coming in, / they produce tears / to wash it away. ⓬ That's why / onions bring tears / to our eyes.

⓭ Fortunately, / we don't need to suffer / whenever we cut them. ⓮ Before chopping onions, / just put them / in the refrigerator / for about 30 minutes / to slow down / the release of gas!

❶ Have you ever posted / about your concerns / online? ❷ If so, / why didn't

you simply talk / to your friends / about them? ❸ This behavior / can be explained

/ by the "strangers on a train" phenomenon. ❹ It describes our tendency / to

discuss personal matters / with strangers, / like the ones / sitting next to us / on

a train.

❺ Why do we act / like this? ❻ When talking / to close friends, / we are usually

very careful. ❼ We do not want / to burden them / with our problems. ❽ Or, /

we may fear / that they will share / our secrets / with others. ❾ However, / it is

different / with strangers / on a train. ❿ We won't see them again / after getting off

the train! ⓫ So, / we can freely express / our private thoughts / without worrying

/ about negative comments / or being judged. ⓬ Although these strangers /

may not solve / our problems, / the act of discussion itself / can bring us comfort.

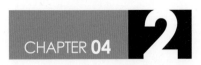

❶ It's a cold winter night. ❷ A hedgehog curls up tightly / to stay warm. ❸ But

that isn't enough, / so it decides / to approach another hedgehog. ❹ As it gets

close / to the other, / however, / they both shout "Ouch!" ❺ This is because /

they are poking each other / with their sharp spines. ❻ But if they are apart, /

they will freeze to death.

❼ Sigmund Freud / expanded this story / into a psychological concept. ❽ He

called it / the "hedgehog's dilemma." ❾ Just like the hedgehogs, / we may end up

/ in this position. ❿ We want to have / close relationships / with others, / but we

are afraid / of getting hurt. ⓫ So, / how can we deal with / this dilemma? ⓬ We

can learn / from the hedgehogs' solution / to this problem. ⓭ The solution is / to

keep a safe distance / —close enough / to stay warm / but far enough / to avoid

wounding each other.

❶ In the movie *The Truman Show*, / the main character / has been featured /

on a popular TV program / since he was born. ❷ Millions of viewers / watch him

/ 24/7, / and every person / in his life, / including his parents, / is a professional

actor. ❸ He is the only person / who doesn't know / his life is not real!

❹ Surprisingly, / some people / in real life / think this is happening / to them,

too. ❺ They are experiencing / the Truman Show Delusion (TSD). ❻ Those with

TSD / believe / their every move / is being watched / by hidden cameras / on a

secret TV set.

❼ It's convenient / to consider / the rise of reality TV shows / as the cause of

TSD. ❽ But keep in mind / that it's not that simple. ❾ According to experts, /

TSD can be a symptom / of a serious mental illness.

❶ When we are outside / on a 15-degree Celsius day, / we feel comfortable.

❷ But swimming / in 15°C water / makes us shake / with cold. ❸ Why does water

feel colder / than air / at the same temperature? ❹ This is because / our skin is

more sensitive / to heat loss / than to overall temperature!

❺ Heat moves / from hotter to colder objects. ❻ And this occurs / 25 times

faster / in water / than in air. ❼ So, / when you jump into a pool / of 15°C water,

/ the heat in your body, / which has a temperature of around 36.5°C, / is quickly

transferred / to the water. ❽ This causes / your skin temperature / to drop

suddenly, / making you feel cold.

❾ On a 15°C day, / your body loses heat / to the air, too. ❿ But the heat moves

/ much more slowly / from your body to the air. ⓫ Therefore, / you don't get

chilly!

❶ Have you ever wondered / why soap foam is white, / even when we use / purple or pink soap? ❷ It's all about / the scattering of light! ❸ If something reflects / all the colors of light equally, / it appears white. ❹ This is because / white light is / a combination of all colors. ❺ The same principle / applies to foam, too.

❻ When we rub soap / between our wet hands, / foam is created. ❼ This foam consists of / countless tiny bubbles. ❽ These bubbles / are almost transparent. ❾ Thus, / some light can pass through / these clear bubbles, / while other light is reflected. ❿ As the light hits / bubbles continuously, / it scatters / in all directions. ⓫ This has the same effect / as reflecting all of the colors. ⓬ So, / when we look at the foam, / it appears white.

⓭ Now, / the next time / you see white foam, / remember / that you're watching / a mini light show!

❶ You have probably heard / of a black hole /—an area of space / with super strong gravity. ❷ But did you know / that it's surrounded by something / called an event horizon?

❸ An event horizon / is the outer edge / of a black hole. ❹ As energy or matter approaches / the black hole, / the pull of gravity / becomes stronger. ❺ If anything crosses / this outer edge, / it will become trapped / by the black hole / forever. ❻ Even the fastest thing in the universe, light, / cannot escape! ❼ In other words, / the event horizon / marks the point / of no return. ❽ As a result, / any "events" / that happen within the "horizon" / cannot be seen / from outside it. ❾ This is where / the name "event horizon" comes from. ❿ It's like a barrier / that hides everything. ⓫ However, / that isn't stopping scientists. ⓬ They created the Event Horizon Telescope (EHT) / by collecting data / from radio telescopes / spread across the world. ⓭ Using the EHT, / they keep knocking on the door / of this "no-entry" zone!

❶ There was a sign / in a store's window. ❷ It said, / "NOW HIRING. / Must

be able to / write well, / operate a printer, / and speak two languages. / Anyone

Can Apply."

❸ That day, / a dog / walking down the street / saw the sign. ❹ He went inside

/ to apply for the job. ❺ The receptionist was impressed / by his positive attitude,

/ so he let the dog interview / with the manager. ❻ To everyone's surprise, / he

could write / and even operate the printer perfectly! ❼ But the manager turned

him down / because he couldn't hire a dog. ❽ The dog put his foot / on the part

of the sign / that read "Anyone Can Apply." ❾ The manager replied, / "But you /

cannot speak / two languages!" ❿ The dog then looked at him / and proudly said,

/ "meow."

• 해설집 p.36

❶ A young girl / had trouble / keeping up with her schoolwork. ❷ She complained / to her father, / "I don't know / what to do anymore! / The more I try, / the more I get lost." ❸ Her father gently smiled / and led her / into the kitchen. ❹ "Let me show / you something," / he said. ❺ Then, / he added / a potato, an egg, and some coffee beans / to separate pots / of boiling water. ❻ "I didn't ask for / breakfast," / the girl thought.

❼ Twenty minutes later, / he showed the girl / the three items. ❽ Although they were exposed / to the same challenge, boiling water, / each reacted differently. ❾ The potato, / which was once hard, / became tender. ❿ The egg hardened / and was no longer / runny inside. ⓫ But most amazingly, / the dry coffee beans created / something entirely new: / a fragrant drink! ⓬ The father / then asked, / "What do you want to be: / a potato, an egg, or a coffee bean?"

❶ Sally returned home / after work. ❷ When she entered the kitchen / to start making dinner, / she got upset. ❸ Some milk was spilled / on the floor!

❹ She called her three children / and asked, / "Who did this?" ❺ They said: /

- Aurora: ❻ It was Charlotte!

- Brooke: ❼ I did it. ❽ I was going to clean the mess / after answering the phone, / but I totally forgot.

- Charlotte: ❾ I didn't spill the milk. ❿ I'm innocent!

⓫ Sally looked closely / at her children. ⓬ Aurora looked frightened, / Brooke was calm, / and Charlotte seemed angry. ⓭ Sally said, / "Two of you / are telling the truth, / and one / is lying. / Charlotte, / don't worry. / I know / you aren't lying." ⓮ Charlotte sighed / and smiled. ⓯ Then, / the daughter / who had spilled the milk / cleaned the floor / while Sally made a delicious meal. ⓰ Before they went to bed, / Sally called Aurora / and said, / "You had better apologize / to Charlotte."

❶ Will humans someday live / on Mars, / the most Earth-like planet / in our

solar system? ❷ Maybe, / but there's a big problem: / Mars has no water.

❸ Luckily, / a robot / called ELU / can help! ❹ ELU means "life" / in Estonian.

❺ Egyptian engineer Mahmoud Elkoumy / invented this robot / to produce

drinking water / on Mars. ❻ In order to work properly, / ELU needs humid air,

/ something that does exist / on Mars. ❼ Using solar energy, / it takes in air, /

squeezes it, / and filters the resulting water. ❽ Lastly, / healthy mineral salts /

are added!

❾ Elkoumy hopes / his robot can also help / people on Earth, / especially in

places / with little water. ❿ It costs only $250 / to build, / and producing water /

with this robot / is ten times cheaper / than using other methods, / like digging

wells. ⓫ So, / ELU isn't just about Mars; / it's a way / to improve life on Earth, /

too.

❶ Face ID / lets you unlock your iPhone / just by looking at it! ❷ This is possible / because of the TrueDepth camera / at the top of your phone.

❸ When you glance / at the camera, / Face ID gets activated. ❹ The TrueDepth camera system shines / over 30,000 infrared dots / onto your face. ❺ It uses these dots / to create a 3D map / of your face. ❻ Then, / the phone's "brain," / called the neural engine, / turns this map / into a mathematical model. ❼ The engine checks / whether this model matches / the one it stored / when you first set up Face ID. ❽ If they match, / your phone unlocks. ❾ This all happens / in a second!

❿ If your appearance changes, / Face ID could fail / and ask for your passcode. ⓫ Enter it, / and Face ID will learn / that your look / has changed a bit. ⓬ Next time, / it will recognize you well!

❶ In 1980, / professional tennis player / John McEnroe / hit a powerful serve / that landed / just inside the line. ❷ But the judge said / the ball was out. ❸ Although McEnroe disagreed / with the judge, / he couldn't do anything!

❹ These kinds of disputes / were common / in tennis / before the Hawk-Eye system was introduced. ❺ Hawk-Eye / is a camera system / that follows every move of the ball, / like a hawk / watching its prey. ❻ It can accurately determine / whether the ball has crossed the line, / even when the ball is traveling / at over 200 kilometers per hour.

❼ So, / how does it work? ❽ Ten cameras are placed / around the court, / and each of them takes / 60 high-quality pictures / every second. ❾ When a player calls for / a Hawk-Eye review, / the system combines / these images / and analyzes the ball's path. ❿ Within seconds, / Hawk-Eye creates / virtual replays / that anyone can see, / including the crowd / and people watching from home.

⓫ Using Hawk-Eye / not only prevents disputes / in tennis / but also provides entertainment / for fans!

❶ Batman has Robin, / and Elsa has Olaf. ❷ As "sidekicks," / both Robin and

Olaf / help the main characters / achieve their goals!

❸ The term "sidekick" / comes from / an older word, / "side-kicker," / which

refers to a companion or a friend. ❹ Movies need sidekicks / for several reasons.

❺ First, / they can add humor / to the story. ❻ While the main characters are

usually serious, / their sidekicks / tend to be silly. ❼ So, / they can lighten /

the mood. ❽ Sidekicks are also great helpers, / especially in superhero movies.

❾ Although they may be less powerful / than the heroes, / they often have /

unique skills / that make them / valuable assistants. ❿ Most importantly, / they

lead / the main characters / to make the correct choices. ⓫ They're not afraid /

to challenge the main characters / about their questionable actions or beliefs.

⓬ Sidekicks are quite fascinating, / aren't they? ⓭ That's why / they're

essential / to a good movie plot. ⓮ If they didn't exist, / movies might be boring!

❶ Imagine / being an actor / whose character is a CEO. ❷ Most people would employ / a strong tone / to show authority. ❸ But Meryl Streep / took another path / when playing a similar role; / she whispered!

❹ In *The Devil Wears Prada*, / Streep plays Miranda Priestly, / the chief editor / of a well-known fashion magazine. ❺ It was the initial meeting / for the film / when Streep's voice had / her co-stars gasp in shock. ❻ Anne Hathaway, / another lead actress, / admitted that she expected / Streep's lines / to be delivered / in a "bossy, barking voice."

❼ So, / why did Streep / take this approach? ❽ She learned / the confident yet quiet way of speaking / from Clint Eastwood. ❾ This famous director / taught her / that raising one's voice / doesn't always make / the person powerful. ❿ That's how / you know / that person is truly influential: / even if he or she does whisper, / everyone will be leaning in / to pay full attention.

❶ There are some amazing street dancers / who perform unique moves.

❷ They pull their arms / behind their backs / and move them / at odd angles.

❸ Some even jump off the second story / of a building / and do backflips!

❹ These dancers, / or "flexors," / are "flexing."

❺ Flexing is a wild dance style / that began in Jamaica / and developed on the streets / of Brooklyn, New York. ❻ A main feature of flexing is / that the dancers create / their own moves / right on the spot. ❼ They don't practice; / they simply go with the flow! ❽ However, / flexing isn't just about dancing. ❾ It's a way / for people / to express their anger / about social problems / like racism. ❿ Flexors want / their performances to be so extreme / that viewers feel uncomfortable.

⓫ They hope / this makes people question / the strong emotions / in their moves / and start conversations / about those tough problems. ⓬ One famous flexor said, / "Flexing is a means of expression / for people / who feel like / they don't have a voice."

# CHAPTER 09

• 해설집 p.39

❶ "If you see me, / then weep!" ❷ This curious message / is carved / on a river rock / in the Czech Republic. ❸ Why does it tell us / to cry? ❹ Normally, / these words / can't be seen / because they are under the water. ❺ But during a drought, / the water level / falls significantly. ❻ Thus, / the message appears, / warning us / that hard times are approaching.

❼ This stone is just / one of many "hunger stones" / around Central Europe. ❽ Researchers think / that they were made / centuries ago / by people / who suffered / from droughts. ❾ It is difficult / to grow crops / during a drought, / and this can lead to / hunger. ❿ That's why / the stones are called / hunger stones.

⓫ Recently, / Europe has been experiencing / serious droughts / in the summer / due to climate change. ⓬ So, / these warnings / from the past / have been showing up / more often. ⓭ Maybe they're a sign / that we should take action / on climate change / —before it's too late!

❶ *Ding-dong!* ❷ A delivery person / is at your door. ❸ Shopping online and getting a package / is always exciting. ❹ But what about / the environmental impact / of packaging materials? ❺ Many companies use / plastic bubble wrap. ❻ Most of it / is used once / and thrown away. ❼ And it stays / in the environment / for hundreds of years / without decaying. ❽ The United Nations / predicts / there will be more plastic / than fish / in the ocean / by 2050 / unless something changes!

❾ Fortunately, / some companies / are making / a positive change. ❿ They are using / paper bubble wrap, / and it is 100 percent recyclable! ⓫ It also requires very little energy / to produce. ⓬ This means / it won't cause much harm / to the environment. ⓭ You might worry / that paper is too weak / to protect objects. ⓮ But paper bubble wrap's honeycomb surface / provides excellent protection. ⓯ It tightly wraps around items, / creating a cushion / that prevents / them from being damaged. ⓰ From food / to electronic devices, / almost anything / can be delivered safely / with this eco-friendly packaging.

❶ Imagine / you live / near the beach. ❷ Every day, / you see trash / left behind / by tourists. ❸ It makes / you concerned / about the threat / to marine life. ❹ What can you do / to solve this problem? ❺ Residents / of some areas / have found / a smart solution/—adopting beaches!

❻ Adopt-a-beach programs / have been created / in a number of coastal communities. ❼ In these programs, / specific beaches are assigned / to volunteering organizations / such as companies or schools. ❽ After a beach is assigned, / volunteers from the adopting organization / clean the trash / from the beach / several times a year. ❾ Furthermore, / they keep track of / the amount of trash / collected. ❿ The government / can use this data / to develop environmental policies.

⓫ A successful example / of this program / is the one in Texas. ⓬ Since it began / in 1986, / around 570,000 volunteers / have picked up / almost 10,000 tons of trash! ⓭ When people work together / for the environment, / they can make / a difference.

❶ The Bajau people / can swim / even before they can walk. ❷ They can see clearly / underwater as well, / like they're wearing goggles! ❸ Who are the Bajau? ❹ They are a group of people / who have lived at sea / for over 1,000 years! ❺ The Bajau/—also known as the "Sea Nomads"/—don't belong to / any specific country. ❻ Instead, / they live on wooden boats / that move around the Philippines, Malaysia, and Indonesia.

❼ To make a living, / the Bajau traditionally catch fish, / spending more than five hours / underwater every day. ❽ Their bodies / have adapted / to fit this lifestyle. ❾ For example, / they don't need scuba gear / to dive deeper than 70 meters. ❿ Without any gear, / they can stay underwater / for 13 minutes / at a time.

⓫ Sadly, / the Bajau / are having trouble / keeping their traditional way of life / because of government regulations and overfishing. ⓬ So, / the existing generation / of Sea Nomads / may be the last.

❶ In today's busy world, / many people / eat fast food / because they're short on time. ❷ But that's not the case / in Spain. ❸ Even after the plates are empty, / the Spanish / stay in their seats / to enjoy a tradition / called *sobremesa*!

❹ Meaning "over the table," / it usually happens / after lunch / once the dishes are taken away. ❺ It is a period / when people leisurely hang out together, / drinking coffee / and playing games. ❻ *Sobremesa* can easily last / for hours!

❼ But why did this tradition develop? ❽ Many businesses in Spain / close / for lunch, / the hottest time / of the day. ❾ Thus, / people are used to / long, relaxing lunches. ❿ In addition, / the country / has a sad history / of war and famine. ⓫ Therefore, / the Spanish / place great importance / on family, food, and enjoying the little things in life.

⓬ So, / if you ever visit Spain, / don't rush to leave / after your meal. ⓭ That's when / the fun starts!

❶ Scott Wilson / was walking / in Boston / when he saw something unexpected

/ in the trash. ❷ It was a portrait / of an old lady / dancing in a field of flowers /

with a serious look. ❸ Wilson showed it / to his friend Jerry Reilly. ❹ They both

agreed / it was charming / in its own way, / although not perfect. ❺ So, / they

developed an idea / to collect more "bad" paintings / like the portrait! ❻ They

searched / flea markets, / yard sales, / and even trash bins. ❼ With the artworks

/ gathered from these places, / they opened / the Museum of Bad Art (MOBA) /

in 1993 / so that everyone could enjoy them, too. ❽ Today, / it has / over 800

pieces of bad paintings!

❾ The purpose of MOBA / isn't to make fun of / bad artwork. ❿ Rather, / the

museum / encourages artists / to be bold / and not to fear failure. ⓫ Even if a

piece isn't done / as perfectly as they hoped, / it can still be appreciated!

PART

# 2

# 내신대비
# 추가문제

# CHAPTER 01

• 해설집 p.42

우리 모두는 깨끗한 치아와 상쾌한 숨결을 원한다. People in ancient times were just like us!

Around 7,000 years ago, the ancient Egyptians invented the first "toothpaste." It was actually a powder ⓐ made of salt, mint, pepper, and dried flowers. The ancient Greeks and Romans later added crushed bones and oyster shells. But these early toothpastes weren't very gentle. They could make people's *gums ⓑ bleed!

For centuries, people continued ⓒ to using powder to clean their teeth. ( ① ) But in the 1870s, American dentist Washington Sheffield created a creamy toothpaste in a jar. ( ② ) Then Sheffield's son saw artists ⓓ squeezing paint from tubes and thought, "Let's do that with toothpaste!" ( ③ ) The result was similar to the toothpaste we use today. ( ④ ) It's amazing ⓔ to see how this everyday product has evolved over time! ( ⑤ )

*gum 잇몸

**서술형**

**1** 이 글의 밑줄 친 우리말과 같도록 괄호 안의 말을 알맞게 배열하시오. (breath, want, teeth, and, clean, fresh, we all)

→ _____

**2** 이 글의 밑줄 친 ⓐ~ⓔ 중, 어법상 어색한 것을 찾아 기호를 쓰고 바르게 고쳐 쓰시오.

_____ → _____

**3** 이 글의 밑줄 친 gentle과 의미가 가장 비슷한 것은?
① thick     ② sticky     ③ soft
④ cool     ⑤ tough

**4** 이 글의 흐름으로 보아, 다음 문장이 들어가기에 가장 적절한 곳은?

> The only problem was that scooping toothpaste from jars wasn't sanitary.

①     ②     ③     ④     ⑤

**5** 이 글의 내용과 일치하지 않는 것은?
① 최초의 치약은 약 7,000년 전에 발명되었다.
② 고대 그리스인들은 치약을 만드는 데 굴 껍데기를 이용하기도 했다.
③ 가루 형태의 치약은 수 세기 동안 사용되었다.
④ 미국의 한 치과의사가 크림 형태의 치약을 개발했다.
⑤ 한 화가가 치약을 튜브에 넣어 사용하자고 제안했다.

You may not know of Joseph Pilates, but his name probably sounds familiar. This German athlete created the exercise known as Pilates during World War I!

In 1912, Joseph was ⓐ working as a circus performer and boxer in England. But when the war began in 1914, he was ⓑ mistaken for a spy and sent to prison. Instead of ⓒ continuing physical training, he designed a workout he could do in the small prison space. In addition, he helped prisoners _____ couldn't walk recover. 그는 그들의 침대 틀에 용수철을 붙였다. These springs allowed the prisoners to build muscle in their beds by pushing and pulling against the springs. This was the beginning of the Pilates machines!

Today, people worldwide enjoy Pilates. It doesn't require ⓓ much space. And for people with injuries, the special machines help them exercise with ⓔ less strain on their bodies.

**1** 이 글의 밑줄 친 ⓐ~ⓔ 중, 문맥상 알맞지 <u>않은</u> 것은?

① ⓐ    ② ⓑ    ③ ⓒ    ④ ⓓ    ⑤ ⓔ

**2** 이 글의 빈칸에 들어갈 말로 알맞은 것은?

① what    ② which    ③ who
④ whose    ⑤ when

**3** 요제프 필라테스에 관한 이 글의 내용과 일치하지 <u>않는</u> 것은?

① 독일 출신의 남성이다.
② 권투선수로 활동한 적이 있다.
③ 제1차 세계대전이 발발했을 때 영국에 있었다.
④ 선수 시절에 부상을 당해 걸을 수 없었다.
⑤ 감옥에서 죄수들의 회복을 도왔다.

서술형

**4** 이 글의 밑줄 친 우리말과 같도록 괄호 안의 말을 알맞게 배열하시오. (attached, he, bedframes, to, springs, their)

→ _____

**5** 다음 영영 풀이에 해당하는 단어를 글에서 찾아 쓰시오.

known or recognized due to past experience

_____

In England in the late 14th century, people blessed each other when they ___(A)___ . The blessing was "God be with ye." Back then, "ye" meant "you." 그 당시에 사람들은 보통 그들이 언제 다시 만날지를 알지 못했다. So, they asked God to be with their friends ⓐ until that time. But writer Gabriel Harvey thought the phrase was too long. Therefore, he shortened it to "godbwye." People started ⓑ to use this term as it was ___(B)___ convenient than the original one. It kept ⓒ to change, though! Over time, the "w" was dropped, and later "god" turned ⓓ into "good." That was because expressions like "good day" ⓔ were popular.

You already know the resulting word. It is "goodbye," and it is used by people every day!

**1** 이 글의 빈칸 (A)와 (B)에 들어갈 말로 가장 적절한 것은?

| (A) | (B) | | (A) | (B) |
|---|---|---|---|---|
| ① parted | ··· more | | ② pushed | ··· less |
| ③ prayed | ··· less | | ④ played | ··· more |
| ⑤ passed | ··· less | | | |

**2** 이 글의 밑줄 친 우리말과 같도록 괄호 안의 말을 알맞게 배열하시오. (when, in those days, didn't, would, meet again, know, they)

→ People often _____

_____ .

**3** 이 글의 밑줄 친 ⓐ~ⓔ 중, 어법상 어색한 것은?

① ⓐ　　② ⓑ　　③ ⓒ　　④ ⓓ　　⑤ ⓔ

**4** 다음은 goodbye의 변화 과정을 나타낸 것이다. 이 글의 내용으로 보아, 다음 빈칸에 들어갈 말로 가장 적절한 것은?

God be with ye → godbwye → _____ → goodbye

① goodbwye　② goodbwwe　③ godbyye
④ godbwwe　⑤ godbye

**5** 다음 영영 풀이에 해당하는 단어를 글에서 찾아 쓰시오.

being the first or earliest form of something

_____

• 해설집 p.42

In 2015, the Calbuco volcano in Chile erupted. At the same time, thousands of lightning bolts appeared. <u>그것은 정말 이상한 광경이었다!</u>

Lightning is usually seen during a thunderstorm. But it can sometimes occur during a volcanic eruption. Known as volcanic lightning, this rare event has been observed only about 200 times over the past two centuries.

So, (A) <u>what it causes</u>? When a volcano erupts, a dark cloud forms above the volcano. This cloud (B) <u>contains</u> tiny fragments of ash, rock, and ice. As these pieces crash into one another, *static electricity is created. If the static electricity becomes too strong, a bright bolt of lightning appears!

In photographs, volcanic lightning looks fascinating. However, it _____ _____ just like regular volcanic eruptions. Flying rocks and extreme heat can cause injury, or even death.

*static electricity 정전기

**서술형**

**1** 이 글의 밑줄 친 우리말과 같도록 괄호 안의 말을 활용하여 문장을 완성하시오. 단, What 감탄문으로 쓰시오. (sight, a, strange)

→ _____

**2** 화산 번개에 관한 이 글의 내용과 일치하지 <u>않는</u> 것은?

① 화산 폭발 중에 발생한다.
② 드물게 관찰되는 자연 현상이다.
③ 200년 전에 최초로 발생하였다.
④ 정전기가 강해지면서 나타난다.
⑤ 사람들이 부상을 입게 할 수 있다.

**3** 이 글의 밑줄 친 (A)가 어법상 맞으면 O를 쓰고, 틀리면 바르게 고쳐 쓰시오.

_____

**4** 이 글의 밑줄 친 (B) contains와 의미가 가장 비슷한 것은?

① collects   ② includes   ③ releases
④ becomes   ⑤ covers

**5** 이 글의 빈칸에 들어갈 말로 가장 적절한 것은?

① can't happen again
② looks better in real life
③ doesn't appear in videos
④ poses threats to humans
⑤ offers a great view for tourists

• 해설집 p.43

Are rocks alive? You might think so if you visit the Racetrack in Death Valley, California. The Racetrack is a dry *lake bed with hundreds of large stones. Behind each stone, there's a long track, and it can be as ⓐ longer as four kilometers! This gives the impression    (A)    the stones are racing across the ground. But wait. Can rocks move on their own?

In 2013, scientists finally found the answer to that question. The tracks are caused by rain, ice, and wind! If a small amount of rainwater collects in the lake bed during winter, some of it freezes and becomes ice. 바람이 불면 그 얼음은 떠다니고 돌들을 밀어낸다.    (B)   , the stones move and ⓑ leave those tracks in the soft mud. When the water dries up after winter, the mud gets harder, and the tracks become set in place. There are no magic tricks; it's all about the wonders of nature!

*lake bed 호수 바닥

**1** 이 글의 밑줄 친 ⓐ가 어법상 맞으면 O를 쓰고, 틀리면 바르게 고쳐 쓰시오.

_____

**2** 이 글의 빈칸 (A)에 들어갈 말로 알맞은 것은?

① what          ② why          ③ which

④ that          ⑤ where

서술형
**3** 이 글의 밑줄 친 우리말과 같도록 괄호 안의 말을 알맞게 배열하시오. (blows, floats, when, on the stones, pushes, the wind, and)

→ The ice _____

_____ .

**4** 이 글의 빈칸 (B)에 들어갈 말로 가장 적절한 것은?

① However          ② Instead

③ As a result          ④ Above all

⑤ For example

**5** 다음 밑줄 친 부분이 이 글의 밑줄 친 ⓑ leave와 같은 의미로 쓰인 것은?

① You'll miss your flight if you don't leave now.

② We had to leave home because of the fire.

③ She decided to leave the party early.

④ Tomato sauce can leave a mark.

⑤ The ship will leave port at midnight.

• 해설집 p.43

You can't believe your eyes. 핫도그 하나가 식물의 줄기에 붙어 있다! But if you (A) | will take / take | a bite, you will only get a mouthful of fluff. The "hot dog" is actually the flower of a plant called the *cattail.

Cattails grow in wetlands. They are important to these areas because they protect the banks from **erosion and make the water cleaner. _____, they provide shelter for birds and fish, while also serving as homes for the insects these animals eat.

Cattails are useful for people, too. Although they may not be as (B) | tasty / tastier | as a hot dog, we can eat every part of them. They are a great source of vitamins and have various health benefits, such as preventing infections. We can even make chairs with the leaves and pillow stuffing with the seeds. They really are all-round plants!

*cattail 부들  **erosion 침식

**서술형**

**1** 이 글의 밑줄 친 우리말과 같도록 괄호 안의 말을 알맞게 배열하시오. (stem, stuck, a plant's, on, is, a hot dog)

→ _____

**2** (A), (B)의 각 네모 안에서 알맞은 말을 골라 쓰시오.

(A): _____  (B): _____

**3** 이 글의 빈칸에 들어갈 말로 가장 적절한 것은?

① Therefore       ② For example
③ Plus            ④ In fact
⑤ Otherwise

**4** 이 글의 내용과 일치하지 않는 것은?

① 부들의 꽃은 핫도그처럼 생겼다.
② 부들은 습지에서 자란다.
③ 부들은 곤충들에게 먹이를 제공한다.
④ 부들의 모든 부분이 식용으로 쓰일 수 있다.
⑤ 부들의 씨앗으로 베갯속을 만들 수 있다.

**5** 다음 영영 풀이에 해당하는 단어를 글에서 찾아 쓰시오. (단, 주어진 철자로 시작하여 쓰시오.)

> a place or structure that provides protection or cover

s _____

You are resting your head on your arm ⓐ <u>during</u> a break. When the bell rings, you sit up and feel small, sharp pains in your arm! This feeling ⓑ <u>is commonly called</u> "pins and needles." The name describes ⓒ <u>how does it feel</u>: it's like pins and needles are poking your skin.

Why does this happen? Your *nerves need oxygen and **glucose to function properly, and <u>they</u> are delivered through the blood. But when you put pressure on a body part for too long, the blood flow to your nerves ⓓ <u>becomes blocked</u>. As a result, your nerves can't do their job and "fall asleep." <u>만약 당신이 자세를 바꿈으로써 압력을 풀어 주면, 그것들은 깨어나기 시작하고 평소보다 더 활동적이게 된다.</u> This sudden increase in activity causes pins and needles. _____ the feeling is uncomfortable, it is harmless and will disappear in a few minutes. But if it continues, it might be a sign ⓔ <u>that</u> the nerves are damaged.

*nerve 신경  **glucose 포도당

**1** 이 글의 밑줄 친 ⓐ~ⓔ 중, 어법상 어색한 것은?

① ⓐ  ② ⓑ  ③ ⓒ  ④ ⓓ  ⑤ ⓔ

**2** 이 글의 밑줄 친 <u>they</u>가 가리키는 것 두 가지를 글에서 찾아 쓰시오.

(1) _____  (2) _____

서술형

**3** 이 글의 밑줄 친 우리말과 같도록 괄호 안의 말을 알맞게 배열하시오. (more active, and, they, become, to wake up, usual, start, than)

→ If you release the pressure by changing position, _____

_____ .

**4** 다음 짝지어진 두 단어의 관계가 나머지와 넷과 <u>다른 것</u>은?

① feel - feeling
② press - pressure
③ act - active
④ describe - description
⑤ deliver - delivery

**5** 이 글의 빈칸에 들어갈 말로 가장 적절한 것은?

① Because  ② Although  ③ Before
④ When  ⑤ Since

What is ⓐ the largest organ in your body? Is it your brain, or is it your heart? Actually, your skin is the biggest! It measures over two square meters and can make up more than 15 percent of your total body weight. But it's not just a big cover for your body. It keeps you ⓑ alive!

To begin with, the skin is a barrier that stops *germs like bacteria and viruses from ⓒ entering your body. 그러므로, 그것은 감염으로부터 당신을 보호할 수 있다. In addition, the skin keeps moisture inside the body. This helps to prevent **dehydration, which can result from having ⓓ few water in the body. Another important function of your skin is to _____ with its millions of specialized cells. If it ⓔ senses extreme heat or pain, it sends a message to your brain to move away from the threat.

Clearly, your skin is essential. So, why not take good care of it with moisturizer?

*germ 병원체  **dehydration 탈수 증세

**1** 이 글의 밑줄 친 ⓐ~ⓔ 중, 어법상 어색한 것을 찾아 기호를 쓰고 바르게 고쳐 쓰시오.

_____ → _____

**2** 이 글의 내용과 일치하지 <u>않는</u> 것은?

① Our skin can make up almost one-fifth of our body weight.
② Our skin keeps viruses from entering our body.
③ Our body preserves moisture thanks to our skin.
④ Our brain sends messages to our skin cells.
⑤ Our skin has a lot of specialized cells.

서술형

**3** 이 글의 밑줄 친 우리말과 같도록 괄호 안의 말을 알맞게 배열하시오. (it, infections, from, you, protect, can)

→ Thus, _____.

**4** 이 글의 빈칸에 들어갈 말로 가장 적절한 것은?

① treat itself
② attract other people
③ detect external threats
④ offer protection from the sun
⑤ find diseases in internal organs

**5** 다음 영영 풀이에 해당하는 단어를 글에서 찾아 쓰시오. (단, 주어진 철자로 시작하여 쓰시오.)

of the highest level of something, far beyond what is usual

e _____

• 해설집 p.44

Have you wondered why chopping onions makes us cry? Actually, it's all about survival! Onions grow underground where hungry animals live. To avoid being eaten, ⓐ they have evolved a chemical defense system.

This system begins to work when we cut an onion, damaging the cells. The broken cells release *enzymes and chemicals containing **sulfur. Then, these two combine and form a gas, which is very light and easily rises into the air. As this gas enters our eyes and mixes with the water in ⓑ them, sulfuric acid is created. 우리의 눈을 자극하는 것은 바로 이 산이다! But we have a method of protection, too. When our eyes detect a harmful substance coming in, ⓒ they produce tears to wash it away. That's why onions bring tears to our eyes.

_____, we don't need to suffer whenever we cut ⓓ them. Before chopping onions, just put ⓔ them in the refrigerator for about 30 minutes to slow down the release of gas!

*enzyme 효소 **sulfur 유황

**1** 이 글의 밑줄 친 ⓐ~ⓔ 중, 가리키는 대상이 같은 것끼리 짝지어진 것은?

① ⓐ, ⓑ      ② ⓐ, ⓒ      ③ ⓑ, ⓒ

④ ⓑ, ⓓ      ⑤ ⓒ, ⓔ

서술형

**2** 이 글의 밑줄 친 우리말과 같도록 괄호 안의 말을 활용하여 문장을 완성하시오. 단, 「It is ~ that …」 강조 구문을 포함하여 여덟 자로 쓰시오. (our eyes, irritates, this acid)

→ _____

**3** 이 글의 빈칸에 들어갈 말로 가장 적절한 것은?

① In contrast      ② Fortunately

③ Thus      ④ Likewise

⑤ For instance

서술형

**4** 다음 질문에 대한 답을 우리말로 쓰시오.

> Q. How might we chop onions without crying?

A. _____

**5** 다음 영영 풀이에 해당하는 단어를 글에서 찾아 쓰시오. (단, 주어진 철자로 시작하여 쓰시오.)

> action or strategy of protecting oneself from harm, danger, or attack

d _____

Have you ever posted about your concerns online? If so, why didn't you simply talk to your friends about them? 이러한 행동은 '기차에서 만난 이방인 현상'에 의해 설명될 수 있다. It describes our tendency to discuss personal (A) matters with strangers, like the ones sitting next to us on a train.

Why do we act like this? ( ① ) When _____ to close friends, we are usually very careful. ( ② ) We do not want to burden them with our problems. ( ③ ) Or, we may fear that they will share our secrets with others. ( ④ ) We won't see them again after getting off the train! ( ⑤ ) So, we can freely express our private thoughts without worrying about negative comments or being judged. Although these strangers may not solve our problems, (B) the act of discussion itself can bring us comfort.

**서술형**

**1** 이 글의 밑줄 친 우리말과 같도록 괄호 안의 말을 활용하여 문장을 완성하시오. 단, 수동태를 포함하시오. (the "strangers on a train" phenomenon, can, this behavior, explain)

→ _____

_____

**2** 이 글의 밑줄 친 (A) matters와 의미가 가장 비슷한 것은?

① tastes        ② reasons        ③ issues
④ choices        ⑤ opinions

**3** 이 글의 흐름으로 보아, 다음 문장이 들어가기에 가장 적절한 곳은?

| However, it is different with strangers on a train. |

①        ②        ③        ④        ⑤

**4** 이 글의 빈칸에 들어갈 말로 알맞은 것을 모두 고르시오.

① talk        ② to talk        ③ talking
④ we talk        ⑤ we talking

**서술형**

**5** 이 글의 밑줄 친 (B)를 우리말로 해석하시오.

_____

_____

• 해설집 p.44

It's a cold winter night. A *hedgehog curls up tightly to stay warm. But that isn't enough, so it decides to approach another hedgehog. As it gets close to the other, however, they both shout "Ouch!" This is because they are poking each other with their sharp spines. But if they are apart, they will freeze to death.

Sigmund Freud expanded this story into a psychological concept. He called it the "hedgehog's dilemma." Just like the hedgehogs, we may end up in this position. 우리는 다른 사람들과 친밀한 관계를 맺고 싶어 하지만, 상처받을까 봐 두려워한다. So, how can we deal with this dilemma? We can learn from the hedgehogs' solution to this problem. The solution is to keep a safe distance—close ____(A)____ to stay warm but far ____(B)____ to avoid wounding each other.

*hedgehog 고슴도치

**1** 이 글의 주제로 가장 적절한 것은?

① 고슴도치 가시의 진화 과정

② 상처를 주지 않고 거절하는 방법

③ 고슴도치가 군집 생활을 하는 이유

④ 관계에서 안전거리를 유지하려는 경향

⑤ 친밀한 관계의 중요성을 강조하는 심리학 이론

**2** 다음 중, 고슴도치의 딜레마를 바르게 이해한 사람을 모두 고른 것은?

> 민수: 친구와 친해지는 게 좋으면서도 한편으로는 두려울 때 이것을 겪겠구나.
> 지영: 마음을 열고 가능한 한 더 가까워지려고 노력함으로써 이것을 극복할 수 있겠구나.
> 정한: 이것을 극복하면 나와 성격이 다른 친구들도 쉽게 사귈 수 있겠다.
> 수지: 사람 간의 적정 거리를 유지하는 것이 이것을 극복하는 데 도움이 되지.

① 민수, 지영            ② 민수, 수지

③ 지영, 정한            ④ 지영, 정한, 수지

⑤ 민수, 지영, 정한, 수지

서술형

**3** 이 글의 밑줄 친 우리말과 같도록 괄호 안의 말을 활용하여 문장을 완성하시오. 단, 필요시 형태를 바꾸시오. (be, get, hurt, afraid, of, we)

→ We want to have close relationships with others, but _____ .

**4** 이 글의 빈칸 (A)와 (B)에 공통으로 들어갈 말로 알맞은 것은?

① so          ② that          ③ such

④ too         ⑤ enough

**5** 다음 영영 풀이에 해당하는 단어를 글에서 찾아 쓰시오. (단, 주어진 철자로 시작하여 쓰시오.)

> to move closer to something or someone with the intention of reaching it

a _____

In the movie *The Truman Show*, the main character has been featured on a popular TV program since he was born. Millions of viewers watch him 24/7, and every person in his life, including his parents, is a professional actor. He is the only person who doesn't know ⓐ _____!

(A) They are experiencing the Truman Show *Delusion (TSD). (B) Surprisingly, some people in real life think ⓑ _____ this is happening to them, too. (C) Those with TSD believe their every move is being watched by hidden cameras on a secret TV set.

It's <u>convenient</u> to consider the rise of reality TV shows as the cause of TSD. But keep in mind that it's not that simple. According to experts, TSD can be a symptom of a serious mental illness.

*delusion 망상, 착각

**1** 이 글의 빈칸 ⓐ에 들어갈 말로 가장 적절한 것은?

① acting is difficult
② viewers love him
③ his life is not real
④ he has a mental issue
⑤ the show will end soon

**2** 이 글의 내용과 일치하지 <u>않는</u> 것은?

① 영화 「트루먼 쇼」의 주인공은 태어났을 때부터 TV에 출연하고 있다.
② 트루먼 쇼 망상은 영화 「트루먼 쇼」의 주인공이 겪고 있던 질병이다.
③ 영화 「트루먼 쇼」에서는 주인공의 일상이 계속 방송되고 있다.
④ 트루먼 쇼 망상을 겪는 사람들은 자신이 감시당하고 있다고 생각한다.
⑤ 트루먼 쇼 망상은 정신 질환의 한 증상일 수 있다.

**3** 이 글의 문장 (A)~(C)를 순서에 맞게 배열한 것으로 가장 적절한 것은?

① (A) – (B) – (C)  ② (A) – (C) – (B)
③ (B) – (A) – (C)  ④ (B) – (C) – (A)
⑤ (C) – (B) – (A)

**4** 이 글의 빈칸 ⓑ에 들어갈 말로 알맞은 것은?

① which  ② so  ③ if
④ that  ⑤ because

**5** 이 글의 밑줄 친 convenient와 의미가 가장 비슷한 것은?

① controversial  ② reasonable
③ correct  ④ useless
⑤ easy

When we are outside on a ⓐ 15-degrees Celsius day, we feel comfortable. But swimming in 15°C water makes us ⓑ shake with cold. 같은 온도에서 왜 물이 공기보다 더 차갑게 느껴지는 것일까? This is because our skin is more sensitive to heat loss ⓒ than to overall temperature!

Heat moves from hotter to colder objects. And this occurs ⓓ 25 times faster in water than in air. So, when you jump into a pool of 15°C water, the heat in your body, which has a temperature of around 36.5°C, is (A) slowly / quickly transferred to the water. This causes your skin temperature ⓔ to drop suddenly, making you feel (B) hot / cold .

On a 15°C day, your body (C) gets / loses heat to the air, too. But the heat moves much more slowly from your body to the air. _____, you don't get chilly!

**1** 이 글의 밑줄 친 ⓐ~ⓔ 중, 어법상 어색한 것을 찾아 기호를 쓰고 바르게 고쳐 쓰시오.

_____ → _____

서술형

**2** 이 글의 밑줄 친 우리말과 같도록 괄호 안의 말을 알맞게 배열하시오. (air, colder, why, feel, does, than, water)

→ _____

at the same temperature?

**3** (A), (B), (C)의 각 네모 안에서 문맥에 알맞은 말로 가장 적절한 것은?

| | (A) | (B) | (C) |
|---|---|---|---|
| ① | slowly | hot | gets |
| ② | quickly | cold | gets |
| ③ | slowly | cold | gets |
| ④ | quickly | cold | loses |
| ⑤ | slowly | hot | loses |

**4** 이 글의 빈칸에 들어갈 말로 가장 적절한 것은?

① Otherwise     ② For example

③ Therefore     ④ Instead

⑤ On the contrary

**5** 다음 영영 풀이에 해당하는 단어를 글에서 찾아, 동사 원형으로 바꿔 쓰시오. (단, 주어진 철자로 시작하여 쓰시오.)

| to go from one location to another |
|---|

t _____

Have you ever wondered ⓐ <u>why is soap foam white</u>, even when we use purple or pink soap? It's all about the \*scattering of light! If something reflects all the colors of light equally, it appears white. This is because white light is a combination of all colors. The same principle applies to foam, too.

When we rub soap between our wet hands, foam is created. (A) This foam consists of countless tiny bubbles. (B) Thus, some light can pass through these clear bubbles, while other light is reflected. (C) These bubbles are almost \*\*transparent. As the light hits bubbles continuously, it scatters in all directions. <u>이것은 모든 색깔들을 반사하는 것과 같은 효과를 가진다.</u> So, when we look at the foam, it appears white.

Now, the next time you see white foam, remember _____ you're watching a mini light show!

\*scattering 산란(빛이 여러 방향으로 흩어지는 현상)
\*\*transparent 투명한

**1** 이 글의 밑줄 친 ⓐ가 어법상 맞으면 O를 쓰고, 틀리면 바르게 고쳐 쓰시오.

_____

**2** 이 글의 문장 (A)~(C)를 순서에 맞게 배열한 것으로 가장 적절한 것은?

① (A) – (B) – (C)  ② (A) – (C) – (B)
③ (B) – (A) – (C)  ④ (C) – (A) – (B)
⑤ (C) – (B) – (A)

서술형
**3** 이 글의 밑줄 친 우리말과 같도록 괄호 안의 말을 알맞게 배열하시오. (has, as, the same, reflecting, all of the colors, effect)

→ This _____

_____ .

**4** 이 글의 빈칸에 들어갈 말로 알맞은 것은?

① what  ② which  ③ that
④ this  ⑤ who

**5** 이 글에 쓰인 단어와 우리말 뜻이 잘못 연결된 것은?

① wonder: 궁금해하다  ② reflect: 반사하다
③ equally: 고르게  ④ appear: ~으로 보이다
⑤ clear: 쉽게 이해되는

• 해설집 p.46

You have probably ⓐ <u>heard</u> of a black hole—an area of space with super strong gravity. But did you know that it's surrounded by something ⓑ <u>calling</u> an *event horizon?

An event horizon is the outer edge of a black hole. As energy or matter approaches the black hole, the pull of gravity becomes stronger. If anything crosses this outer edge, it will become trapped by the black hole forever. Even ⓒ <u>the fastest</u> thing in the universe, light, cannot ____(A)____ ! In other words, the event horizon marks the point of no return. As a result, any "events" that happen within the "horizon" ⓓ <u>cannot be seen</u> from outside it. This is where the name "event horizon" comes from. It's like a barrier ⓔ <u>who</u> hides everything. ____(B)____ , that isn't stopping scientists. They created the Event Horizon Telescope (EHT) by collecting data from **radio telescopes spread across the world. <u>EHT를 이용해, 그들은 이 '진입 금지' 구역의 문을 계속해서 두드리고 있다!</u>

*event horizon 사건의 지평선  **radio telescope 전파 망원경

**1** 이 글의 밑줄 친 ⓐ~ⓔ 중, 어법상 바른 것의 개수는?

① 1개   ② 2개   ③ 3개   ④ 4개   ⑤ 5개

**2** 다음 영영 풀이를 참고하여 이 글의 빈칸 (A)에 들어갈 단어를 쓰시오. (단, 주어진 철자로 시작하여 쓰시오.)

to get away or break free from something

e_____

**3** 이 글의 내용과 일치하는 것은?

① 블랙홀은 사건의 지평선의 바깥쪽 가장자리이다.
② 사건의 지평선은 중력에 영향받지 않는다.
③ 속도가 아무리 빨라도 블랙홀에서 빠져나올 수 없다.
④ 블랙홀에서 발생하는 일들 중 일부는 관측이 가능하다.
⑤ EHT는 한 개의 망원경으로부터 데이터를 수집한다.

**4** 이 글의 빈칸 (B)에 들어갈 말로 가장 적절한 것은?

① Moreover    ② Therefore    ③ Instead
④ However     ⑤ Unfortunately

서술형

**5** 이 글의 밑줄 친 우리말과 같도록 괄호 안의 말을 알맞게 배열하시오. (this "no-entry" zone, they, knocking, keep, of, the door, on)

→ Using the EHT, _____

_____ !

• 해설집 p.46

There was a sign in a store's window. It said, "NOW HIRING. _____ _____ write well, operate a printer, and speak two languages. Anyone Can Apply."

That day, a dog ⓐ walk down the street saw the sign. He went inside to apply for the job. The receptionist was (A) impressed by his positive attitude, so he let the dog interview with the manager. To everyone's surprise, he could write and even operate the printer perfectly! 하지만 담당자는 개를 채용할 수 없었기 때문에 그를 거절했다. The dog ⓑ putted his foot on the part of the sign that read "Anyone Can Apply." The manager replied, "But you cannot speak two languages!" (B) The dog then looked at him and proudly said, "meow."

**1** 이 글의 빈칸에 들어갈 말로 가장 적절한 것은?

① Don't have to
② May want to
③ Must be able to
④ Had better not
⑤ Would like to

**2** 이 글의 밑줄 친 ⓐ와 ⓑ를 어법에 맞게 고쳐 쓰시오.

ⓐ: _____

ⓑ: _____

**3** 이 글의 밑줄 친 (A) impressed와 의미가 가장 비슷한 것은?

① annoyed
② confused
③ embarrassed
④ moved
⑤ satisfied

<u>서술형</u>

**4** 이 글의 밑줄 친 우리말과 같도록 괄호 안의 말을 알맞게 배열하시오. (because, couldn't, turned, hire, him, he, a dog, down)

→ But the manager _____

_____.

**5** 이 글의 밑줄 친 (B)를 통해 유추할 수 있는 내용으로 가장 적절한 것은?

① 가게의 점장은 고양이이다.
② 개는 지원 자격을 모두 갖추었다.
③ 개는 구인 공고를 잘 이해하지 못했다.
④ 접수원은 고양이를 채용하고 싶어 하지 않는다.
⑤ 점장은 가게에 고양이 직원이 필요하다고 생각했다.

• 해설집 p.46

A young girl had trouble keeping up with her schoolwork. She complained to her father, "I don't know _____ _____ anymore! 저는 더 노력하면 할수록, 더 길을 잃어요." Her father gently smiled and led her into the kitchen. "Let me show you something," he said. Then, he added a potato, an egg, and some coffee beans to separate pots of boiling water. "I didn't ask for breakfast," the girl thought.

Twenty minutes later, he showed the girl the three items. Although they were ⓐ exposed to the same challenge, boiling water, each reacted ⓑ similarly. The potato, which was once hard, became ⓒ tender. The egg hardened and was no longer ⓓ runny inside. But most amazingly, the dry coffee beans created something entirely ⓔ new: a fragrant drink! The father then asked, "What do you want to be: a potato, an egg, or a coffee bean?"

**1** 이 글의 빈칸에 들어갈 알맞은 말을 <u>모두</u> 고르시오.

① what do to
② what I doing
③ what I should do
④ what doing
⑤ what to do

서술형

**2** 이 글의 밑줄 친 우리말과 같도록 빈칸에 알맞은 말을 써서 문장을 완성하시오.

→ _____ I try, _____ I get lost.

**3** 이 글의 밑줄 친 ⓐ~ⓔ 중, 문맥상 알맞지 <u>않은</u> 것은?

① ⓐ  ② ⓑ  ③ ⓒ  ④ ⓓ  ⑤ ⓔ

**4** 이 글에 나타난 아버지의 의도를 가장 잘 이해한 사람은?

① 윤수: 힘든 공부도 결국 끝난다는 것을 알려 주셨네.
② 민아: 어려움을 통해 더 발전할 수 있다는 것을 보여 주셨네.
③ 성훈: 참으면 복이 온다는 교훈을 가르쳐 주셨네.
④ 유정: 남을 따라 하지 말고 창의적인 삶을 살라는 가르침이네.
⑤ 재혁: 계란 같은 사람은 되지 않도록 노력해야 한다는 말씀이네.

**5** 다음 영영 풀이에 해당하는 단어를 글에서 찾아 쓰시오. (단, 주어진 철자로 시작하여 쓰시오.)

| problems, difficulties, or a state of distress |
| --- |

t _____

Sally returned home after work. <u>그녀가 저녁을 만드는 것을 시작하기 위해 부엌에 들어갔을 때, 그녀는 속이 상했다.</u> Some milk was spilled on the floor! She called her three children and asked, "Who did this?" They said:

| Aurora | It was Charlotte! |
| Brooke | I did it. I was going to clean the mess after answering the phone, but I totally forgot. |
| Charlotte | I didn't spill the milk. I'm innocent! |

Sally looked closely at her children. Aurora looked ⓐ <u>frightened</u>, Brooke was ⓑ <u>calm</u>, and Charlotte seemed ⓒ <u>angry</u>. Sally said, "Two of you are telling the truth, and one is lying. Charlotte, don't worry. I know you aren't lying." Charlotte sighed and smiled. Then, the daughter who _____ the milk cleaned the floor while Sally made a delicious meal. Before they went to bed, Sally called Aurora and said, "You had better apologize to Charlotte."

서술형

**1** 이 글의 밑줄 친 우리말과 같도록 괄호 안의 말을 알맞게 배열하시오. (she, the kitchen, dinner, to start, when, making, entered)

→ _____

_____,

she got upset.

**2** 이 글의 내용과 일치하지 <u>않는</u> 것은?

① Sally와 Charlotte은 우유를 쏟지 않았다.
② Brooke은 Sally가 집에 없을 때 전화를 받았다.
③ Aurora가 우유를 쏟았다.
④ Brooke은 바닥에 쏟아진 우유를 닦았다.
⑤ Charlotte은 진실을 말했다.

**3** 이 글의 밑줄 친 ⓐ, ⓑ, ⓒ를 우리말로 해석하시오.

ⓐ: _____   ⓑ: _____   ⓒ: _____

**4** 이 글의 빈칸에 들어갈 말로 알맞은 것은?

① spills          ② spilling
③ has spilled     ④ had spilled
⑤ has been spilling

**5** 다음 영영 풀이에 해당하는 단어를 글에서 찾아 쓰시오.

a state where things are mixed up and untidy

_____

• 해설집 p.47

Will humans someday live on Mars, the most Earth-like planet in our solar system? Maybe, but there's a big problem: Mars has no water.

다행히도, ELU라고 불리는 로봇이 도움을 줄 수 있다! ELU means "life" in Estonian. Egyptian engineer Mahmoud Elkoumy invented this robot to produce drinking water on Mars. In order to work properly, ELU needs humid air, something that does exist on Mars. Using solar energy, it takes in air, *squeezes it, and filters the resulting water. Lastly, healthy mineral salts are added!

Elkoumy hopes his robot can also help people on Earth, especially in places with little water. It costs only $250 to build, and producing water with this robot is <u>ten times cheaper than</u> using other methods, like digging wells. So, ELU isn't just about Mars; it's a way to improve life on Earth, too.

*squeeze 압착하다(눌러서 짜내다)

**서술형**

**1** 이 글의 밑줄 친 우리말과 같도록 괄호 안의 말을 알맞게 배열하시오. (ELU, help, a robot, can, called)

→ Luckily, _____!

**2** ELU에 관한 이 글의 내용과 일치하지 <u>않는</u> 것은?

① 습한 공기로부터 식수를 만들어 낸다.
② 태양 에너지를 이용하여 작동한다.
③ 공기 압착 전에 미네랄 소금이 첨가된다.
④ 250달러의 비용으로 만들 수 있다.
⑤ 우물을 파는 것보다 더 적은 비용으로 물을 만든다.

**3** 다음 중, ELU를 바르게 이해한 사람을 <u>모두</u> 고른 것은?

> 정민: ELU가 지구의 물 부족 국가들에도 도움이 될 수 있겠네.
> 지현: 태양 에너지를 사용하는 것이 환경에 안 좋겠네.
> 하나: 비용이 저렴한 것이 큰 장점이네.
> 영진: ELU로 만든 물은 마실 수는 있겠지만 건강에는 안 좋겠네.

① 정민, 지현    ② 정민, 하나    ③ 지현, 하나
④ 지현, 영진    ⑤ 하나, 영진

**4** 다음 중, 이 글의 밑줄 친 부분과 바꿔 쓸 수 있는 것은?

① as cheap as ten times
② cheap as ten times as
③ as cheaper as ten times
④ ten times as cheap as
⑤ ten as times as cheap

**5** 다음 빈칸에 공통으로 들어갈 단어를 글에서 찾아 쓰시오.

> • This shirt _____ over $200.
> • It _____ more to eat out.

Face ID lets you unlock your iPhone just by _____! This is possible because of the TrueDepth camera at the top of your phone.

When you *glance at the camera, Face ID gets activated. ( ① ) The TrueDepth camera system shines over 30,000 **infrared dots onto your face. ( ② ) Then, the phone's "brain," called the neural engine, turns this map into a mathematical model. ( ③ ) (A) The engine checks whether this model matches the one it stored when you first set up Face ID. ( ④ ) If they match, your phone unlocks. ( ⑤ ) This all happens in a second!

If your appearance changes, Face ID could fail and ask for your passcode. (B) If you enter it, Face ID will learn that your look has changed a bit. Next time, it will recognize you well!

*glance 힐끗 보다  **infrared 적외선의

**1** 이 글의 빈칸에 들어갈 말로 가장 적절한 것은?

① touching it
② shaking it
③ talking to it
④ looking at it
⑤ entering the password

**2** 이 글의 흐름으로 보아, 다음 문장이 들어가기에 가장 적절한 곳은?

It uses these dots to create a 3D map of your face.

①        ②        ③        ④        ⑤

서술형
**3** 이 글의 밑줄 친 (A)에서 생략된 말을 넣어 완전한 문장을 쓰시오.

→ _____

_____

_____

**4** 이 글의 밑줄 친 (B)를 명령문으로 바꿔 쓸 때, 다음 빈칸에 들어갈 말로 알맞은 것은?

Enter it, _____ Face ID will learn that your look has changed a bit.

① and   ② not   ③ but   ④ for   ⑤ or

**5** 다음 영영 풀이에 해당하는 단어를 글에서 찾아 쓰시오.

to know and remember someone or something because of past knowledge or experience

_____

• 해설집 p.47

In 1980, professional tennis player John McEnroe hit a powerful serve that landed just inside the line. But the judge said the ball was out. Although McEnroe (A) agreed / disagreed with the judge, he couldn't do anything!

These kinds of disputes were (B) common / uncommon in tennis before the Hawk-Eye system was introduced. Hawk-Eye is a camera system that follows every move of the ball, like a hawk watching its prey. It can accurately determine whether the ball has crossed the line, even when the ball is traveling at over 200 kilometers per hour.

So, how does it work? ⓐ Ten cameras are placed around the court, and each of them take 60 high-quality pictures every second. When a player ⓑ calls for a Hawk-Eye review, the system combines these images and analyzes the ball's path. Within seconds, Hawk-Eye creates virtual replays that anyone can see, including the crowd and people watching from home. 호크아이를 사용하는 것은 테니스에서의 논쟁들을 방지할 뿐만 아니라 팬들에게 즐길 거리를 제공하기도 한다!

**1** (A), (B)의 각 네모 안에서 문맥에 알맞은 말을 골라 쓰시오.

(A): _____ (B): _____

**2** 호크아이 시스템에 관한 이 글의 내용과 일치하지 않는 것은?

① John McEnroe가 처음 도입했다.
② 시속 200km의 공의 움직임도 따라갈 수 있다.
③ 코트 주변에 10대의 카메라가 배치된다.
④ 배치된 각각의 카메라는 1초에 60장의 사진을 찍는다.
⑤ 선수의 요청이 있으면 다시 보기를 제공한다.

**3** 이 글의 밑줄 친 ⓐ에서 어법상 어색한 부분을 찾아 쓰고 바르게 고쳐 쓰시오.

_____ → _____

**4** 이 글의 밑줄 친 ⓑ calls for와 의미가 가장 비슷한 것은?

① observes  ② accepts  ③ prepares
④ rejects  ⑤ requests

서술형
**5** 이 글의 밑줄 친 우리말과 같도록 괄호 안의 말을 알맞게 배열하시오. (but also, entertainment, disputes, in tennis, for fans, provides, prevents, not only)

→ Using Hawk-Eye _____

_____

_____!

Batman has Robin, and Elsa has Olaf. As "sidekicks," both Robin and Olaf help the main characters achieve their goals!

The term "sidekick" comes from an older word, "side-kicker," which refers to a companion or a friend. Movies need sidekicks for <u>several reasons</u>. First, they can add humor to the story. While the main characters are usually serious, their sidekicks tend to be silly. So, they can lighten the mood. Sidekicks are also great helpers, especially in superhero movies. Although they may be less powerful than the heroes, they often have unique skills that make them valuable assistants. Most importantly, they lead the main characters to make the correct choices. They're not afraid to challenge the main characters about their questionable actions or beliefs.

Sidekicks are quite fascinating, _____ _____? That's why they're essential to a good movie plot. <u>만약 그들이 존재하지 않는다면, 영화는 지루할지도 모른다!</u>

서술형

**1** 다음 질문에 대한 답이 되도록 빈칸에 들어갈 말을 우리 말로 쓰시오.

Q. What do Robin and Olaf have in common?

A. _____이/가 _____을/를 달 성하도록 돕는 사이드킥이다.

**2** 이 글의 밑줄 친 several reasons에 해당하지 <u>않는</u> 것은?

① 이야기에 재미를 더한다.

② 영화의 분위기를 밝게 만든다.

③ 주인공의 훌륭한 조력자이다.

④ 주인공을 위해 희생하는 것도 감수한다.

⑤ 주인공이 올바른 결정을 하도록 돕는다.

**3** 이 글의 빈칸에 들어갈 말로 알맞은 것은?

① haven't they　　② don't they

③ aren't they　　④ didn't they

⑤ are they

서술형

**4** 이 글의 밑줄 친 우리말과 같도록 괄호 안의 말을 활용하 여 문장을 완성하시오. 단, 가정법 과거 문장으로 쓰시 오. (if, they, exist)

→ _____, movies might be boring!

**5** 다음 영영 풀이에 해당하는 단어를 글에서 찾아 쓰시오.

being right or accurate, following the proper way of doing things

_____

• 해설집 p.48

캐릭터가 최고 경영자인 배우가 되는 것을 상상해 보아라. Most people would employ a strong tone to show (A) authority. But Meryl Streep took another path when playing a similar role; she whispered!

In *The Devil Wears Prada*, Streep plays Miranda Priestly, the chief editor of a well-known fashion magazine. It was the initial meeting for the film when Streep's voice had her co-stars *gasp in shock. Anne Hathaway, another lead actress, admitted that she expected Streep's lines to be delivered in a "bossy, barking voice."

So, why did Streep take this approach? She learned the confident yet quiet way of speaking from Clint Eastwood. This famous director taught her that raising one's voice doesn't always make the person powerful. That's how you know that person is truly influential: even if he or she (B) does whisper, everyone will be leaning in to pay full attention.

*gasp 숨이 턱 막히다

**1** 이 글의 제목으로 가장 적절한 것은?

① Meryl Streep's Unique Approach to a Role
② Reasons Why an Attractive Voice Matters
③ Clint Eastwood's Influence on Lead Actors
④ The Best Chemistry: Hathaway and Streep
⑤ *The Devil Wears Prada*: Behind the Scenes

**2** 이 글의 밑줄 친 우리말과 같도록 괄호 안의 말을 알맞게 배열하시오. (a CEO, is, imagine, an actor, whose, being, character)

→ _____

_____

**3** 이 글의 밑줄 친 (A) authority와 의미가 가장 비슷한 것은?

① talent     ② wisdom     ③ power
④ courage     ⑤ honesty

**4** 다음 밑줄 친 부분이 이 글의 밑줄 친 (B) does와 쓰임이 같은 것을 보기 에서 모두 골라 그 기호를 쓰시오.

보기  ⓐ Do you like playing soccer?
ⓑ The coffee does smell good.
ⓒ I do love my little brother.
ⓓ The store didn't open yesterday.
ⓔ She did the right thing.

_____

**5** 이 글이 주는 교훈으로 가장 적절한 것은?

① Volume doesn't define strength.
② Speak up for what you believe in.
③ Harmony within a team creates success.
④ Let your voice be a force for positive change.
⑤ Kindness is a language that everyone can understand.

There are some amazing street dancers who perform <u>unique</u> moves. They pull their arms behind their backs and move them at odd angles. Some even jump off the second story of a building and do backflips! These dancers, or "flexors," are "flexing."

Flexing is a wild dance style that began in Jamaica and developed on the streets of Brooklyn, New York. (A) However, flexing isn't just about dancing. (B) A main feature of flexing is that the dancers create their own moves right on the spot. (C) They don't practice; they simply go with the flow! It's a way _____ people to express their anger about social problems like racism. <u>플렉서들은 그들의 공연이 너무 과격해서 관람객들이 불편하게 느끼기를 원한다.</u> They hope this makes people question the strong emotions in their moves and start conversations about those tough problems. One famous flexor said, "Flexing is a means of expression for people who feel like they don't have a voice."

**1** 이 글의 밑줄 친 unique와 의미가 가장 비슷한 것은?

① regular   ② positive   ③ familiar
④ realistic   ⑤ unusual

**2** 이 글의 문장 (A)~(C)를 순서에 맞게 배열한 것으로 가장 적절한 것은?

① (A) – (C) – (B)       ② (B) – (A) – (C)
③ (B) – (C) – (A)       ④ (C) – (A) – (B)
⑤ (C) – (B) – (A)

**3** 이 글의 빈칸에 들어갈 알맞은 전치사를 쓰시오.

_____

**4** 이 글의 내용과 일치하는 것을 <u>모두</u> 고르시오.

① 플렉싱은 잔잔하고 정적인 춤 스타일이다.
② 플렉싱은 뉴욕에서 시작되었다.
③ 플렉서들은 즉석에서 안무를 만든다.
④ 플렉싱은 사회 문제에 대한 표현 수단이다.
⑤ 플렉서들은 목적 없는 순수 예술을 지향한다.

서술형
**5** 이 글의 밑줄 친 우리말과 같도록 괄호 안의 말을 알맞게 배열하시오. (their performances, viewers, uncomfortable, extreme, want, feel, to be, that, so)

→ Flexors _____

_____ .

# CHAPTER 09

• 해설집 p.49

"If you see me, then *weep!" (A) <u>This curious message</u> is carved on a river rock in the Czech Republic. Why does it tell us to cry? Normally, these words can't be seen because they are under the water. But during a drought, the water level falls significantly. Thus, the message appears, warning us that hard times are (B) <u>approaching</u>.

This stone is just one of many "hunger stones" around Central Europe. 연구원들은 그것들이 수 세기 전에 가뭄으로 고통받았던 사람들에 의해 만들어졌다고 생각한다. It is difficult to grow crops during a drought, and this can lead to hunger. That's why the stones are called hunger stones.

Recently, Europe has been experiencing serious droughts in the summer due to climate change. So, these warnings from the past have been showing up more often. Maybe they're a sign (C) <u>that</u> we should take action on climate change—before it's too late!

*weep 울다

**1** 이 글의 주제를 다음과 같이 나타낼 때, 빈칸에 들어갈 말을 글에서 찾아 쓰시오.

> stones that appear in Europe during severe periods of _____ when the _____ _____ drops

서술형

**2** 이 글의 밑줄 친 (A) This curious message가 가리키는 것을 글에서 찾아 쓰시오.

_____

**3** 이 글의 밑줄 친 (B) <u>approaching</u>과 의미가 가장 비슷한 것은?

① going     ② continuing     ③ coming
④ missing     ⑤ changing

**4** 이 글의 밑줄 친 우리말과 같도록 괄호 안의 말을 배열해 문장을 완성할 때 네 번째에 오는 것은? (suffered, from, droughts, who, people)

> Researchers think that they were made centuries ago by _____
> _____ .

① suffered     ② from     ③ droughts
④ who     ⑤ people

**5** 다음 중, 이 글의 밑줄 친 (C) <u>that</u>과 쓰임이 <u>다른</u> 것은?

① The fact <u>that</u> we need more time is clear.
② Adam heard the news <u>that</u> he won the contest.
③ I am making plans <u>that</u> will satisfy everyone.
④ I like your idea <u>that</u> we should have a break.
⑤ He has not lost hope <u>that</u> Jessica will come.

*Ding-dong!* A delivery person is at your door. Shopping online and getting a package is always exciting. But what about the environmental impact of packaging materials? Many companies use plastic bubble wrap. Most of it is used ⓐ <u>once</u> and thrown away. And it stays in the environment for hundreds of years without *decaying. The United Nations predicts there will be more plastic than fish in the ocean by 2050 _____ something changes!

Fortunately, some companies ⓑ <u>are making</u> a positive change. They are using paper bubble wrap, and it is 100 percent recyclable! It also requires very ⓒ <u>little</u> energy to produce. This means it won't cause much harm to the environment. <u>당신은 종이가 물건들을 보호하기에 너무 약하다고 걱정할 수도 있다.</u> But paper bubble wrap's honeycomb surface provides excellent protection. It tightly wraps around items, ⓓ <u>created</u> a cushion that prevents them from being damaged. From food to electronic devices, almost anything ⓔ <u>can be delivered</u> safely with this eco-friendly packaging.

*decay 썩다

**1** 이 글의 제목으로 가장 적절한 것은?

① The Benefits of Paper Products
② The Growth of Online Shopping
③ What's the Problem with Plastic?
④ The Rise of Eco-Friendly Packaging
⑤ The Future of Food Delivery Services

**2** 이 글의 밑줄 친 ⓐ~ⓔ 중, 어법상 어색한 것은?

① ⓐ    ② ⓑ    ③ ⓒ    ④ ⓓ    ⑤ ⓔ

**3** 이 글의 빈칸에 들어갈 말로 가장 적절한 것은?

① if          ② unless       ③ when
④ although    ⑤ because

서술형

**4** 이 글의 밑줄 친 우리말과 같도록 괄호 안의 말을 알맞게 배열하시오. (that, too, to protect, objects, might, paper, weak, worry, is)

→ You _____

_____ .

**5** 다음 빈칸에 공통으로 들어갈 단어를 글에서 찾아 쓰시오.

| • The sudden _____ in weather surprised us. |
| • The leaves _____ color in fall. |

Imagine you live near the beach. Every day, you see trash left behind by tourists. It makes you concerned about the threat to marine life. What can you do to solve (A) this problem? Residents of some areas have found a smart solution—adopting beaches!

Adopt-a-beach programs have been created in a number of coastal communities. In these programs, (B) specific beaches are assigned to volunteering organizations such as companies or schools. After a beach is assigned, volunteers from the _____ organization clean the trash from the beach several times a year. Furthermore, they keep track of the amount of trash collected. 정부는 환경 정책을 개발하기 위해 이 정보를 사용할 수 있다.

A successful example of this program is the one in Texas. Since it began in 1986, around 570,000 volunteers have picked up almost 10,000 tons of trash! When people work together for the environment, they can make a difference.

**1** 이 글의 밑줄 친 (A) this problem을 다음과 같이 나타낼 때, 빈칸에 들어갈 말을 글에서 찾아 쓰시오.

garbage _____ behind by _____ on the beach

**2** 이 글의 밑줄 친 (B) specific과 의미가 가장 비슷한 것은?

① dirty     ② nearby     ③ particular
④ empty     ⑤ surrounding

**3** 이 글의 빈칸에 들어갈 말로 알맞은 것은?

① adopt     ② adopts     ③ to adopt
④ adopting     ⑤ to have adopted

서술형
**4** 이 글의 밑줄 친 우리말과 같도록 괄호 안의 말을 알맞게 배열하시오. (this data, to develop, can use, policies, environmental)

→ The government _____
_____.

**5** 이 글의 내용으로 보아, 다음 기사의 빈칸에 들어갈 말을 글에서 찾아 쓰시오. (단, 주어진 철자로 시작하여 쓰시오.)

**The Success of the Texas Program**

Since 1986, a large number of individuals in Texas have joined forces for a good cause: to remove t_____ from local beaches. Nearly 10,000 tons of it has been cleared by the v_____, highlighting the value of teamwork.

The Bajau people can swim even before they can walk. They can see clearly underwater as well, like they're wearing goggles! Who are the Bajau? They are a group of people who have lived at sea for over 1,000 years! The Bajau—also known as the "Sea *Nomads"—don't belong to any specific country.    (A)    , they live on wooden boats that move around the Philippines, Malaysia, and Indonesia.

To make a living, the Bajau traditionally catch fish, spending more than five hours underwater every day. 그들의 몸은 이러한 생활 방식에 맞도록 적응해 왔다.    (B)    , they don't need scuba gear to dive deeper than 70 meters. Without any gear, they can stay underwater for 13 minutes at a time.

Sadly, the Bajau are having trouble keeping their traditional way of life because of government regulations and **overfishing. So, the existing generation of Sea Nomads may be the last.

*nomad 유목민(이곳저곳 옮겨 다니며 사는 민족)
**overfishing 남획(물고기 등을 마구 잡는 행위)

**1** 이 글의 제목으로 가장 적절한 것은?

① Bajau Traditions: Already Lost

② Who Lives in Southeast Asia?

③ Different Generations in Harmony

④ Ocean Nomads: People Living on Boats

⑤ Dive Deep into the Ocean with Goggles

**2** 이 글의 빈칸 (A)와 (B)에 들어갈 말로 가장 적절한 것은?

| (A) | (B) |
|---|---|
| ① Instead | ⋯ For example |
| ② As a result | ⋯ Unfortunately |
| ③ So | ⋯ Lately |
| ④ By the way | ⋯ Above all |
| ⑤ Similarly | ⋯ Nevertheless |

**3** 바자우족에 관한 이 글의 내용과 일치하지 <u>않는</u> 것은?

① 걷기도 전에 수영을 할 수 있다.

② 1,000년 넘게 바다에서 살아왔다.

③ 필리핀, 말레이시아, 인도네시아의 국적을 모두 가진다.

④ 스쿠버 장비 없이도 13분간 물속에 있을 수 있다.

⑤ 정부 규제와 남획으로 인해 전통적인 생활 방식을 위협받고 있다.

서술형

**4** 이 글의 밑줄 친 우리말과 같도록 괄호 안의 말을 활용하여 문장을 완성하시오. 단, 현재완료 시제를 포함하시오. (adapt, this lifestyle, to fit)

→ Their bodies _____

_____.

**5** 다음 영영 풀이에 해당하는 단어를 글에서 찾아 쓰시오. (단, 주어진 철자로 시작하여 쓰시오.)

> equipment or a tool that is essential for a specific purpose

g_____

• 해설집 p.50

In today's busy world, many people eat fast food because they're short on time. But that's not the case in Spain. 심지어 접시들이 비워진 후에도, 스페인 사람들은 '소브레메사'라고 불리는 전통을 즐기기 위해 그들의 자리에 머무른다! Meaning "over the table," it usually happens after lunch once the dishes are taken away. It is a period _____ people *leisurely hang out together, drinking coffee and playing games. *Sobremesa* can easily last for hours!

But why did this tradition develop? Many businesses in Spain close for lunch, the hottest time of the day. Thus, people are used to long, relaxing lunches. In addition, the country has a sad history of war and famine. Therefore, the Spanish place great importance on family, food, and enjoying the little things in life.

So, if you ever visit Spain, don't rush to leave after your meal. That's when the fun starts!

*leisurely 느긋하게

**서술형**

1 이 글의 밑줄 친 우리말과 같도록 괄호 안의 말을 알맞게 배열하시오. (a tradition, stay in, sobremesa, called, their seats, to enjoy)

→ Even after the plates are empty, the Spanish

_____

_____ !

2 이 글의 빈칸에 들어갈 말로 알맞은 것을 <u>모두</u> 고르시오.

① when          ② why          ③ what
④ which         ⑤ in which

3 이 글의 밑줄 친 this tradition이 가리키는 것을 글에서 찾아 쓰시오.

_____

4 이 글의 내용과 일치하지 <u>않는</u> 것은?

① *Sobremesa* means "over the table."
② *Sobremesa* usually only lasts a few minutes.
③ Many businesses in Spain close at lunchtime.
④ The nation's history influenced the development of *sobremesa*.
⑤ The importance of family within Spanish culture is great.

5 다음 영영 풀이에 해당하는 단어를 글에서 찾아 쓰시오.

| to hurry or move very fast |
| --- |

_____

스콧 윌슨은 그가 쓰레기 속에서 예상 밖의 무언가를 보았을 때 보스턴에서 걷던 중이었다. It was a portrait of an old lady ___(A)___ in a field of flowers with a serious look. ( ① ) Wilson showed it to his friend Jerry Reilly. ( ② ) They both agreed it was charming in its own way, although not perfect. ( ③ ) They searched flea markets, yard sales, and even trash bins. ( ④ ) With the artworks gathered from these places, they opened the Museum of Bad Art (MOBA) in 1993 so that everyone could enjoy them, too. ( ⑤ ) Today, it has over 800 pieces of bad paintings!

The purpose of MOBA isn't ___(B)___ fun of bad artwork. Rather, the museum encourages artists to be bold and not to fear failure. Even if a piece isn't done as perfectly as they hoped, it can still be appreciated!

**1** 이 글의 밑줄 친 우리말과 같도록 괄호 안의 말을 배열해 문장을 완성할 때 네 번째에 오는 것은? (unexpected, he, something, saw, when)

Scott Wilson was walking in Boston _____ _____ in the trash.

① unexpected ② he ③ something
④ saw ⑤ when

**2** 이 글의 빈칸 (A)와 (B)에 들어갈 말로 알맞은 것은?

| (A) | (B) | (A) | (B) |
|---|---|---|---|
| ① dances | ⋯ to make | ② dancing | ⋯ to make |
| ③ dances | ⋯ makes | ④ dancing | ⋯ made |
| ⑤ to dance | ⋯ made | | |

**3** 이 글의 흐름으로 보아, 다음 문장이 들어가기에 가장 적절한 곳은?

So, they developed an idea to collect more "bad" paintings like the portrait!

①        ②        ③        ④        ⑤

서술형
**4** 이 글의 밑줄 친 부분을 우리말로 해석하시오.

_____

**5** 다음 영영 풀이에 해당하는 단어를 글에서 찾아 쓰시오.

the act of not doing or not completing something successfully

_____

# Word Test

영어 단어를 보고 알맞은 우리말 뜻을, 우리말 뜻을 보고 알맞은 영어 단어를 쓰세요.

| | | | | |
|---|---|---|---|---|
| 01 | known as | _____ | 16 | 부상 | _____ |
| 02 | squeeze | _____ | 17 | 고대의 | _____ |
| 03 | breath | _____ | 18 | 오해하다 | _____ |
| 04 | gentle | _____ | 19 | 종교적인 | _____ |
| 05 | worldwide | _____ | 20 | 발명하다 | _____ |
| 06 | shorten | _____ | 21 | 표현 | _____ |
| 07 | workout | _____ | 22 | 결과로 생긴 | _____ |
| 08 | turn into | _____ | 23 | 친숙한 | _____ |
| 09 | prisoner | _____ | 24 | 배경, 배후 사정 | _____ |
| 10 | original | _____ | 25 | 성분 | _____ |
| 11 | scoop | _____ | 26 | 신체의 | _____ |
| 12 | bless | _____ | 27 | 회복하다 | _____ |
| 13 | quit | _____ | 28 | 발전 | _____ |
| 14 | evolve | _____ | 29 | 편리한 | _____ |
| 15 | soldier | _____ | 30 | 현대의 | _____ |

영어 단어를 보고 알맞은 우리말 뜻을, 우리말 뜻을 보고 알맞은 영어 단어를 쓰세요.

| | | | |
|---|---|---|---|
| 01 | harmful | 16 | 쉼터, 대피처 |
| 02 | pose | 17 | 위협 |
| 03 | infection | 18 | 인상 |
| 04 | combination | 19 | 살아 있는 |
| 05 | fascinating | 20 | 형성 |
| 06 | stem | 21 | 예방하다, 막다 |
| 07 | unusual | 22 | 경이(로움) |
| 08 | all-round | 23 | 극심한 |
| 09 | fragment | 24 | 서식지 |
| 10 | collect | 25 | 발견 |
| 11 | erupt | 26 | 가구 |
| 12 | source | 27 | 관찰하다 |
| 13 | lightning | 28 | 이점, 장점 |
| 14 | on one's own | 29 | 포함하다 |
| 15 | float | 30 | 화산재 |

영어 단어를 보고 알맞은 우리말 뜻을, 우리말 뜻을 보고 알맞은 영어 단어를 쓰세요.

| | | | |
|---|---|---|---|
| 01 | result from | 16 | 보호 |
| 02 | loss | 17 | 사라지다 |
| 03 | harmless | 18 | 기능하다 |
| 04 | pressure | 19 | 장벽 |
| 05 | substance | 20 | 생존 |
| 06 | strategy | 21 | 손상시키다 |
| 07 | sudden | 22 | 차단하다 |
| 08 | slice | 23 | 가벼운 |
| 09 | external | 24 | 특수의 |
| 10 | refrigerator | 25 | 방출하다; 방출 |
| 11 | medical | 26 | 제거하다 |
| 12 | underground | 27 | 잠들다 |
| 13 | usual | 28 | 장기, 기관 |
| 14 | suffer | 29 | 보존하다 |
| 15 | weight | 30 | 방어 |

영어 단어를 보고 알맞은 우리말 뜻을, 우리말 뜻을 보고 알맞은 영어 단어를 쓰세요.

01 serious _____

02 reveal _____

03 concept _____

04 get close _____

05 freely _____

06 maintain _____

07 consider _____

08 express _____

09 minor _____

10 burden _____

11 concern _____

12 difficulty _____

13 warmth _____

14 ideal _____

15 mental _____

16 거리, 간격 _____

17 현상 _____

18 전문적인 _____

19 논의 _____

20 심리적인 _____

21 증상 _____

22 확장하다 _____

23 전문가 _____

24 사적인 _____

25 원인 _____

26 지지하다 _____

27 이상, 장애 _____

28 관계 _____

29 상처를 입히다 _____

30 행동 _____

영어 단어를 보고 알맞은 우리말 뜻을, 우리말 뜻을 보고 알맞은 영어 단어를 쓰세요.

01  be made up of _____

02  universe _____

03  sensitive _____

04  surround _____

05  drop _____

06  edge _____

07  reflect _____

08  countless _____

09  spread _____

10  affect _____

11  trap _____

12  remain _____

13  cross _____

14  apply to _____

15  constant _____

16  전반적인 _____

17  효과 _____

18  온도 _____

19  중력 _____

20  고르게, 똑같이 _____

21  탐구하다 _____

22  감지하다 _____

23  접근하다 _____

24  경계(선) _____

25  떨다 _____

26  물질 _____

27  원리 _____

28  추운 _____

29  이동하다; 이동 _____

30  계속해서 _____

영어 단어를 보고 알맞은 우리말 뜻을, 우리말 뜻을 보고 알맞은 영어 단어를 쓰세요.

01 ask for _____     16 쏟다, 흘리다 _____

02 hire _____     17 완벽하게 _____

03 gloomy _____     18 딸 _____

04 point out _____     19 엉망(인 상태) _____

05 frightened _____     20 불평하다 _____

06 proudly _____     21 냉소적인 _____

07 turn down _____     22 감명받은 _____

08 disappointed _____     23 정직한 _____

09 apply _____     24 결백한 _____

10 relieved _____     25 긍정적인 _____

11 receptionist _____     26 다르게 _____

12 nervous _____     27 사과하다 _____

13 prove _____     28 작동시키다 _____

14 grateful _____     29 끓다 _____

15 totally _____     30 태도 _____

영어 단어를 보고 알맞은 우리말 뜻을, 우리말 뜻을 보고 알맞은 영어 단어를 쓰세요.

| 01 | humankind | | 16 | 먹이 | |
|----|-----------|--|----|------|--|
| 02 | disagree | | 17 | 정확하게 | |
| 03 | setting | | 18 | 활성화시키다 | |
| 04 | mathematical | | 19 | 도입하다 | |
| 05 | method | | 20 | 개선하다 | |
| 06 | path | | 21 | 분석하다 | |
| 07 | humid | | 22 | 외모 | |
| 08 | crowd | | 23 | 생산하다 | |
| 09 | origin | | 24 | 비용이 들다 | |
| 10 | unlock | | 25 | 알아보다, 인식하다 | |
| 11 | referee | | 26 | 평등 | |
| 12 | especially | | 27 | 가상의 | |
| 13 | dispute | | 28 | 결합하다 | |
| 14 | properly | | 29 | 조정하다 | |
| 15 | device | | 30 | 비싸지 않은 | |

영어 단어를 보고 알맞은 우리말 뜻을, 우리말 뜻을 보고 알맞은 영어 단어를 쓰세요.

01 perform _____

02 questionable _____

03 means _____

04 admit _____

05 term _____

06 on the spot _____

07 emotion _____

08 tend to _____

09 flow _____

10 refer to _____

11 angle _____

12 truly _____

13 lighten _____

14 factor _____

15 companion _____

16 예상하다 _____

17 조수 _____

18 신념 _____

19 권위 _____

20 연습하다; 연습 _____

21 공연, 연기 _____

22 도전하다 _____

23 자신감 있는 _____

24 불편한 _____

25 달성하다 _____

26 발전하다 _____

27 영향력 있는 _____

28 인종차별 _____

29 가치 있는 _____

30 최초의 _____

영어 단어를 보고 알맞은 우리말 뜻을, 우리말 뜻을 보고 알맞은 영어 단어를 쓰세요.

| | | | |
|---|---|---|---|
| 01 | significantly | 16 | 예측하다 |
| 02 | carve | 17 | (여행 등의) 목적지 |
| 03 | marine | 18 | 가뭄 |
| 04 | harm | 19 | 줄이다 |
| 05 | economic | 20 | 굶주림, 배고픔 |
| 06 | impact | 21 | 단체, 조직, 기구 |
| 07 | warn | 22 | 오염 |
| 08 | volunteer | 23 | 어려운 |
| 09 | cooperative | 24 | 대체하다 |
| 10 | recyclable | 25 | 입양하다 |
| 11 | keep track of | 26 | 농작물 |
| 12 | resident | 27 | 전통적인 |
| 13 | remedy | 28 | 호기심을 끄는, 특이한 |
| 14 | coastal | 29 | 배정하다 |
| 15 | take action | 30 | 표면 |

영어 단어를 보고 알맞은 우리말 뜻을, 우리말 뜻을 보고 알맞은 영어 단어를 쓰세요.

| | | | |
|---|---|---|---|
| 01 | fit | 16 | 감상하다 |
| 02 | bold | 17 | 생계를 유지하다 |
| 03 | existing | 18 | 관습 |
| 04 | be scared of | 19 | 전시하다 |
| 05 | be used to | 20 | 적응하다 |
| 06 | encourage | 21 | 실패 |
| 07 | clearly | 22 | 기근 |
| 08 | be short on | 23 | 오히려 |
| 09 | portrait | 24 | 세대 |
| 10 | charming | 25 | 생기다; 발달시키다 |
| 11 | handle | 26 | 예상 밖의 |
| 12 | make fun of | 27 | 물속에서 |
| 13 | specific | 28 | 즐겁게 하다 |
| 14 | social | 29 | 규제 |
| 15 | cherish | 30 | 증진하다 |

MEMO

# HACKERS
# READING
# GROUND
리딩 그라운드

탄탄한 실력을 속성으로 완성하는 중학 영어 독해서

**WORKBOOK**

2 LEVEL

추가 자료

해커스북(HackersBook.com)에서
본 교재에 대한 다양한 추가 학습 자료를 이용하세요!

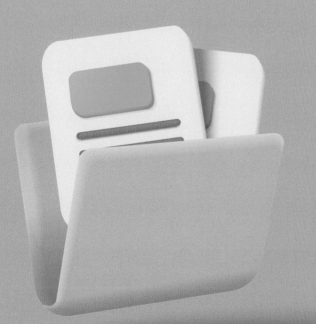

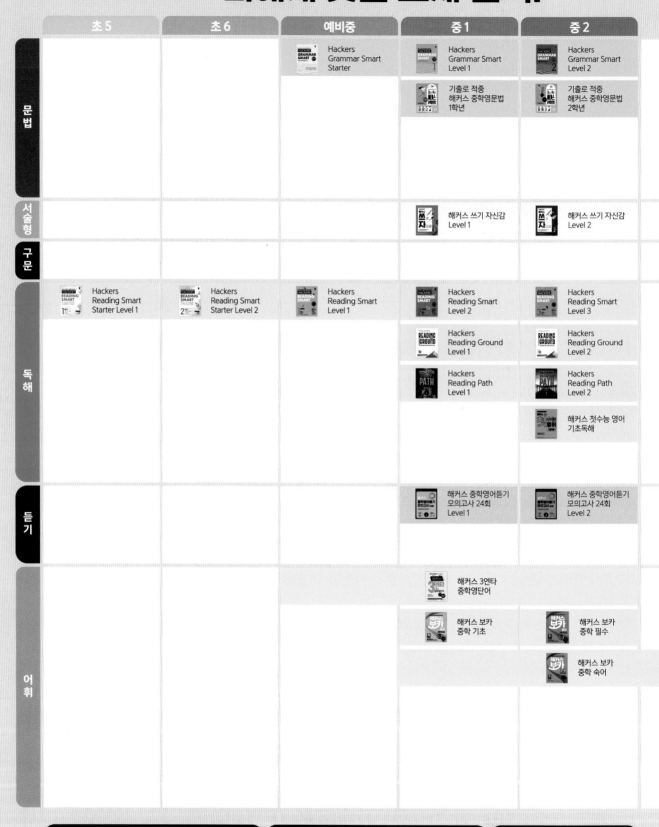

| | 초 5 | 초 6 | 예비중 | 중 1 | 중 2 |
|---|---|---|---|---|---|
| **문법** | | | Hackers Grammar Smart Starter | Hackers Grammar Smart Level 1 | Hackers Grammar Smart Level 2 |
| | | | | 기출로 적중 해커스 중학영문법 1학년 | 기출로 적중 해커스 중학영문법 2학년 |
| **서술형** | | | | 해커스 쓰기 자신감 Level 1 | 해커스 쓰기 자신감 Level 2 |
| **구문** | | | | | |
| **독해** | Hackers Reading Smart Starter Level 1 | Hackers Reading Smart Starter Level 2 | Hackers Reading Smart Level 1 | Hackers Reading Smart Level 2 | Hackers Reading Smart Level 3 |
| | | | | Hackers Reading Ground Level 1 | Hackers Reading Ground Level 2 |
| | | | | Hackers Reading Path Level 1 | Hackers Reading Path Level 2 |
| | | | | | 해커스 첫수능 영어 기초독해 |
| **듣기** | | | | 해커스 중학영어듣기 모의고사 24회 Level 1 | 해커스 중학영어듣기 모의고사 24회 Level 2 |
| **어휘** | | | | 해커스 3연타 중학영단어 | |
| | | | | 해커스 보카 중학 기초 | 해커스 보카 중학 필수 |
| | | | | | 해커스 보카 중학 숙어 |

| | **READING** | **LISTENING** | **VOCA** |
|---|---|---|---|
| **토플** | HACKERS APEX READING for the TOEFL iBT Basic/Intermediate/Advanced/Expert | HACKERS APEX LISTENING for the TOEFL iBT Basic/Intermediate/Advanced/Expert | HACKERS APEX VOCA for the TOEFL iBT  HACKERS VOCABULARY |

# HACKERS
# READING
# GROUND

리딩 그라운드

탄탄한 실력을 속성으로 완성하는 중학 영어 독해서

## 해설집

LEVEL 2

# CHAPTER 01 Origins

## 1 상쾌함을 위한 7,000년의 여정
문제집 pp.8~9

**1** ③ **2** ③ **3** ④ **4** powder, creamy, tubes

우리 모두는 깨끗한 치아와 상쾌한 숨결을 원한다. 고대의 사람들도 꼭 우리 같았다!

약 7,000년 전에, 고대 이집트인들은 최초의 '치약'을 발명했다. 그것은 사실 소금, 박하, 후추, 그리고 말린 꽃으로 만들어진 가루였다. 고대 그리스인들과 로마인들은 나중에 으깨진 뼈와 굴 껍데기를 추가했다. 하지만 이 초기 치약들은 아주 부드럽지는 않았다. (어떤 사람들은 딱딱한 것들을 씹는 것이 치아에 좋다고 생각했다.) 그것들은 사람들의 잇몸에서 피가 나게 만들 수도 있었다!

수 세기 동안, 사람들은 자신의 치아를 닦기 위해 가루를 계속해서 사용했다. 그런데 1870년대에, 미국의 치과의사인 워싱턴 셰필드가 병에 담긴 크림 같은 치약을 만들었다. 유일한 문제는 병에서 치약을 푸는 것이 위생적이지 않다는 것이었다. 그러던 중 셰필드의 아들은 화가들이 튜브(무른 물질을 넣는 말랑말랑한 용기)에서 물감을 짜내고 있는 것을 보고, "치약으로 저렇게 하자!"라고 생각했다. 그 결과는 오늘날 우리가 사용하는 치약과 비슷했다. 이 일상 제품이 시간이 지나면서 어떻게 발달해 왔는지 보면 놀랍다!

**1** 고대 이집트인들이 발명한 최초의 치약에서부터 오늘날 우리가 사용하는 치약에 이르기까지 치약이 어떻게 발달해 왔는지를 설명하는 글이므로, 주제로 ③이 가장 적절하다.

(문제 해석)
① 가루 치약을 사용하는 것의 장점들
② 치과의사들에 의해 사용되는 치약 성분들
③ 치약의 역사적 발전
④ 우리의 치아를 돌보는 것이 왜 중요한가
⑤ 현대의 칫솔은 어떻게 발명되었는가

**2** 고대의 치약은 소금, 박하, 후추, 말린 꽃으로 만들어진 가루였고, 나중에 으깨진 뼈와 굴 껍데기도 추가되었다고 언급되었다. ③ '씨앗'에 대한 언급은 없다.

**3** 초기 가루 치약이 부드럽지 않아 잇몸에서 피가 날 수도 있었다는 단점을 설명하는 내용 중에, 딱딱한 것들을 씹는 것이 치아에 좋다고 생각하는 사람도 있었다는 내용의 (d)는 전체 흐름과 관계없다.

**4**

| 보기 | 크림 같은 | 물감 | 튜브 | 가루 | 위생적인 | 병 |
|---|---|---|---|---|---|---|

고대 이집트인들은 최초의 치약을 가루 형태로 만들었다. 19세기에는, 한 미국 치과의사에 의해 크림 같은 치약이 발명되었다. 그의 아들은 이 치약을 튜브에 넣었고, 이것이 현대 치약의 탄생으로 이어졌다.

### 구문 해설

4행 **It was actually a powder [made of salt, mint, pepper, and dried flowers].**
- [ ]는 앞에 온 명사구 a powder를 수식하는 과거분사구이다. 이때 made of는 '~으로 만들어진'이라고 해석한다.

- 전치사 of 뒤에 명사 네 개가 접속사 and로 연결되어 쓰였다. 세 가지 이상의 단어가 나열되었으므로 「A, B, C, and D」로 나타냈다.

9행 **For centuries, people continued using powder [to clean their teeth].**
- continued using은 '계속해서 사용했다'라고 해석한다. continue는 목적어로 동명사와 to부정사를 모두 쓸 수 있다.
- [ ]는 '자신의 치아를 닦기 위해'라는 의미로, [목적]을 나타내는 to부정사의 부사적 용법으로 쓰였다.

11행 **The only problem was [that scooping toothpaste from jars wasn't sanitary].**
- [ ]는 was의 보어 역할을 하는 명사절이다.
- scooping 이하는 that절 안에서 주어 역할을 하는 동명사구이다. 동명사구는 단수 취급하므로 뒤에 단수동사 wasn't가 쓰였다.

12행 **Then Sheffield's son saw artists squeezing paint from tubes and thought, "Let's do that with toothpaste!"**
- 「see(saw) + 목적어(artists) + v-ing(squeezing)」는 '~가 …하고 있는 것을 보다'라는 의미로, 이 문장에서는 '화가들이 물감을 짜내고 있는 것을 보았다'라고 해석한다.

13행 **The result was similar to the toothpaste [(that) we use today].**
- [ ]는 앞에 온 선행사 the toothpaste를 수식하는 목적격 관계대명사절로, 목적격 관계대명사 that이 생략되어 있다.

14행 **It's amazing [to see how this everyday product has evolved over time]!**
- It은 가주어이고, [ ]의 to부정사 이하가 진주어이다. to부정사, that절 등이 와서 주어가 긴 경우 이를 문장의 뒤로 옮기고 원래 주어 자리에는 가주어 it을 쓴다. 이때 가주어 it은 따로 해석하지 않는다.
- 「how + 주어(this everyday product) + 동사(has evolved) ~」 형태의 간접의문문이 to see의 목적어 역할을 하고 있다.

## 2 필라테스가 필라테스하다
문제집 pp.10~1

**1** ⑤ **2** ⓐ: sounds familiar ⓑ: O **3** ②
**4** (C) → (B) → (D) → (A)

당신이 요제프 필라테스에 관해서는 알지 못할 수도 있지만, 그의 이름은 아마 친숙하게 들릴 것이다. 이 독일 운동선수는 제1차 세계대전 중에 필라테스라고 알려진 운동을 만들었다!

1912년에, 요제프는 영국에서 서커스 공연자이자 권투선수로서 일하고 있었다. 그러나 1914년에 전쟁이 시작되었을 때, 그는 첩자로 오해받아 감옥에 보내졌다. 신체 훈련을 그만두는 대신에, 그는 작은 감옥 공간에서 그가 할 수 있는 운동을 고안했다. 게다가, 그는 걸을 수 없었던 죄수들이 회복하도록 도왔다. 그는 그들의 침대 틀에 용수철을 붙였다. 이 용수철들은 죄수들이 그들의 침대에서 용수철과 반대 방향으로 밀고 당김으로써 근육을 키우도록 했다. 이것이 필라테스 기구의 시작이었다!

오늘날, 전 세계 사람들이 필라테스를 즐긴다. 그것은 많은 공간을 필요로 하지 않는다. 그리고 부상이 있는 사람들에게, 이 특별한 기구들은 그들이 몸에 더 적은 부담을 받으며 운동하도록 돕는다.

작은 감옥에서 시작된 운동인 필라테스가 오늘날 전 세계 사람들이 즐기는 운동이 되었다는 내용을 소개하는 글이므로, 제목으로 ⑤가 가장 적절하다.

(문제 해석)
① 요제프 필라테스: 첩자가 전쟁 영웅이 되다
② 운동선수들은 어떻게 자신만의 운동을 고안하는가
③ 건강을 유지하기 위해 군인들에 의해 사용되는 방법들
④ 필라테스는 더 나은 건강을 위한 가장 간단한 방법이다
⑤ 필라테스: 감옥에서부터 전 세계적인 운동 유행으로

ⓐ: 감각동사 sound는 「감각동사 + 형용사」 또는 「감각동사 + like + 명사」의 형태로 쓰이는데, 뒤에 형용사 familiar가 왔으므로 sounds like familiar를 sounds familiar로 고쳐야 한다.

ⓑ: 동사 help는 「help + 목적어 + (to) 동사원형」의 형태로 쓰여 '~가 …하도록 돕다'라는 의미를 나타내므로, 동사원형 exercise가 올바르게 쓰였다.

빈칸 앞에서 요제프 필라테스가 자신이 작은 감옥 공간에서 할 수 있는 운동을 만들었다고 설명한 뒤, 빈칸 뒤에서 그가 자신의 운동을 할 뿐만 아니라 다른 죄수들의 운동까지 도왔다고 했다. 따라서 빈칸에는 추가 설명을 나타내는 ② In addition(게다가)이 들어가는 것이 가장 적절하다.

(문제 해석)
① 그러나　　　② 게다가　　　③ 예를 들어
④ 오히려　　　⑤ 요컨대

서커스 공연자로 일하고 있던 요제프 필라테스가 첩자로 오해받아 감옥에 보내졌고, 그곳에서 필라테스 기구를 만들었다고 했으므로, (C) → (B) → (D) → (A)의 순서가 적절하다.

(문제 해석)
(A) 요제프 필라테스는 운동 기구의 한 종류를 발명했다.
(B) 요제프 필라테스는 첩자로 생각되었다.
(C) 요제프 필라테스는 서커스에서 공연했다.
(D) 요제프 필라테스는 감옥에 갇혔다.

## 구문 해설

5행 But when the war began in 1914, he was mistaken for a spy and sent to prison.
• 「A be mistaken for B」는 'A가 B로 오해받다'라는 의미로, 「mistake A for B(A를 B로 오해하다)」의 수동태 표현이다.

6행 Instead of quitting physical training, he designed a workout [(that) he could do in the small prison space].
• quitting physical training은 전치사 instead of(~ 대신

에)의 목적어 역할을 하는 동명사구이다.
• [ ]는 앞에 온 선행사 a workout을 수식하는 목적격 관계대명사절로, 목적격 관계대명사 that이 생략되어 있다.

7행 In addition, he helped prisoners [who couldn't walk] recover.
• 「help(helped) + 목적어(prisoners) + 동사원형(recover)」은 '~가 …하도록 돕다'라는 의미이다. = 「help + 목적어 + to-v」
• [ ]는 앞에 온 선행사 prisoners를 수식하는 주격 관계대명사절이다. 관계대명사 who는 사람을 선행사로 가진다.

8행 He attached springs to their bedframes.
• 「attach A to B」는 'A를 B에 붙이다'라는 의미이다.

8행 These springs allowed the prisoners to build muscle in their beds [by pushing and pulling against the springs].
• 「allow + 목적어 + to-v」는 '~가 …하도록 (허락)하다'라는 의미이다.
• [ ]는 by가 이끄는 전치사구로, 「by + v-ing」는 '~함으로써, ~해서'라는 의미로 수단이나 방법을 나타낸다. 여기서는 pushing과 pulling이 접속사 and로 연결되어 쓰였다.

## 3 신과 함께

문제집 pp.12~13

1 ⑤　2 ②　3 (1) T (2) F　4 godbwye, long, w, goodbye

14세기 후반 영국에서는, 사람들이 헤어질 때 서로를 축복했다. 그 축복은 'God be with ye'(신이 당신과 함께하기를)였다. 그때, 'ye'는 'you'를 의미했다. 그 당시에 사람들은 보통 그들이 언제 다시 만날지를 알지 못했다. 그래서, 그들은 신에게 그때까지 자신의 친구들과 함께 있어 줄 것을 부탁했다. 그러나 작가 가브리엘 하비는 이 구절이 너무 길다고 생각했다. 따라서, 그는 그것을 'godbwye'로 줄였다. 사람들은 그것이 원래의 것보다 더 편리했기 때문에 이 용어를 사용하기 시작했다. 하지만, 그것은 계속해서 변했다! 시간이 지나면서, 'w'는 빠졌고, 후에 'god'은 'good'으로 변했다. 그것은 '좋은 날'과 같은 표현들이 인기 있었기 때문이다.

당신은 그 결과로 생긴 단어를 이미 안다. 그것은 'goodbye'(안녕히 계세요)이고, 그것은 사람들에 의해 매일 사용된다!

1 사람들이 헤어질 때 쓰는 작별 인사말의 길이 및 형태가 긴 시간에 걸쳐 여러 차례 바뀌어 지금의 goodbye가 되었음을 설명하는 글이므로, 제목으로 ⑤가 가장 적절하다.

(문제 해석)
① 'Goodbye' 대신 말할 구절들
② 우리가 가장 흔하게 사용하는 단어들
③ 시간이 지남에 따라 언어는 어떻게 변하는가
④ 종교적 의미가 있는 표현들
⑤ 긴 배경 이야기를 가진 짧은 단어

2 주어진 문장은 ②의 바로 앞에서 설명된 '그 당시에 사람들은 그들이 언제 다시 만날지를 보통 알지 못했다'라는 원인에 대한 결과(그래서

신에게 친구들과 함께 있어 줄 것을 부탁했다)에 해당한다. 따라서 ②에 들어가는 것이 가장 적절하다.

**3** (1) 글에 사람들이 'godbwye'가 원래의 표현보다 더 편리했기 때문에 이 표현을 사용하기 시작했다고 언급되었다.

(2) 14세기 후반 영국에서 'ye'가 'you'를 의미했다고는 했으나, 'God'과 'good'이 같은 의미로 쓰였다는 언급은 없다.

**4**

> 14세기 후반에, 영국 사람들은 서로를 떠날 때 'God be with ye'라고 말했다.

↓

> 한 작가는 이 구절을 'godbwye'로 줄였는데 이는 그가 생각하기에 원래의 것이 너무 길었기 때문이다.

↓

> 나중에, 'w'가 빠졌고, 'god'은 'good'이 되었다.

↓

> 그 결과가 'goodbye'이다.

### 구문 해설

3행 **People often didn't know [when they would meet again] in those days.**
- [ ]는「의문사(when)＋주어(they)＋동사(would meet) ~」형태의 간접의문문으로, didn't know의 목적어 역할을 하고 있다.

4행 **So, they asked God to be with their friends [until that time].**
- 「ask＋목적어＋to-v」는 '~에게 …할 것을 부탁하다, 요청하다'라는 의미이다.
- [ ]는 '~까지'라는 의미의 전치사 until이 이끄는 전치사구로, until은 특정 시점까지 어떤 상황이 계속되는 것을 나타낸다.

5행 **People started to use this term [as it was more convenient than the original one].**
- start는 목적어로 to부정사와 동명사를 모두 쓸 수 있다.
= People started using this term ~
- [ ]는 '~하기 때문에'라는 의미의 접속사 as가 이끄는 부사절로, 「as＋주어(it)＋동사(was) ~」의 형태로 쓰였다.

6행 **It kept changing, though!**
- 「keep＋v-ing」는 '계속해서 ~하다'라는 의미이다. keep은 목적어로 동명사를 쓴다.

## Review Ground
문제집 p.14

**1** ⓑ **2** ⓒ **3** ⓐ **4** ⓓ **5** ② **6** ③

**7** these early toothpastes weren't very gentle

**8** he helped prisoners who couldn't walk recover

**1** mistake(오해하다) - ⓑ 무언가를 잘못 알아보거나 판단하다

---

**2** invent(발명하다) - ⓒ 새로운 무언가, 특히 제품이나 아이디어를 창조하다

**3** shorten(줄이다) - ⓐ 무언가의 길이나 정도를 줄이다

**4** quit(그만두다) - ⓓ 행동, 활동, 혹은 일을 멈추다; 포기하다

**5** 주격 관계대명사 that은 사물, 동물, 사람 선행사를 꾸며준다.

문제 해석
- 내가 지금 읽고 있는 책은 매우 흥미롭다.
- 밤새도록 짖는 강아지는 Smith 가족의 것이다.
- 과학 경연 대회에서 우승한 그 아이는 재능이 있다.

**6** ③: until(~할 때까지)  ①②④⑤: as(~하는 대로, ~하기 때문에, ~하면서

문제 해석
① 아까 내가 보여 준 대로 그것을 하렴.
② 그는 도중에 차가 고장 났기 때문에 늦었다.
③ 공식적으로 발표될 때까지 그 소식을 비밀에 부쳐 주세요.
④ Jessica는 공원을 걸으면서 Jackson을 보았다.
⑤ 포장지에 적힌 대로 설명에 따르세요.

# CHAPTER 02 Nature

## 1 그들의 위험한 만남
문제집 pp.18~19

**1** ② **2** ⑤ **3** (1) ash (2) rock (3) ice
**4** crash, Static, electricity

2015년에, 칠레의 칼부코 화산이 폭발했다. 이와 동시에, 수많은 번개가 나타났다. 그것은 정말 이상한 광경이었다!

번개는 보통 뇌우 동안에 목격된다. 하지만 그것은 때때로 화산 폭발 중에 발생할 수 있다. 화산 번개로 알려진 이 희귀한 일은, 지난 2세기 동안 약 200회 정도만 관찰되었다.

그렇다면, 무엇이 그것을 일으키는가? 화산이 폭발하면, 그 화산 위에 어두운 구름이 형성된다. 이 구름은 아주 작은 화산재, 바위, 그리고 얼음 조각들을 포함한다. 이 조각들이 서로 충돌하면서, 정전기가 생긴다. 만약 그 정전기가 너무 강해지면, 번쩍하는 번개가 나타난다!

사진에서, 화산 번개는 매력적이게 보인다. 그러나, 그것은 일반적인 화산 폭발과 똑같이 인간에게 위험을 초래한다. 날아다니는 바위와 극심한 열은 부상, 혹은 심지어 사망까지 일으킬 수 있다.

**1** 화산이 폭발하여 정전기가 강해지면 나타나는 희귀한 자연 현상인 산 번개를 설명하는 글이므로, 주제로 ②가 가장 적절하다.

문제 해석
① 칠레의 이상한 장소
② 흔치 않은 유형의 번개
③ 정전기는 어떻게 생기는가
④ 어디에서 화산 폭발을 보는가
⑤ 뇌우의 형성

**2** 이 글의 빈칸과 ①, ②, ③, ④의 빈칸에는「What＋(a/an)＋형용
＋명사＋(주어＋동사)!」형태의 What 감탄문을 만드는 Wha

들어가, 각각 명사(구) paintings, a ~ idea, a ~ meal, puppies를 강조한다. 한편, ⑤의 빈칸에는 「How + 형용사 + (주어 + 동사)!」 형태의 How 감탄문을 만드는 How가 들어가, 형용사 loud를 강조한다. 참고로, How 감탄문이 형용사를 강조할 때는 문장 맨 뒤의 「주어 + 동사」를 생략할 수 있지만, 부사를 강조할 때는 생략할 수 없다.

(문제 해석)
① 이것들은 정말 멋진 그림들이다!
② 정말 영리한 아이디어다!
③ 이것은 정말 맛있는 음식이다!
④ 정말 귀여운 강아지들이다!
⑤ 그 청중은 정말 시끄럽다!

3 these pieces는 앞 문장에 언급된 화산재, 바위, 얼음 조각을 가리킨다.

4
화산 번개는 어떻게 나타나는가

| 화산이 폭발한다. |
| :---: |
↓
| 어두운 구름 안의 조각들이 서로 충돌한다. |
↓
| 정전기가 생기고 강해진다. |
↓
| 화산 번개가 나타난다. |

## 구문 해설

4행 **Lightning is usually seen during a thunderstorm.**
• usually(보통, 대개)는 어떤 일이 얼마나 자주 일어나는지를 나타내는 빈도부사이다. 빈도부사는 일반동사의 앞 또는 be동사나 조동사의 뒤에 오므로, be동사 is의 뒤에 왔다.

4행 **But it can sometimes occur during a volcanic eruption.**
• 빈도부사 sometimes(때때로, 가끔)가 조동사 can 뒤에 왔다.

5행 **[Known as volcanic lightning], this rare event has been observed only about 200 times over the past two centuries.**
• [ ]는 뒤의 this rare event를 수식하는 과거분사구로, 여기서 known as는 '~으로/이라고 알려진'이라고 해석한다.
• 수동태가 현재완료 시제로 쓰였다. 현재완료 시제는 have/has 뒤에 과거분사(p.p.)가 오므로, 현재완료 시제의 수동태는 「have/has been + p.p.」가 된다.

11행 **In photographs, volcanic lightning looks fascinating.**
• 「look + 형용사」는 '~하게 보이다'라는 의미이다. 여기서는 형용사 fascinating이 쓰여 '매력적이게 보인다'라고 해석한다.
cf. 「look like + 명사」: '~처럼 보이다'

---

# 2 발 없는 돌이 천 리 간다
문제집 pp.20~21

**1** ④  **2** ③  **3** ⑤  **4** (1) no (2) ice (3) nature

바위들은 살아 있는가? 만약 당신이 캘리포니아주 데스 밸리에 있는 레이스트랙을 방문한다면 그렇게 생각할 수도 있을 것이다. 레이스트랙은 수백 개의 큰 돌들이 있는 건조한 호수 바닥이다. 각각의 돌 뒤에는, 긴 자국이 있는데, 그것은 4킬로미터만큼 길 수 있다! 이것은 돌들이 땅을 가로질러 경주를 하고 있다는 인상을 준다. 하지만 잠깐만. 바위들이 스스로 움직일 수 있는가?

2013년에, 과학자들은 마침내 그 질문에 대한 답을 찾았다. 그 자국들은 비, 얼음, 그리고 바람에 의해 생긴다! 만약 겨울 동안에 호수 바닥에 소량의 빗물이 고이면, 그것 중 일부는 얼어서 얼음이 된다. 바람이 불면 그 얼음은 떠다니며 돌들을 밀어낸다. 그 결과, 그 돌들은 움직이고 부드러운 진흙에 그 자국들을 남긴다. 겨울이 지나 물이 바싹 마르면, 진흙은 더 딱딱해지고, 그 자국들은 제자리에 고정되게 된다. 거기에 마술의 속임수는 없으며, 그것은 전부 자연의 경이로움이다!

1 과학자들이 데스 밸리에 있는 바위들 뒤의 긴 자국들이 어떻게 생기는지 밝혀냈음을 설명하는 글이므로, 제목으로 ④가 가장 적절하다.

(문제 해석)
① 누가 레이스트랙에 바위들을 놓았을까?
② 고대 호수 바닥의 발견
③ 데스 밸리는 어떻게 처음 형성되었는가?
④ 질주하는 바위들: 수수께끼 풀기
⑤ 레이스트랙: 스스로 움직이는 돌들

2 겨울 동안에 호수 바닥에 빗물이 고이면 '얼음'이 생긴다는 설명 다음 위치인 ③에 주어진 문장이 들어가, '그 얼음'은 바람이 불면 떠다니며 돌들을 밀어낸다는 흐름을 만들어야 적절하다. 돌들을 밀어내면 결과적으로 돌들이 움직여 진흙에 자국을 남기게 될 것이다.

3 ⑤: 겨울에 빗물이 고이면 레이스트랙 형성이 시작된다고는 하였으나, 레이스트랙에 얼마나 자주 비가 내리는지는 언급되지 않았다.
①: 캘리포니아주 데스 밸리에 있다고 언급되었다.
②: 4킬로미터만큼 길 수 있다고 언급되었다.
③: 2013년에 밝혀냈다고 언급되었다.
④: 비, 얼음, 바람에 의해 생긴다고 언급되었다.

4
누군가가 레이스트랙에서 장난을 치고 있는 것일까?
답은 (1) 그렇지 않다는 것이다. 레이스트랙의 자국은 비, (2) 얼음, 그리고 바람의 조합을 통해 만들어졌다. 그것들은 (3) 자연의 기적이다.

## 구문 해설

1행 **Are rocks alive?**
• '살아 있는'이라는 의미의 형용사 alive는 주어나 목적어를 보충 설명하는 서술적 용법으로만 쓰이며, 명사 앞에서 명사를 꾸미는 한정적 용법으로는 쓰일 수 없다. 이 문장에서는 be동사 are의 주격 보어로 쓰였다.

**3행** Behind each stone, there's a long track, and it can be {as long as four kilometers}!
- 부정대명사 each(각각의) 뒤에는 항상 단수명사(stone)가 온다.
- { }에는 '~만큼 …한/하게'라는 의미의 「as + 원급(long) + as」가 사용되었다. 이 문장에서는 '4킬로미터만큼 긴'이라고 해석한다.

**4행** This gives the impression [that the stones are racing across the ground].
- the impression과 [ ]는 that으로 연결된 동격 관계로, 이 문장에서는 '돌들이 땅을 가로질러 경주를 하고 있다는 인상'이라고 해석한다.

**9행** The ice floats and pushes on the stones when the wind blows.
- 현재 시제 동사 floats와 pushes가 접속사 and로 연결되어 쓰였다.

**10행** When the water dries up after winter, the mud gets harder, and the tracks become set in place.
- 「get + 형용사」는 '~해지다, ~하게 되다'라는 의미이다. 이 문장에서는 형용사의 비교급 harder가 쓰여 '더 딱딱해지다'라고 해석한다.
- 「become + 형용사」는 '~하게 되다'라는 의미이다. 이 문장에서는 형용사 set이 쓰여 '고정되게 된다'라고 해석한다.

## 3 핫도그가 나무에 열린다면
문제집 pp.22~23

**1** ④  **2** (1) T (2) T (3) F  **3** ①  **4** leaves, seeds, vitamins

당신은 자신의 눈을 믿을 수 없다. 핫도그 하나가 식물의 줄기에 붙어 있다! 하지만 만약 당신이 한입 베어 문다면, 당신은 한 입의 솜털만 먹게 될 것이다. 이 '핫도그'는 사실 부들이라고 불리는 식물의 꽃이다.

부들은 습지에서 자란다. 그것들은 침식으로부터 둑을 보호하고 물을 더 깨끗하게 만들기 때문에 이 지역들에 중요하다. 게다가, 그것들은 새와 물고기에게 쉼터를 제공하면서, 동시에 이 동물들이 먹는 곤충들을 위한 서식지의 역할도 한다.

부들은 사람들에게도 유용하다. 비록 그것이 핫도그만큼 맛있지는 않을지도 모르지만, 우리는 그것들의 모든 부분을 먹을 수 있다. 그것들은 비타민의 훌륭한 공급원이며, 감염을 예방하는 것과 같은 다양한 건강상의 이점들을 가진다. 우리는 심지어 그 잎들로 의자를 만들고 씨앗들로는 베갯속을 만들 수도 있다. 그것들은 정말 만능 식물이다!

**1** 둑을 보호하고, 동물과 곤충에게는 쉼터나 서식지를 제공하며, 사람에게는 음식이나 자재를 제공하는 등의 다양한 용도를 가진 핫도그 모양의 식물 '부들'에 관해 설명하는 글이므로, 제목으로 ④가 가장 적절하다.

(문제 해석)
① 맛이 좋은 식물들
② 식물의 서로 다른 부분을 사용하는 방법들

③ 습지와 그곳의 야생동물을 보호하라
④ 다양한 용도를 가진 독특한 모습의 식물
⑤ 식물 제품을 섭취하는 것의 건강상 이점들

**2** (1) 'Cattails grow in wetlands.'에서 부들은 습지에서 자란다고 언급되었다.
(2) '~ make the water cleaner'에서 부들이 물을 더 깨끗하게 만든다고 언급되었다.
(3) 부들이 새와 물고기에게 쉼터를 제공한다고는 했으나, 그것의 씨앗이 동물들을 위한 중요한 먹이라는 언급은 없다.

(문제 해석)
(1) 부들의 서식지는 습지이다.
(2) 부들은 수질을 향상시킨다.
(3) 부들 씨앗은 동물들에게 중요한 먹이이다.

**3** 부들의 다양한 용도를 설명하는 글의 결론이므로, 빈칸에는 부들을 '만능 식물'이라고 표현한 ①이 들어가는 것이 가장 적절하다.

(문제 해석)
① 그것들은 정말 만능 식물이다!
② 우리는 꽃을 조금도 꺾지 말아야 한다!
③ 그것들은 밝은 면과 어두운 면을 모두 가지고 있다!
④ 우리는 더 이상 가구를 살 필요가 없다!
⑤ 그것들은 질병이 있는 사람들에게 해로울 수 있다!

**4** Q. 사람들은 부들을 어떻게 사용하는가?

A. 사람들은 그 잎들로 가구를 만들고 그 씨앗들로 베개를 채운다. 사람들은 또한 그것들을 비타민의 공급원으로서 먹는다.

### 구문 해설

**2행** But if you take a bite, you will only get a mouthful of fluff.
- 조건을 나타내는 if(만약 ~한다면)가 이끄는 부사절에서는 미래를 나타낼 때도 현재 시제(take)를 쓴다.

**4행** They are important to these areas because they protect the banks from erosion and make the water cleaner.
- 「protect A from B」는 'B로부터 A를 보호하다'라는 의미이다.
- 「make + 목적어 + 형용사」는 '~을 …하게 만들다'라는 의미이다. 이 문장에서는 형용사의 비교급 cleaner가 쓰여 '물을 더 깨끗하게 만든다'라고 해석한다.

**5행** Plus, they provide shelter for birds and fish, [while also serving as homes for the insects {(that) these animals eat}].
- [ ]는 '(동시에) 이 동물들이 먹는 곤충들을 위한 서식지의 역할도 한다'라는 의미로, [동시동작]을 나타내는 분사구문이다. 분사구문은 부사절에서 접속사와 주어를 생략한 후 동사를 v-ing로 바꿔 만들지만, 분사구문의 의미를 분명하게 하기 위해 접속사를 생략하지 않기도 한다. (참고로, while은 '~인 반면에'라는 의미로 양보의 부사절을 이끌기도 하고, '~하는 동시에, ~하는 동안에'라는 의미로 시간의 부사절을 이끌기도 한다. 여기서는 '~하는 동시에'라는 의미로 쓰였다.)

6 | 영어 실력을 높여주는 다양한 학습 자료 제공 HackersBook.com

= 「접속사 + 주어 + 동사」 ex. while they also serve as homes for the insects ~
- { }는 앞에 온 선행사 the insects를 수식하는 목적격 관계대명사절로, 목적격 관계대명사 that이 생략되어 있다.

**8행 Although** they may not be {as tasty as a hot dog}, we can eat every part of them.
- although는 양보의 부사절을 이끄는 접속사로, '비록 ~이지만, ~하더라도'라는 의미이다.
- { }에는 '~만큼 …한/하게'라는 의미의 「as + 원급(tasty) + as」가 사용되었다. 이 문장에서는 '핫도그만큼 맛있는'이라고 해석한다.

## Review Ground
문제집 p.24

1 benefit/이점   2 injury/부상   3 wonder/경이
4 impression/인상   5 ②, ⑤   6 ⑤
7 the stones move and leave those tracks in the soft mud
8 When a volcano erupts, a dark cloud forms above the volcano.

---

| 4  보기 | 인상 | 화산재 | 이점 | 부상 | 식물 | 경이 |

행동이나 무언가로부터 얻어지는 이익 - benefit/이점

신체에 대한 물리적인 피해 또는 손상의 경우 - injury/부상

무언가 생소한 것에 의해 생기는 놀라움 - wonder/경이

누군가 또는 무언가에 관해 형성되는 느낌 혹은 의견
- impression/인상

'비록 ~이지만, 비록 ~일지라도'라는 의미의 양보의 부사절을 이끄는 접속사는 Although, Though, Even though이다. Despite와 In spite of도 '~에도 불구하고'라는 양보의 의미를 가지지만, 전치사이므로 뒤에 「주어 + 동사」로 된 절이 올 수 없고 명사(구)가 와야 한다.

(문제 해석)
- 비록 그 퍼즐이 복잡했지만, 그 영리한 소년은 그것을 빠르게 풀었다.
- 비록 그 영화가 길지라도, 그들은 그것을 끝까지 보려고 계획한다.

'~만큼 …한/하게'라는 의미는 「as + 원급 + as」 형태로 나타내므로, ⑤에서 비교급 louder를 원급 loud로 고쳐야 한다. 혹은 '그의 목소리가 천둥보다 크다'라는 뜻을 나타내기 위해서는 「형용사의 비교급 + than」의 형태를 사용해 as louder as를 louder than으로 고쳐도 된다.

(문제 해석)
① 그녀는 경주로 위에서 치타만큼 빠르다.
② 이 식당은 시내에 있는 것만큼 인기 있다.
③ 그의 연기는 그녀의 것만큼 인상적이었다.
④ 이 커피는 끓는 물만큼 뜨겁다.
⑤ 그의 목소리는 천둥만큼 크다.

---

# CHAPTER 03 Human Body

## 1 핀과 바늘이 콕콕
문제집 pp.28~29

1 ②   2 (1) T (2) F   3 ③   4 (A): pressure (B): nerves

당신은 쉬는 시간 동안에 팔에 머리를 기대고 있다. 종이 울리면, 당신은 자세를 바로 하고 팔에서 미세하고 날카로운 고통을 느낀다! 이 느낌은 흔히 'pins and needles'(저리는 느낌)라고 불린다. 이 명칭은 그것이 어떻게 느껴지는지 설명하는데, 그것은 마치 핀과 바늘이 당신의 피부를 찌르고 있는 것 같다.

이런 일이 왜 일어날까? 당신의 신경은 제대로 기능하기 위해 산소와 포도당을 필요로 하며, 그것들은 혈액을 통해 전달된다. 하지만 당신이 신체 부위에 너무 오랫동안 압력을 가하면, 신경으로 가는 혈류(피의 흐름)가 차단된다. 그 결과, 당신의 신경은 제 역할을 할 수 없어 '잠든다'. 만약 당신이 자세를 바꿈으로써 압력을 풀어 주면, 그것들은 깨어나기 시작하고 평소보다 더 활동적이게 된다. 이러한 갑작스러운 활동 증가는 저리는 느낌을 유발한다. 비록 이 느낌이 불편할지라도, 그것은 무해하며 몇 분 안에 사라질 것이다. 그러나 만약 그것이 계속되면, 그것은 신경이 손상되어 있다는 징후일지도 모른다.

1 신체 부위에 오랫동안 압력을 가하다가 풀어 주면 생기는 갑작스러운 활동 증가와, 이로 인해 발생하는 pins and needles(저리는 느낌)에 관해 설명하는 글이므로, 제목으로 ②가 가장 적절하다.

(문제 해석)
① 신경에 의해 유발되는 여러 가지 느낌들
② 우리는 왜 저리는 느낌을 받는가
③ 우리는 어떻게 저리는 느낌을 빠르게 완화할 수 있는가
④ 혈류 증가에 가장 좋은 자세들
⑤ 저리는 느낌: 가장 많이 영향을 받는 신체 부위들

2 (1) pins and needles라는 명칭은 이 느낌이 어떻게 느껴지는지를 설명한다고 언급되었다.
(2) 저리는 느낌은 계속되지 않으면 무해하다고 설명되었으므로, 글의 내용과 일치하지 않는다.

(문제 해석)
(1) 그 상태는 그것이 느껴지는 방식 때문에 pins and needles라고 불린다.
(2) 저리는 느낌은 보통 심각한 의료 질환의 징후이다.

3 빈칸 앞에는 신경이 잠든다는 내용이 있고, 빈칸 뒤에는 신경이 평소보다 더 활동적이게 된다는 내용이 있으므로, 빈칸에는 잠드는 것과 활동하는 것의 중간 과정인 ③ '깨어나기' 시작한다는 내용이 들어가는 것이 가장 적절하다.

(문제 해석)
① 길을 잃기   ② 눕기   ③ 깨어나기
④ 마무리하기   ⑤ 휴식을 취하기

4 신체 부위에 오랫동안 (A) 압력을 가하는 것은 (B) 신경으로 가는 혈류를 차단한다. (A) 압력이 제거되면, (B) 신경이 갑자기 다시

활동적이게 되고, 그 결과가 'pins and needles'(저리는 느낌)라고 알려진 불편한 느낌이다.

## 구문 해설

**1행** **You are resting your head on your arm during a break.**
- 전치사 during은 '~ 동안'이라는 의미이다. during 뒤에는 특정 기간을 나타내는 명사(구)가 온다. 여기서는 during 다음에 '(학교의) 쉬는 시간'이라는 뜻의 명사구 a break이 쓰였다.
  cf. 「for(~ 동안) + 숫자를 포함한 기간 표현」: '~ 동안'

**4행** **This feeling is commonly called "pins and needles."**
- 「A be called B」는 'A가 B라고 불리다'라는 의미로, 「call A B(A를 B라고 부르다)」의 수동태 표현이다.

**5행** **The name describes [how it feels]: it's like pins and needles are poking your skin.**
- [ ]는 「의문사(how) + 주어(it) + 동사(feels)」 형태의 간접의문문으로, describes의 목적어 역할을 하고 있다.

**12행** **If you release the pressure [by changing position], they start to wake up and become more active than usual.**
- [ ]에는 '~함으로써, ~해서'라는 의미의 「by + v-ing」가 쓰여, 수단이나 방법을 나타낸다.
- 「become + 형용사」는 '~하게 되다'라는 의미이다. 이 문장에서는 become 뒤에 형용사의 비교급 more active가 쓰여 '더 활동적이게 된다'라고 해석한다.

**17행** **But if it continues, it might be a sign [that the nerves are damaged].**
- a sign과 [ ]는 that으로 연결된 동격 관계로, 이때 that은 '~하다는, ~이라는'이라고 해석한다.

## 2 단지 껍데기인 것이 아니다

문제집 pp.30~31

**1** ④ **2** (1) T (2) F **3** (수백만 개의 특수 세포들을 가지고) 외부 위협을 감지하는 것 **4** (1) bacteria (2) moisture (3) dehydration

당신의 몸에서 가장 큰 장기는 무엇인가? 그것은 뇌인가, 아니면 심장인가? 실제로는, 피부가 가장 크다! 그것은 2제곱미터가 넘고 당신의 총 체중에서 15퍼센트 넘게 차지할 수 있다. 하지만 그것은 단순히 몸의 큰 덮개가 아니다. 그것은 당신을 살아 있게 한다!

우선, 피부는 박테리아와 바이러스 같은 병원체들이 당신의 몸 안에 들어가는 것을 막는 장벽이다. 그러므로, 그것은 감염으로부터 당신을 보호할 수 있다. 게다가, 피부는 몸 안에 수분을 유지한다. 이것은 탈수 증세를 막는 데 도움이 되는데, 이것(탈수 증세)은 몸에 수분이 거의 없는 것에서 비롯될 수 있다. 피부의 또 다른 중요한 기능은 수백만 개의 특수 세포들을 가지고 외부 위협을 감지하는 것이다. 만약 그것이 극심한 열이나 고통을 감지하면, 그것은 뇌

에 그 위협으로부터 벗어나라는 메시지를 보낸다.

분명하게, 당신의 피부는 극히 중요하다. 그러니, 보습제로 그것을 잘 돌보는 것이 어떨까?

**1** 우리 몸에서 가장 큰 장기인 피부의 여러 가지 중요한 역할들을 설명하는 글이므로, 제목으로 ④가 가장 적절하다.

(문제 해석)
① 피부는 어떻게 압력을 감지하는가
② 당신의 피부는 실제로 장기인가?
③ 다양한 종류의 특수 세포들
④ 몸에서 가장 큰 장기의 역할들
⑤ 보습제: 모든 것을 돌봄

**2** (1) '~ your skin is the biggest'에서 피부가 몸에서 가장 크다고 언급되었다.
(2) 글에서 수백만 개의 특수 세포들이 '외부' 위협을 감지한다고 언급되기는 했으나, 몸 '내부'의 변화를 감지한다는 것은 언급되지 않았다.

(문제 해석)
(1) 피부는 몸의 어떤 장기보다도 크다.
(2) 특수 피부 세포들은 몸 내부의 변화를 감지한다.

**3** '~ to detect external threats with its millions of specialized cells'에서 피부의 또 다른 중요한 기능은 '수백만 개의 특수 세포들을 가지고 외부 위협을 감지하는 것'이라고 했다.

**4**

| 보기 | 생존 | 무게 | 박테리아 | 탈수 증세 | 압력 | 수분 |
|------|------|------|----------|-----------|------|------|

| 장벽으로서의 피부의 역할들 | |
|------|------|
| 세균에 대한 보호 | 수분 손실을 막음 |
| • 해로운 바이러스와 (1) 박테리아를 몸 안으로 들이지 않는다 | • 몸 안에 (2) 수분을 보존하여, (3) 탈수 증세를 방지하는 데 도움을 준다 |

## 구문 해설

**1행** **What is the largest organ in your body?**
- 「the + 형용사/부사의 최상급」은 '가장 ~한/하게'라는 의미이다. 여기서는 형용사 large의 최상급인 largest가 쓰여 '가장 큰'으로 해석한다.

**4행** **It keeps you alive!**
- 「keep + 목적어 + 형용사」는 '~를 …하게 (유지)하다'라는 의미로, 여기서는 '당신을 살아 있게 한다'라고 해석한다. 이때 형용사 alive는 서술적 용법으로만 쓰이며, 명사를 수식하는 한정적 용법으로는 쓰이지 않는다.

**5행** **To begin with, the skin is a barrier [that stops germs like bacteria and viruses from entering your body].**
- [ ]는 앞에 온 선행사 a barrier를 수식하는 주격 관계대명사절이다.
- 「stop + A + from + v-ing」는 'A가 ~하는 것을 막다'라는 의미로, 여기서는 '박테리아와 바이러스 같은 병원체들이 당신의 몸 안에 들어가는 것을 막는다'라고 해석한다.

**6행** Thus, it can protect you from infections.
- 「protect + A + from + B」는 'A를 B로부터 보호하다'라는 의미로, 여기서는 '감염으로부터 당신을 보호한다'라고 해석한다.

**7행** This helps to prevent dehydration[, which can result from {having little water in the body}].
- [ ]는 계속적 용법의 관계대명사절로, '그런데 (선행사는) ~하다'라고 해석한다. 이때 관계대명사 앞에는 항상 콤마(,)를 쓴다. 여기서는 앞에 온 명사 dehydration을 선행사로 가져 '그런데 이것(탈수 증세)은 ~하다'라고 해석한다.
- { }는 전치사 from의 목적어 역할을 하는 동명사구이다.
- little은 '거의 없는'이라는 의미의 수량형용사로, 셀 수 없는 명사와 함께 쓰인다. water는 셀 수 없는 명사이므로, 수량형용사 few가 아닌 little과 함께 쓰였다.

**9행** Another important function of your skin is [to detect external threats with its millions of specialized cells].
- [ ]는 to부정사의 명사적 용법으로 쓰여 is의 보어 역할을 하고 있다.

## 3 너만 보면 눈물이 나
문제집 pp.32~33

**1** ③  **2** eaten, animals  **3** ④, ⑤  **4** ③ → light

당신은 양파를 써는 것이 왜 우리를 울게 만드는지 궁금해해 본 적이 있는가? 사실, 그것은 모두 생존에 관한 것이다! 양파는 배고픈 동물들이 사는 땅속에서 자라난다. 잡아먹히는 것을 피하기 위해, 그것들은 화학적 방어 계통(몸의 중요한 기능을 수행하기 위해 함께 작용하는 기관들)을 발달시켰다.

이 계통은 우리가 양파를 잘라, 세포들을 손상시키면 작동하기 시작한다. 손상된 세포들은 효소들 그리고 유황을 포함하는 화학물질들을 방출한다. 그러고 나서, 이 둘은 결합하여 가스를 형성하는데, 이것(가스)은 매우 가볍고 쉽게 공기 중으로 피어오른다. 이 가스가 우리의 눈에 들어와서 그것들(눈) 안에 있는 물과 섞이면서, 황산이 만들어진다. 우리의 눈을 자극하는 것은 바로 이 산이다! 하지만 우리에게도 보호 방법은 있다. 우리의 눈이 들어오는 해로운 물질을 감지하면, 그것들(눈)은 그것(해로운 물질)을 씻어내기 위해 눈물을 만들어 낸다. 그것이 양파가 우리의 눈에 눈물을 가져오는 이유이다.

다행히도, 우리는 그것들을 자를 때마다 고통받을 필요가 없다. 양파를 썰기 전에, 가스의 방출을 늦추기 위해 그것들을 냉장고에 약 30분 동안 넣어 두기만 해라!

우리가 양파를 썰 때 울게 되는 이유가 양파의 화학적 방어 계통 및 우리 눈의 보호 방법 때문이라는 과학적 원리를 설명하는 글이므로, 주제로 ③이 가장 적절하다.

**문제 해석**
① 해로운 물질들을 사용하는 것의 위험성
② 눈물을 생성하는 것의 건강상 이점들
③ 양파가 우리를 울게 만드는 이유에 얽힌 과학
④ 땅속 식물들의 생존 전략
⑤ 인간들은 어떻게 방어 기제를 발달시켰는가

**2**
> Q. 양파는 왜 방어 계통을 발달시켰는가?

A. 땅속의 배고픈 동물들에게 잡아먹히는 것을 피하기 위해서

**3** 밑줄 친 don't need to는 '~할 필요가 없다'라는 의미로, ④ don't have to나 ⑤ need not으로 바꿔 쓸 수 있다.

**문제 해석**
① ~할 수 없다   ② ~해서는 안 된다   ③ ~해서는 안 된다
④ ~할 필요가 없다   ⑤ ~할 필요가 없다

**4** 유황을 포함하는 화학물질들이 효소들과 결합하면 쉽게 공기 중으로 피어오르는 매우 '가벼운' 가스가 만들어진다고 했으므로, ③의 heavy(무거운)를 light(가벼운)로 고쳐야 한다.

**문제 해석**
① 양파가 썰린다.
② 화학물질들과 효소들이 나온다.
③ 무거운(→ 가벼운) 가스가 만들어져 공기 중으로 피어오른다.
④ 그 가스가 우리 눈에 들어와 황산을 만들면서 우리의 눈은 자극받게 된다.
⑤ 우리 눈은 그 산을 제거하기 위해 눈물을 흘린다.

**구문 해설**

**1행** Have you wondered (the reason) [why chopping onions makes us cry]?
- 「Have/Has + 주어 + p.p. ~?」의 현재완료 시제가 쓰인 의문문은 '~해 본 적 있니?'라는 의미로 과거의 [경험]을 물을 때 쓴다.
- [ ]는 관계부사절로, 앞에 선행사 the reason이 생략되어 있다. 관계부사의 선행사가 the reason, the time, the place와 같이 이유, 시간, 장소를 나타내는 일반적인 명사인 경우 선행사를 생략할 수 있다.

**3행** [To avoid being eaten], they have evolved a chemical defense system.
- [ ]는 '잡아먹히는 것을 피하기 위해'라는 의미로, [목적]을 나타내는 to부정사의 부사적 용법으로 쓰였다.
- 「avoid + v-ing」는 '~하는 것을 피하다'라는 의미이다. avoid는 동명사를 목적어로 쓴다.

**5행** This system begins to work when we cut an onion, [damaging the cells].
- begins to work는 '작동하기 시작한다'라고 해석한다. begin은 목적어로 to부정사와 동명사를 모두 쓸 수 있다.
- [ ]는 '그리고 세포들을 손상시킨다'라는 의미로, [연속동작]을 나타내는 분사구문이다.
  = 「접속사 + 주어 + 동사」 ex. ~ and we damage the cells

**6행** The broken cells release enzymes and chemicals [containing sulfur].
- [ ]는 앞에 온 명사 chemicals를 수식하는 현재분사구이다. 이때 containing은 '포함하는'이라고 해석한다.

**7행** **Then, these two combine and form a gas[, which is very light and easily rises into the air].**
- [ ]는 계속적 용법의 관계대명사절로, 관계대명사가 선행사 a gas에 대해 추가적인 설명을 하고 있다. '그런데 (선행사는) ~하다'라고 해석하며, 관계대명사 앞에는 항상 콤마(,)를 쓴다.
- 관계대명사절 안에 현재 시제 동사(구) is와 rises into가 접속사 and로 연결되어 쓰였다.

**9행** **It is this acid that irritates our eyes!**
- 「It is ~ that …」 강조 구문은 '…한 것은 바로 ~이다'라는 의미이다. 강조하고 싶은 대상을 It is와 that 사이에 쓰고, 강조되는 말을 제외한 나머지 부분은 that 뒤에 쓴다.
  cf. It is you who should go home. (집에 가야 하는 사람은 바로 너이다.)

**10행** **When our eyes detect a harmful substance [coming in], they produce tears {to wash it away}.**
- [ ]는 앞에 온 명사구 a harmful substance를 수식하는 현재분사구이다. 이때 coming in은 '들어오는'이라고 해석한다.
- { }는 '그것을 씻어내기 위해'라는 의미로, [목적]을 나타내는 to부정사의 부사적 용법으로 쓰였다.
- 「wash + 목적어(it) + away」는 '~을 씻어내다'라는 의미이다. 목적어가 대명사이므로 동사(wash)와 부사(away) 사이에 왔다.

## Review Ground
문제집 p.34

**1** ⓑ **2** ⓐ **3** ⓓ **4** ⓒ **5** ① **6** ③

**7** It is harmless and will disappear in a few minutes.
**8** Have you wondered why chopping onions makes us cry?

**1** deliver(전달하다) - ⓑ 그것이 가야 할 곳으로 무언가를 운반하다

**2** detect(감지하다) - ⓐ 무언가가 있음을 찾아내거나 알아차리다

**3** suffer(고통받다) - ⓓ 고통, 고난, 또는 힘든 상태를 경험하다

**4** measure(치수·길이가 ~이다) - ⓒ 무언가의 크기나 양을 측정하다

**5** 의문사가 있는 간접의문문은 「의문사(how) + 주어(she) + 동사(stays) ~」의 형태로 쓰며, 다른 문장의 일부로 쓰여 질문의 내용을 간접적으로 묻는다.
(문제 해석)
너는 알고 있니? 그녀는 어떻게 힘든 상황에서조차도 침착함을 유지하니?
= 그녀가 어떻게 힘든 상황에서조차도 침착함을 유지하는지 너는 알고 있니?

**6** water는 셀 수 없는 명사이므로, '약간의, 조금 있는'이라는 뜻을 나타낼 때는 수량형용사 a few가 아닌 a little을 써야 한다. 참고로,

people(사람들), student(학생)는 셀 수 있는 명사이다.
(문제 해석)
① 약간의 산소는 불이 계속 타게 하는 데 도움이 된다.
② 나는 용기에 남은 주스가 거의 없다.
③ 저에게 물을 조금 따라 주시겠어요?
④ 이 복잡한 퍼즐을 풀 수 있는 사람은 거의 없다.
⑤ 교실에 학생들이 몇 명 있다.

# CHAPTER 04 Psychology

## 1 기차에서 만난 '그 사람'
문제집 pp.38~39

**1** ③ **2** ④ **3** comfort **4** give, reveal

당신은 당신의 고민들에 관해 온라인에 게시해 본 적이 있는가? 만약 그렇다면, 왜 그것들(고민들)에 관해 그냥 당신의 친구들에게 이야기하지 않았는가? 이러한 행동은 '기차에서 만난 이방인' 현상에 의해 설명될 수 있다. 그것은 기차에서 우리 옆에 앉아 있는 사람들과 같은 이방인들과 개인적인 문제들에 관해 논의하는 우리의 경향을 말한다.
우리는 왜 이와 같이 행동하는가? 가까운 친구들과 이야기할 때, 우리는 보통 매우 조심한다. 우리는 우리의 문제들로 그들에게 부담을 지우고 싶지 않다. 또는, 우리는 그들이 우리의 비밀을 다른 사람들과 공유할까 봐 두려워하는 것일지도 모른다. 그러나, 그것은 기차의 이방인들과는 다르다. 우리는 기차에서 내린 후에 그들을 다시 보지 않을 것이다! 그래서, 우리는 부정적인 지적이나 평가를 받는 것에 대해 걱정하지 않고 우리의 사적인 생각들을 자유롭게 표현할 수 있다. 비록 이 이방인들이 우리의 문제들을 해결해 줄 수 없을지라도, 논의 행위 그 자체가 우리에게 위안을 가져다줄 수 있다.

**1** 가까운 친구들보다는 기차에서 만난 이방인들에게 사적인 고민들을 공유하는 경향이 '기차에서 만난 이방인 현상'을 설명하는 글이므로, 제목으로 ③이 가장 적절하다.
(문제 해석)
① 기차로 여행하는 데 도움이 되는 조언들
② 이방인들은 어떻게 가장 친한 친구가 되는가
③ 우리는 왜 잘 모르는 사람들에게 비밀을 털어놓는가
④ 기차: 새로운 친구들을 만날 이상적인 장소
⑤ 이방인들에게 개인적인 문제들을 말하는 것을 조심하라

**2** without은 '~하지 않고, ~ 없이'라는 의미의 전치사이다. 전치사는 (동)명사(구)를 목적어로 쓰므로, ⓓ to worry를 worrying으로 고쳐야 한다. 혹은 '걱정할 필요 없이'라는 의미를 만드는 needing to worry 또는 the need to worry 등으로 바꿔도 된다.

**3** '편안하고 정신적으로 지지받는다고 느끼는 상태'라는 뜻에 해당하는 단어는 comfort(위안)이다.

**4**
| 보기 | 두려워하다 | 밝히다 | 주다 | 만족시키다 |
|---|---|---|---|---|
| | 무시하다 | 따르다 | | |

나는 가까운 사람들에게 어떠한 스트레스도 주고 싶지 않기 때문에 그들에게 나의 비밀을 말하는 것을 피한다. 또한, 나는 그들이 내 비밀을 밝힐까 봐 걱정한다.

**1행 Have you ever posted about your concerns online?**

• 「Have/Has + 주어 + p.p. ~?」 형태의 현재완료 시제가 쓰인 의문문으로, 과거의 [경험]을 물을 때 쓴다. 현재완료 시제가 과거의 경험을 나타낼 때는 ever, never, before 등이 자주 함께 쓰인다.

**3행 It describes our tendency to discuss personal matters with strangers, like the ones [sitting next to us on a train].**

• to discuss 이하는 to부정사의 형용사적 용법으로 쓰여, 앞에 온 명사구 our tendency를 수식하고 있다.

• [ ]는 앞에 온 명사구 the ones를 수식하는 현재분사구이며, 이때 sitting은 '앉아 있는'이라고 해석한다.

**6행 When talking to close friends, we are usually very careful.**

• When talking은 [시간]을 나타내는 분사구문이다. 분사구문은 부사절에서 접속사와 주어를 생략한 후, 동사를 v-ing로 바꿔 만드는데, 여기서는 분사구문의 의미를 분명하게 하기 위해 접속사 when이 생략되지 않았다.

= 「접속사 + 주어 + 동사」 ex. When we talk to ~

**9행 We won't see them again after getting off the train!**

• after getting은 [시간]을 나타내는 분사구문이다. 여기서는 분사구문의 의미를 분명하게 하기 위해 접속사 after가 생략되지 않았다.

= 「접속사 + 주어 + 동사」 ex. ~ after we get off

**11행 Although these strangers may not solve our problems, the act of discussion [itself] can bring us comfort.**

• [ ]에는 문장의 주어(the act of discussion)를 강조하기 위해 재귀대명사 itself가 쓰였다. 이때의 재귀대명사는 '그 자체, 바로 그것'이라고 해석하며, 생략할 수 있다.

• 「bring + 간접목적어(us) + 직접목적어(comfort)」는 '~에게 …을 가져다주다'라는 의미이다.

= 「bring + 직접목적어 + to + 간접목적어」 ex. ~ the act of discussion itself can bring comfort to us

## 2 다가와, 아니 다가오지 마
문제집 pp.40~41

1 ④  2 ①  3 ⑤  4 warmth, poking

추운 겨울밤이다. 한 고슴도치는 따뜻하게 있기 위해 몸을 바짝 웅크린다. 하지만 그것만으로는 충분하지 않아서, 그것은 다른 고

슴도치에게 다가가기로 결정한다. 그러나, 그것이 다른 하나에 가까이 다가가자, 그것들은 둘 다 '아야!'라고 외친다. 이는 그것들이 날카로운 가시들로 서로를 찌르고 있기 때문이다. 하지만 만약에 그것들이 떨어져 있으면, 그것들은 얼어 죽을 것이다.

지그문트 프로이트는 이 이야기를 심리학적 개념으로 확장했다. 그는 그것을 '고슴도치의 딜레마'라고 불렀다. 마치 이 고슴도치들처럼, 우리도 결국 이런 처지에 처하게 될지 모른다. 우리는 다른 사람들과 친밀한 관계를 맺고 싶어 하지만, 상처받을까 봐 두려워한다. 그래서, 우리는 이 딜레마를 어떻게 해결할 수 있는가? 우리는 이 문제에 대한 고슴도치들의 해결책으로부터 배울 수 있다. 그 해결책은 따뜻하게 있을 만큼은 충분히 가깝지만 서로에게 상처를 입히는 것은 피할 만큼 충분히 먼, 안전한 거리를 유지하는 것이다.

**1** '고슴도치의 딜레마'라는 심리학적 개념의 배경 이야기를 설명하는 부분으로, 고슴도치가 that(따뜻하게 있기 위해 몸을 바짝 웅크리는 것)으로는 충분하지 않아 다른 고슴도치에게 다가가기로 결정한다는 내용의 (C), 고슴도치가 다가가자 두 고슴도치가 '아야!'라고 외친다는 내용의 (A), '아야!'라고 외치는 이유는 날카로운 가시들로 서로를 찌르고 있기 때문이라는 내용의 (B)의 흐름이 가장 적절하다.

**2** 고슴도치들이 서로에게 가까이 다가가면 날카로운 가시들로 서로를 찔러 아픈 것처럼, 우리도 누군가와 친밀한 관계를 맺고 싶지만 가까이 가면 ① '상처받을까' 봐 두려워한다는 내용이 되어야 적절하다.

(문제 해석)

① 상처받을까       ② 떠나갈까       ③ 나이가 들까
④ 공간이 생길까     ⑤ 홀로 있을까

**3** 고슴도치의 딜레마를 극복할 방법으로 서로 안전한 거리를 유지할 것을 제시하면서 글을 마무리 짓고 있으므로, 글의 교훈으로 ⑤가 가장 적절하다.

(문제 해석)

① 함께 재미있게 노는 방법을 잊지 말아라.
② 주변 사람들을 바꾸려고 노력하지 말아라.
③ 행동하기 전에 다른 사람들을 고려해야 한다.
④ 의사소통은 관계에서 가장 중요한 것이다.
⑤ 관계에서 딱 적당한 거리를 유지하는 것이 중요하다.

**4**

| 보기 | 부르는   찌르는   외치는   처지   위험   온기 |
| --- | --- |

Q. 고슴도치들이 직면한 딜레마는 무엇인가?

A. 그것들은 온기를 위해 가까이 있기를 원하지만, 이와 동시에, 가시들로 서로를 찌르는 것을 피해야 한다.

**2행 As it gets close to the other, however, they both shout "Ouch!"**

• the other는 '(둘 중) 다른 하나, 나머지 하나'라는 의미이다.

**6행 But that isn't enough, so it decides to approach another hedgehog.**

• 「another + 단수명사」는 '(또) 다른 ~'이라는 의미이다.

cf. 「other + 복수명사」: '다른 ~' ex. We have to think of other plans. (우리는 다른 계획들을 생각해 내야 한다.)

**6행** But if they are apart, they will freeze to death.
- 조건을 나타내는 if(만약 ~한다면)가 이끄는 부사절에서는 미래를 나타낼 때도 현재 시제(are)를 쓴다.

**9행** He called it the "hedgehog's dilemma."
- 「call A B」는 'A를 B라고 부르다'라는 의미이다. 이 문장에서는 it이 A에, the hedgehog's dilemma가 B에 해당한다.

**10행** We want to have close relationships with others, but we are afraid of [getting hurt].
- others는 '(불특정한) 다른 사람들/것들'이라는 의미이다.
- [ ]는 전치사 of의 목적어 역할을 하는 동명사구이다. '~할까 봐 두려워하다'라는 의미는 「be afraid of + v-ing」를 써서 나타낼 수 있다.

**14행** The solution is to keep a safe distance—close enough to stay warm but far enough to avoid wounding each other.
- 「형용사/부사 + enough + to-v」는 '~할 만큼 충분히 …한/하게'라는 의미이다. 이 문장에서는 앞에 온 명사구 a safe distance를 부연 설명하는 「형용사 + enough + to-v」 형태의 구문 close enough to stay 이하와 far enough to avoid 이하가 접속사 but으로 연결되어 쓰였다.

---

## 3 쉿, 방송 중입니다

**1** ④  **2** ⑤  **3** (1) F (2) F  **4** minor, symptom

영화 「트루먼 쇼」에서, 주인공은 그가 태어났을 때부터 인기 있는 텔레비전 프로그램에 출연해 오고 있다. 수백만 명의 시청자들이 언제나 그를 시청하고, 그의 부모님을 포함하여 그의 삶의 모든 사람은 전문적인 배우이다. 그는 그의 삶이 진짜가 아니라는 것을 알지 못하는 유일한 사람이다!

놀랍게도, 실생활에서 어떤 사람들은 이것이 자신들에게도 일어나고 있다고 생각한다. 그들은 트루먼 쇼 망상(TSD)을 겪고 있는 것이다. TSD를 가진 사람들은 그들의 모든 행동이 비밀 텔레비전 세트장의 숨겨진 카메라에 의해 시청되고 있다고 믿는다.

리얼리티 텔레비전 프로그램의 부상을 TSD의 원인으로 여기는 것은 편리하다. 하지만 그것이 그렇게 간단하지 않다는 것을 명심하라. 전문가들에 따르면, TSD는 심각한 정신 질환의 한 증상일 수 있다.

**1** 「트루먼 쇼」의 주인공처럼 자신들도 숨겨진 카메라에 의해 감시당하고 있다고 착각하는 증후군인 트루먼 쇼 망상에 대해 소개하는 글이므로, 제목으로 ④가 가장 적절하다.

(문제 해석)
① 「트루먼 쇼」는 어떻게 촬영되었는가
② 뒷이야기: 텔레비전 세트장의 비밀
③ 트루먼의 지혜: 항상 진실되게 행동하라
④ 거대한 망상: 실생활일까 아니면 리얼리티 프로그램일까?
⑤ 현대 사회는 당신을 매 순간 지켜보고 있다

**2** 1단락에 언급된 내용을 의미한다. 수백만 명의 시청자들이 텔레비전으로 자신을 시청하고 있는데 오직 자신만이 자신의 삶이 진짜가 아니라는 것을 알지 못하는 상황(= this)이 그들에게도 일어나고 있다고 생각하는 사람들이 있다는 의미이다.

(문제 해석)
① 배우가 되는 것
② 더 많은 시청자를 얻는 것
③ 정신 질환이 있는 것
④ 어려움으로 가득 찬 삶을 사는 것
⑤ 몰래 텔레비전으로 시청되는 것

**3** (1) 「트루먼 쇼」는 태어났을 때부터 자신도 모르게 TV 프로그램에 출연하고 있는 주인공에 대한 영화라고 했으므로, 정신 질환을 주제로 한다는 것은 글의 내용과 일치하지 않는다.

(2) 영화 속에서 주인공의 부모님이 실제 부모님이 아닌 전문적인 배우라고는 했지만, 배우의 실제 부모님에 관한 언급은 없다.

**4**

> 보기 | 심각한  전문가  증상  사소한  해결책  비밀의
>
> 트루먼 쇼 망상(TSD)은 사소한 질환이 아닐 수도 있다. 그것은 정신 이상의 한 증상일 수 있다.

### 구문 해설

**1행** In the movie *The Truman Show*, the main character has been featured on a popular TV program [since he was born].
- has been featured는 수동태가 현재완료 시제로 쓰인 것이다. 현재완료 시제는 have/has 뒤에 과거분사(p.p.)가 오므로, 현재완료 시제의 수동태는 「have/has been + p.p.」가 된다.
- [ ]는 '~부터, ~ 이후로'라는 의미의 접속사 since가 이끄는 부사절로, 「since + 주어(he) + 동사(was) ~」의 형태로 쓰였다.

**4행** He is the only person [who doesn't know {(that) his life is not real}]!
- [ ]는 앞에 온 선행사 the only person을 수식하는 주격 관계대명사절이다.
- { }는 doesn't know의 목적어 역할을 하는 명사절로, 명사절 접속사 that이 생략되어 있다.

**7행** Those with TSD believe [(that) their every move is being watched by hidden cameras on a secret TV set].
- [ ]는 believe의 목적어 역할을 하는 명사절로, 명사절 접속사 that이 생략되어 있다.
- is being watched는 수동태가 현재진행 시제로 쓰인 것이다. 현재진행 시제는 be동사 뒤에 현재분사(v-ing)가 오는 것이므로, 현재진행 시제의 수동태는 「be동사 + being p.p.」가 된다.

**10행** It's convenient [to consider the rise of reality TV shows as the cause of TSD].
- It은 가주어이고, [ ]의 to부정사구가 진주어이다. 이때 가주어 it은 따로 해석하지 않는다.

**12** | 영어 실력을 높여주는 다양한 학습 자료 제공 HackersBook.com

## Review Ground

문제집 p.44

1 ⓒ  2 ⓐ  3 ⓑ  4 ⑤  5 ④  6 ②

7 We may fear that they will share our secrets with others.

8 This is because they are poking each other with their sharp spines. [This is because, with their sharp spines, they are poking each other.]

1 마감 직전에 그는 심각한 문제에 직면했다. - ⓒ dilemma(딜레마, 난제)

2 그들은 사파리에서 야생 동물들과 거리를 유지했다. - ⓐ space(공간, 간격)

3 심각한 질환 때문에, 그녀는 몇 주간 병원에 머물렀다.
- ⓑ condition(질환, 건강 상태)

4 우리는 우리 또한 저지르는 같은 실수들에 대해 다른 사람들을 더 엄격하게 평가한다.
① 두려워한다      ② 지지한다      ③ 잊는다
④ 상처를 입는다   ⑤ 평가한다

5 분사구문은 부사절에서 접속사와 주어를 생략한 후, 동사를 v-ing로 바꿔 만드는데, 의미를 분명하게 하기 위해 접속사를 생략하지 않기도 한다.

(문제 해석)
그의 숙제를 마친 후, 그는 휴식을 취하기 위해 산책을 하러 갔다.

6 긴 to부정사(구)가 문장의 주어로 쓰일 때는, 주로 주어 자리에 가주어 It을 쓰고 원래 주어인 진주어를 뒤로 보낸다.

(문제 해석)
• 대화에서 응답하기 전에 주의 깊게 듣는 것이 현명하다.
• 실험실에서 안전 지침을 따르는 것이 필수적이다.

# CHAPTER 05 Science

## 1 안과 밖이 다른 온도

문제집 pp.48~49

1 ⑤  2 열이 더 뜨거운 물체에서 더 차가운 물체로 이동하는 것
3 (1) T (2) F  4 quickly, slowly

섭씨 15도인 날에 우리가 바깥에 있을 때, 우리는 편안하다고 느낀다. 하지만 섭씨 15도인 물에서 수영하는 것은 우리를 추위에 떨게 만든다. 같은 온도에서 왜 물이 공기보다 더 차갑게 느껴지는 것일까? 이는 우리 피부가 전반적인 온도보다 열 손실에 더 민감하기 때문이다!

열은 더 뜨거운 물체에서 더 차가운 물체로 이동한다. 그리고 이것은 공기 중에서보다 물속에서 25배 더 빠르게 발생한다. 그래서, 당신이 섭씨 15도인 물의 수영장에 뛰어들면, 당신 몸 안의 열은, 그것(당신의 몸)은 섭씨 약 36.5도의 온도를 가지는데, 빠르게 물로 이동된다. 이것은 당신의 피부 온도가 갑자기 떨어지게 만들고, 이는 당신이 춥게 느끼도록 만든다.

섭씨 15도인 날에, 당신의 몸은 공기에도 열을 잃는다. 그러나 그 열은 당신의 몸에서 공기 중으로 훨씬 더 천천히 이동한다. 따라서, 당신은 추워지지 않는 것이다!

1 같은 온도여도 공기 중에서보다 물속에서 더 춥게 느끼는 이유(우리 피부가 열 손실에 민감하여, 뜨거운 몸에서 차가운 물로의 열의 이동이 빠르게 발생하는 물속에서 더 춥게 느끼는 것)를 설명하는 글이므로, 주제로 ⑤가 가장 적절하다.

(문제 해석)
① 우리 몸은 어떻게 온도를 감지하는가
② 추울 때 우리 몸을 떨게 만드는 것은 무엇인가
③ 어떤 신체 부위가 열에 가장 민감한가
④ 매우 차가운 물에서 수영하는 것의 부작용들
⑤ 물과 공기의 온도는 왜 우리에게 다르게 영향을 미치는가

2 앞 문장에 언급된 내용을 가리킨다. 열이 더 뜨거운 물체에서 더 차가운 물체로 이동하는 것(= this)이 공기 중에서보다 물속에서 더 빠르게 발생한다는 의미이다.

3 (1) 글에 피부가 열 손실에 민감하다고 언급되었다.
(2) 글에 섭씨 15도인 물속에서 피부 온도가 떨어진다고 언급되었으므로, 피부 온도가 15도인 물속에서 변함없이 유지된다는 것은 글의 내용과 일치하지 않는다.

(문제 해석)
(1) 우리 피부는 열 손실에 의해 쉽게 영향받는다.
(2) 피부의 온도는 섭씨 15도의 물속에서 변함없이 유지된다.

4 열 이동의 속도는 물속과 공기 중에서 다르다. 열은 우리 몸에서 물로 빠르게 이동한다. 반면에, 그것(열)은 우리 몸에서 공기 중으로는 더 느리게 이동한다.

### 구문 해설

1행 **When we are outside on a 15-degree Celsius day, we feel comfortable.**

• 숫자(15)와 단위명사(degree)의 단수형이 하이픈(-)으로 연결되어, '섭씨의'라는 의미의 형용사 Celsius와 함께 형용사구를 이룬다. 이 형용사구가 명사 앞에서 명사(day)를 수식한다.

• 「feel + 형용사」는 '~하다고 느끼다, 기분이 ~하다'라는 의미이다. 이 문장에서는 feel 뒤에 형용사 comfortable이 쓰여 '편안하다고 느낀다'라고 해석한다.

5행 **And this occurs 25 times faster in water than in the air.**

• 「배수사 + 비교급 + than ~」은 '~보다 몇 배 더 …한/하게'라는 의미이다. 이 문장에서는 '공기 중에서보다 물속에서 25배 더 빠르게'라고 해석한다.

**6행** So, when you jump into a pool of 15°C water, the heat in your body[, which has a temperature of around 36.5°C], is quickly transferred to the water.

- [ ]는 계속적 용법의 관계대명사절로, '그런데 (선행사는) ~하다'라고 해석한다. 이때 관계대명사 앞에는 항상 콤마(,)를 쓴다. 여기서는 앞에 온 명사구 your body를 선행사로 가져 '그런데 그것(당신의 몸)은 ~하다'라고 해석한다.
- 「A be transferred to B」는 'A가 B로 이동되다'라는 의미로, 「transfer A to B(A를 B로 이동시키다)」의 수동태 표현이다.

**8행** This causes your skin temperature to drop suddenly, [making you feel cold].

- 「cause + 목적어 + to-v」는 '~이 …하게 만들다, 야기하다'라는 의미이다. 이 문장에서는 '당신의 피부 온도가 떨어지게 만든다'라고 해석한다.
- [ ]는 '이는 당신이 춥게 느끼도록 만든다'라는 의미로, [연속동작]을 나타내는 분사구문이다. 분사구문은 부사절에서 접속사와 주어를 생략한 후, 동사를 v-ing로 바꿔 만든다. = 「접속사 + 주어 + 동사」 ex. This causes your skin temperature to drop suddenly, and this makes you feel cold.

## 2 거품은 어떤 색일까요?

문제집 pp.50~51

**1** ③  **2** ②  **3** 빛이 사방으로 산란하는 것
**4** transparent[clear], reflected, white

당신은 우리가 보라색이나 분홍색 비누를 사용할 때조차도, 왜 비누 거품은 하얀색인지 궁금해해 본 적이 있는가? 그것은 전부 빛의 산란에 관한 것이다! 만약 무언가가 빛의 모든 색을 고르게 반사한다면, 그것은 하얀색으로 보인다. 이는 하얀색의 빛이 모든 색깔들의 결합(둘 이상의 물질이 하나가 되는 것)이기 때문이다. 같은 원리가 거품에도 적용된다.

우리가 젖은 두 손 사이에 비누를 비비면, 거품이 생성된다. 이 거품은 무수하게 많은 아주 작은 기포들로 구성된다. 이 기포들은 거의 투명하다. 따라서, 일부 빛은 이 투명한 기포들을 투과하는 한편, 다른 빛은 반사된다. 빛이 기포들에 계속해서 부딪히면서, 그것은 사방으로 산란한다. 이것은 모든 색깔들을 반사하는 것과 같은 효과를 가진다. 따라서, 우리가 그 거품을 보면, 그것은 하얀색으로 보이는 것이다.

이제, 다음번에 당신이 하얀색의 거품을 보면, 당신은 작은 빛의 쇼를 보고 있다는 것을 기억해라!

**1** 비누 거품이 항상 하얀색으로 보이도록 만드는 요인인 빛의 산란에 관해 설명하는 글이므로, 제목으로 ③이 가장 적절하다.

(문제 해석)

① 비누 거품의 색을 다채롭게 만드는 방법
② 빛이 작용하는 여러 가지 방식들
③ 무엇이 비누 거품을 하얀색으로 보이게 만드는가

④ 비누 거품을 만드는 것에 숨겨진 과학
⑤ 색이 있는 비누는 더 많은 빛 반사를 일으킨다

**2** (A): 글에 비누의 색깔별 거품의 양 차이에 대한 언급은 없다.

(D): 기포들은 거의 투명하다고 했으므로, 기포들의 막이 불투명하다는 것은 글의 내용과 반대된다.

(B): 모든 비누 거품은 항상 하얀색이라고 언급되었다.

(C): 비누 거품은 무수하게 많은 아주 작은 기포들로 구성된다고 언급되었다.

**3** 빛이 사방으로 산란하는 것(= This)이 모든 색들을 반사하는 것과 같은 효과를 가져서, 비누의 거품이 하얀색으로 보인다는 의미이다.

**4**

> 비누 거품은 거의 투명한 많은 기포들로 구성되어 있다. 그래서, 일부 빛은 기포에 의해 반사된다. 이것이 계속해서 일어나면서, 빛이 사방으로 산란하고, 이는 거품을 하얀색으로 보이게 만든다.

### 구문 해설

**1행** Have you ever wondered [why soap foam is white], even when we use purple or pink soap?

- 「Have/Has + 주어 + p.p. ~?」의 현재완료 시제가 쓰인 의문문은, 과거의 [경험]을 물을 때 쓴다.
- [ ]는 「의문사(why) + 주어(soap foam) + 동사(is) ~」 형태의 간접의문문으로, Have ~ wondered의 목적어 역할을 하고 있다.

**8행** Thus, some light can pass through these clear bubbles, while other light is reflected.

- some(일부의, 몇몇의, 약간의), other(다른 ~)를 써서 여럿 중 일부를 나타낼 수 있다.

**9행** As the light hits bubbles continuously, it scatters in all directions.

- 접속사 as는 '~하면서'라는 의미로, 부사절을 이끄는 접속사로 쓰여 뒤에 「주어 + 동사 ~」의 절이 왔다.

**10행** This has the same effect as reflecting all of the colors.

- 「the same A as B」는 'B와 같은 A'라는 의미의 표현으로, 이때 as는 전치사로 쓰여 뒤에 명사(구)가 온다. 이 문장에서 A는 effect에, B는 reflecting all of the colors에 해당하며 '모든 색깔들을 반사하는 것과 같은 효과'라고 해석한다.

**12행** Now, the next time you see white foam, [remember {(that) you're watching a mini light show}]!

- [ ]는 동사원형 remember로 시작하는 명령문이다. remember 다음에 오는 { }는 remember의 목적어 역할을 하는 명사절이며, 이때 명사절 접속사 that은 생략할 수 있다.

## 3 경고: 절대 들어가지 마시오 문제집 pp.52~53

**1** ③ **2** ⑤ **3** (1) F (2) F (3) T **4** gravity, trapped

> 당신은 매우 강한 중력을 가진 우주 공간인 블랙홀에 관해 아마 들어 봤을 것이다. 하지만 당신은 그것이 사건의 지평선이라고 불리는 무언가에 의해 둘러싸여 있다는 것을 알고 있었는가?
> 사건의 지평선은 블랙홀의 바깥쪽 가장자리이다. 에너지나 물질이 블랙홀에 접근함에 따라, 중력의 끌림은 더 강해진다. 만약 무엇이든지 이 바깥쪽 가장자리를 건너면, 그것은 영원히 블랙홀에 갇히게 될 것이다. 우주에서 가장 빠른 것인 빛조차도 빠져나갈 수 없다! 다시 말해서, 사건의 지평선은 돌아올 수 없는 지점을 나타낸다. 그 결과, '지평선' 안에서 일어나는 어떤 '사건들'도 그것의 바깥에서는 보일 수 없다. 여기서 '사건의 지평선'이라는 명칭이 유래한다. 그것은 모든 것을 숨기는 장벽과 같다. 그러나, 그것이 과학자들을 멈추게 하고 있지는 않다. 그들은 전 세계에 퍼져 있는 전파 망원경들로부터 데이터를 수집함으로써 사건의 지평선 망원경(EHT)을 만들었다. EHT를 이용해, 그들은 이 '진입 금지' 구역의 문을 계속해서 두드리고 있다!

**1** 블랙홀을 둘러싼 바깥쪽 가장자리인 사건의 지평선을 둘러싼 수수께끼에 관해 설명하는 글이므로, 제목으로 ③이 가장 적절하다.

(문제 해석)
① 중력이 블랙홀에 영향을 미치는가?
② 사건의 지평선에서 빠져나가는 방법
③ 블랙홀 가장자리의 비밀들
④ 무엇이 사건의 지평선을 둘러싸고 있는가?
⑤ 불가사의한 힘인 중력을 탐구하기

**2** 앞 문장에서 바깥쪽 가장자리를 건너면 우주에서 가장 빠른 빛조차도 빠져나갈 수 없다고 했다. 따라서 이를 다시 정리해서 말하는 빈칸에는 사건의 지평선은 ⑤ '돌아올 수 없는 지점을 나타낸다'라는 내용이 들어가는 것이 가장 적절하다.

(문제 해석)
① 코앞에 막 와 있다
② 우주의 가장자리이다
③ 빛이 얼마나 빠르게 이동하는지 보여 준다
④ 중력을 훨씬 더 약하게 만든다
⑤ 돌아올 수 없는 지점을 나타낸다

**3** (1) 사건의 지평선은 블랙홀의 중심이 아닌 가장자리에 위치해 있다고 했으므로, 글의 내용과 일치하지 않는다.
(2) 무엇이든지 사건의 지평선을 건너면 돌아올 수 없다고 했으므로, 글의 내용과 일치하지 않는다.
(3) 과학자들이 전 세계에 퍼져 있는 전파 망원경들로부터 데이터를 수집하여 EHT를 만들었다고 언급되었다.

(문제 해석)
(1) 사건의 지평선은 블랙홀의 중심에 위치해 있다.
(2) 빠르게 움직이는 물질은 사건의 지평선에서 돌아올 수 있다.
(3) 과학자들은 전파 망원경으로부터 정보를 받아 EHT를 만들었다.

> 사건의 지평선은 중력의 힘이 매우 강한 블랙홀의 바깥쪽 경계이다. 사실, 그것은 매우 강력해서 사건의 지평선을 건너는 것은 무

> 엇이든지 갇히게 되고 빠져나갈 수 없다.

### 구문 해설

**4행** But did you know [(that) it's surrounded by something {called an event horizon}]?
- [ ]는 did ~ know의 목적어 역할을 하는 명사절이다. 이때 명사절 접속사 that은 생략할 수 있다.
- { }는 앞에 온 명사 something을 수식하는 과거분사구이다. 이때 called는 '~이라고 불리는'이라고 해석한다.

**10행** Even [the fastest thing in the universe, light], cannot escape!
- 「the + 형용사/부사의 최상급」은 '가장 ~한/하게'라는 의미이다. 여기서는 형용사 fast의 최상급인 fastest가 쓰였다.
  cf. fast(빠른): faster 비교급 - fastest 최상급
- [ ]의 the fastest thing in the universe와 light는 콤마(,)로 연결된 동격 관계로, 빛이 우주에서 가장 빠른 것이라는 의미이다.

**11행** As a result, any "events" [that happen within the "horizon"] cannot be seen from outside it.
- [ ]는 앞에 온 선행사 any "events"를 수식하는 주격 관계대명사절이다.
- 조동사 뒤에는 동사원형이 오므로 조동사가 있는 수동태는 「조동사 + be p.p.」가 된다.

**14행** They created the Event Horizon Telescope (EHT) by collecting data from radio telescopes [spread across the world].
- 「by + v-ing」는 '~함으로써, ~해서'라는 의미로 수단이나 방법을 나타낸다.
- [ ]는 앞에 온 명사구 radio telescopes를 수식하는 과거분사구이다. 이때 spread는 '퍼져 있는'이라고 해석한다.

**16행** [Using the EHT], they keep knocking on the door of this "no-entry" zone!
- [ ]는 'EHT를 이용하여'라는 의미로, [동시동작]을 나타내는 분사구문이다.
  = 「접속사 + 주어 + 동사」 ex. As they use the EHT ~
- 「keep + v-ing」는 '계속해서 ~하다'라는 의미이다. keep은 동명사를 목적어로 쓴다.

## Review Ground 문제집 p.54

**1** ⓓ **2** ⓒ **3** ⓑ **4** ⓐ **5** ⑤ **6** ②
**7** This causes your skin temperature to drop suddenly.
**8** the pull of gravity becomes stronger

**1** shake(떨리다) - ⓓ 보통 두려움이나 추위로 인해, 빠른 상하 또는 좌우 움직임을 보이다

**2** rub(문지르다) - ⓒ 두 물체를 서로 맞대고 앞뒤로 움직이다

**3** surround(둘러싸다) - ⓑ 누군가나 무언가를 사방에서 완전히 둘러싸다

**4** apply(적용되다) - ⓐ 특정 사물이나 맥락에 해당하다

**5** 「숫자 + 단위명사」는 하이픈(-)으로 연결되어 형용사처럼 명사 앞에서 명사를 수식할 수 있다. 이때 단위명사 hour, year, degree는 단수형으로 쓴다.

〔문제 해석〕
- 나는 12시간 비행 후에 피곤해졌다.
- 지현이는 피아노를 배울 3년간의 계획을 세웠다.
- 일기예보에서는 오늘 밤 기온의 섭씨 5도 하락을 예측한다.

**6** 문맥상 '숨겨진'이라는 수동·완료의 의미를 나타내는 것이 자연스러우므로, 과거분사 ② hidden이 들어가야 한다.

〔문제 해석〕
- 그 과학자는 마침내 수 세기 동안 숨겨져 있던 보물을 발견했다.
- 그 사고의 진실은 숨겨진 채로 남았다.

## CHAPTER 06 Stories

### 1 '누구나' 지원할 수 있습니다
문제집 pp.58~59

**1** ③ **2** ③ **3** positive **4** speak, two, languages

한 상점의 창문에 표지판이 있었다. 그것에는 '지금 채용 중. 글을 잘 쓸 수 있어야 하고, 프린터를 작동시킬 수 있어야 하며, 두 가지 언어를 구사할 수 있어야 함. 누구나 지원할 수 있습니다.'라고 적혀 있었다.

그날, 길을 걷고 있던 개 한 마리가 그 표지판을 보았다. 그는 그 일에 지원하기 위해 안으로 들어갔다. 접수원은 그의 긍정적인 태도에 감명받아서, 그는 그 개가 담당자와 면접을 보도록 했다. 모두가 놀랍게도, 그는 글을 쓸 수 있었고 심지어 프린터를 완벽하게 작동시킬 수 있었다! 하지만 담당자는 개를 채용할 수 없었기 때문에 그를 거절했다. 그 개는 표지판의 '누구나 지원할 수 있습니다'라고 쓰여 있는 부분에 그의 발을 올렸다. 담당자는 "하지만 당신은 두 가지 언어를 구사할 수 없잖아요!"라고 대답했다. 그러자 그 개는 담당자를 바라보며 "야옹"이라고 자랑스럽게 말했다.

**1** ⓒ는 접수원을 가리키고, 나머지는 모두 개를 가리킨다.

**2** 주어진 문장은 개가 글을 쓸 수 있고 프린터를 완벽하게 작동시킬 수 있었다는 내용의 문장과, 개가 (그럼에도 불구하고 거절당한 것에 대해 의문을 표하며) '누구나 지원할 수 있습니다'라고 쓰여 있는 부분에 발을 올렸다는 내용의 문장 사이에 오는 것이 자연스러우므로, ③에 들어가는 것이 가장 적절하다.

**3** '누군가 혹은 무언가의 좋은 특성들에 관해 생각하며, 좋거나 행복한 감정을 가지는 것'이라는 뜻에 해당하는 단어는 positive(긍정적인)이다.

**4** Q. 그 개는 왜 고양이 소리를 냈는가?

A. 담당자가 개가 두 가지 언어를 구사할 수 없다고 지적한 뒤, 개는 자신이 할 수 있다는 것을 증명하기 위해 '야옹'으로 대답했다.

〔구문 해설〕

2행 **Must be able to write well, operate a printer, and speak two languages.**
- must be able to는 '~할 수 있어야 한다'라는 의미로, [능력의 의무]를 나타낸다. 조동사는 한 번에 하나만 쓰므로, 조동사 must 뒤에 can 대신 be able to가 쓰였다.
- must be able to 뒤에 동사원형 write, operate, speak이 접속사 and로 연결되어 쓰였다.

4행 **That day, a dog [walking down the street] saw the sign.**
- [ ]는 앞에 온 명사구 a dog를 수식하는 현재분사구이다. 이때 walking은 '걷고 있던'이라고 해석한다.

5행 **The receptionist was impressed by his positive attitude, so he let the dog interview with the manager.**
- 「let + 목적어 + 동사원형」은 '~이 …하도록 하다, 두다'라는 의미로, 이 문장에서는 '그 개가 담당자와 면접을 보도록 했다'라고 해석한다. 참고로, let은 원형, 과거형, 과거분사형이 모두 같은 동사인데, 여기서는 과거형으로 쓰였다.

8행 **But the manager turned him down because he couldn't hire a dog.**
- turned down의 목적어로 대명사 him이 왔기 때문에 「타동사 + 목적어 + 부사」의 어순으로 쓰였다.
  cf. 목적어가 명사인 경우: 「타동사 + 부사 + 목적어」=「타동사 + 목적어 + 부사」 ex. He put on a coat. = He put a coat on. (그는 코트를 입었다.)

8행 **The dog put his foot on the part of the sign [that read "Anyone Can Apply."]**
- put과 read는 원형, 과거형, 과거분사형이 모두 같은 동사이다. 여기서는 둘 다 과거형으로 쓰였다.
- [ ]는 앞에 온 선행사 the part of the sign을 수식하는 주격 관계대명사절이다.

### 2 너는 뭐가 될래?
문제집 pp.60~61

**1** keep → keeping **2** ⑤ **3** ④
**4** (1) hard (2) runny (3) drink

한 어린 소녀가 그녀의 학교 공부를 따라가는 데 문제를 겪고 있었다. 그녀는 아버지에게, "더 이상 무엇을 할지 모르겠어요! 저는 더 노력하면 할수록, 더 길을 잃어요."라고 불평했다. 그녀의 아버지는 부드럽게 미소 지으며 그녀를 부엌으로 이끌었다. 그는 "내가 너에게 무언가를 보여 주게 해 주렴"이라고 말했다. 그러고 나서, 그는 감자 하나, 계란 하나, 그리고 몇몇 커피콩을 끓는 물이 담긴 별개의 냄비들에 넣었다. "난 아침을 부탁하지 않았는데"라고 소녀는 생각했다.

20분 후, 그는 소녀에게 세 가지를 보여 주었다. 비록 그것들이 끓는 물이라는 같은 도전에 노출되었지만, 각각은 다르게 반응했다. 감자는, 그것은 이전에는 딱딱했는데, 부드러워졌다. 계란은 딱딱해졌고 더 이상 안이 묽지 않았다. 하지만 가장 놀랍게도, 건조한 커피콩은 완전히 새로운 것을 만들어 냈는데, 그것은 향기로운 음료였다! 아버지는 그러고 나서, "감자, 계란, 아니면 커피콩 중 너는 어느 것이 되고 싶니?"라고 물었다.

1 '~하는 데 문제를 겪다'라는 의미는 「have/has trouble + v-ing」의 형태로 나타내므로, keep을 keeping으로 고쳐야 한다.

2 소녀가 학교 공부를 따라가는 데 문제를 겪고 있다고 말했지만, 아버지가 이에 대한 조언은 하지 않은 채 부엌에 데려온 상황이다. 따라서 (B)는 아버지가 자신의 문제를 돕고 있지 않다고 푸념하는 내용의 ⑤를 의미하는 것이 가장 적절하다.

(문제 해석)
① 나는 보통 아침을 먹지 않는다.
② 그는 항상 나에게 너무 엄격하다.
③ 나는 지금 먹을 시간이 없다.
④ 그는 많은 스트레스를 겪지 않는다.
⑤ 그는 내 문제를 돕고 있지 않다.

3 끓는 물이라는 같은 도전에 노출되었지만 각각 다른 반응을 통해 도전에 대응하고 있는 감자, 계란, 커피콩의 이야기이므로, 교훈으로 ④가 가장 적절하다.

(문제 해석)
① 아이들은 너무 많은 숙제를 받는다.
② 스트레스가 어떤 상황에서는 도움이 될 수도 있다.
③ 당신은 가족에 대해 항상 고마워해야 한다.
④ 당신은 도전에 대한 당신의 반응에 의해 형성된다.
⑤ 인생은 오르락내리락하는 롤러코스터와 같다.

4
| 보기 | 묽은 안의 같은 학교 공부 새로운 딱딱한 음료 |

| | 끓이기 전 | 끓인 후 |
|---|---|---|
| 감자 | • 원래 (1) 딱딱했다 | • 부드러워졌다 |
| 계란 | • (2) 묽은 내부를 가지고 있었다 | • 딱딱해졌다 |
| 커피콩 | • 처음에는 건조했다 | • 향기로운 (3) 음료를 만들었다 |

**구문 해설**

1행 **A young girl had trouble [keeping up with her schoolwork].**
• 「have/has trouble/difficulty + v-ing」는 '~하는 데 문제를 겪다'라는 의미이다.
• [ ]에 쓰인 「keep up with + 명사(구)」는 '~을 따라가다'라는 의미이다.

2행 **I don't know what to do anymore!**
• 「what + to-v」는 '무엇을 ~할지'라는 의미로, 이 문장에서는 don't know의 목적어 역할을 하고 있다. 「의문사 + to-v」

는 문장의 주어, 보어 또는 목적어 역할을 한다.
= 「what + 주어 + should + 동사원형」 ex. I don't know what I should do anymore!

2행 **The more I try, the more I get lost.**
• '~하면 할수록, 더 …하다'라는 의미는 「the + 비교급 ~, the + 비교급 …」으로 나타낸다.

4행 **"Let me show you something," he said.**
• 「let + 목적어 + 동사원형」은 '~가 …하게 하다'라는 의미로, 이 문장에서는 '내가 보여 주게 하다'라고 해석한다.
• 「show + 간접목적어 + 직접목적어」는 '~에게 …을 보여 주다'라는 의미로, 이 문장에서는 '너에게 무언가를 보여 주다'라고 해석한다.
= 「show + 직접목적어 + to + 간접목적어」 ex. Let me show something to you ~

9행 **The potato[, which was once hard], became tender.**
• [ ]는 계속적 용법의 관계대명사절로, '그런데 (선행사는) ~하다'라고 해석한다. 이때 관계대명사 앞에는 항상 콤마(,)를 쓴다. 여기서는 The potato를 선행사로 가진다.
• 「become + 형용사」는 '~해지다, ~하게 되다'라는 의미이다.

10행 **But most amazingly, the dry coffee beans created something entirely new: a fragrant drink!**
• something과 같이 -thing으로 끝나는 대명사는 형용사(new)가 뒤에서 수식한다. 참고로, 여기서 부사 entirely는 형용사 new를 수식하고 있다.

---

## 3 엄마는 다 알고 있다
문제집 pp.62~63

**1** (1) F (2) T **2** ③ **3** ② **4** ⓐ: Aurora ⓑ: Brooke

Sally는 일과 후에 집으로 돌아왔다. 그녀가 저녁을 만드는 것을 시작하기 위해 부엌에 들어갔을 때, 그녀는 속이 상했다. 조금의 우유가 바닥에 쏟아져 있었다! 그녀는 세 자녀를 불러 "누가 이랬니?"라고 물었다. 그들은 말했다.

| Aurora | 그건 Charlotte이었어요! |
|---|---|
| Brooke | 제가 그랬어요. 저는 전화를 받은 뒤에 엉망인 것을 치울 계획이었지만, 완전히 잊어버렸어요. |
| Charlotte | 저는 우유를 쏟지 않았어요. 전 결백해요! |

Sally는 아이들을 유심히 바라보았다. Aurora는 겁먹은 것처럼 보였고, Brooke은 침착했으며, Charlotte은 화가 나 보였다. Sally는 "너희 중 두 명이 진실을 말하고 있고, 한 명은 거짓말을 하고 있어. Charlotte, 걱정하지 마. 나는 네가 거짓말하고 있지 않다는 걸 안단다."라고 말했다. Charlotte은 한숨을 쉬고 미소 지었다. 그다음에 Sally가 아주 맛있는 식사를 만드는 동안, 우유를 쏟았던 딸은 바닥을 청소했다. 그들이 잠자리에 들기 전에, Sally는 Aurora를 불러 "너는 Charlotte에게 사과하는 게 좋겠다."라고 말했다.

**1** (1) Sally가 맛있는 식사를 만드는 동안 바닥을 청소한 사람은 우유를 쏟은 딸이므로, 글의 내용과 일치하지 않는다.

(2) 잠자리에 들기 전에 Sally가 Aurora를 불러 이야기했다고 언급되었다.

**2** (A): Aurora가 거짓말을 하고 있고 Charlotte이 화가 나 보였다고 언급되었으므로, Charlotte은 누명을 써 '몹시 화가 났을' 것임을 유추할 수 있다. 혹은 Aurora에게 '실망했거나', Sally가 Aurora의 말을 믿을까 봐 '긴장했을' 것이라고 유추할 수도 있다.

(B): Sally가 Charlotte이 거짓말하지 않은 것을 알아주고 있고, Charlotte이 미소를 지었다고 했으므로, Charlotte은 '안도했을' 것임을 유추할 수 있다.

문제 해석

|  | (A) | (B) |  | (A) | (B) |
|---|---|---|---|---|---|
| ① | 긴장한 | → 가망 없는 | ② | 질투하는 | → 우울한 |
| ③ | 몹시 화가 난 | → 안도한 | ④ | 실망한 | → 무서운 |
| ⑤ | 자랑스러운 | → 냉소적인 | | | |

**3** Sally는 Charlotte의 말이 거짓말이 아니라고 했다. Charlotte의 말이 진실이라면, Charlotte과 반대되는 Aurora의 말은 거짓이다. 따라서 Sally는 '우유를 쏟은 것이 Charlotte이다'라고 거짓말한 것에 대해, Charlotte에게 사과하는 것이 좋겠다고 Aurora에게 말하는 것이 가장 적절하다.

문제 해석

① 나에게 솔직해 줘서 고마워.
② 너는 Charlotte에게 사과하는 게 좋겠다.
③ 우유를 쏟았던 사람은 너야.
④ 너는 다음에는 전화를 받아야 해.
⑤ Brooke이 중요한 교훈을 배웠기를 바라.

**4** ⓐ: 거짓말을 한 Aurora를 가리킨다.

ⓑ: Sally에 따르면, 세 명 중 두 명은 진실을 말했고 한 명은 거짓을 말했다. Sally가 Charlotte은 진실을 말했다고 했으므로, Charlotte과 반대되는 말을 한 Aurora는 거짓을 말한 것이 된다. 자연스럽게 나머지 한 명인 Brooke은 진실을 말한 사람이므로, 우유를 쏟은 딸은 Brooke이다.

구문 해설

5행 I was going to clean the mess [after answering the phone], but I totally forgot.

- be going to는 '~할 계획이다, ~할 것이다'라는 의미이다. 이 문장에서는 be동사의 과거형 was가 쓰였으므로 '치울 계획이었다'라고 해석한다.
- [ ]는 '전화를 받은 뒤에'라는 의미로, [시간]을 나타내는 분사구문이다. 분사구문의 의미를 분명하게 하기 위해 접속사 after가 생략되지 않았다.
  = 「접속사 + 주어 + 동사」 ex. ~ after I answered the phone

8행 Aurora looked frightened, Brooke was calm, and Charlotte seemed angry.

- 「look + 형용사」, 「seem + 형용사」는 '~하게 보이다'라는 의미이다.

11행 Then, the daughter [who had spilled the milk] cleaned the floor while Sally made a delicious meal.

- [ ]는 앞에 온 the daughter를 선행사로 가지는 주격 관계대명사절이다.
- had spilled는 과거완료 시제(had p.p.)로, 이 문장에서는 과거의 특정 시점보다 더 이전에 발생한 일, 즉 [대과거]를 나타낸다. 딸이 바닥을 치운 과거의 시점보다 더 이전 시점에 우유를 쏟았었다는 의미이다.

14행 You had better apologize to Charlotte.

- had better는 '~하는 것이 좋다, 낫다'라는 의미로 충고나 권유를 나타낸다. had better 뒤에는 동사원형을 쓴다.
  cf. had better not + 동사원형: '~하지 않는 것이 낫다'
- 「apologize to + 목적어」는 '~에게 사과하다'라는 의미이다. cf. apologize for: '~에 대해 사과하다'

## Review Ground
문제집 p.64

**1** positive **2** innocent **3** tender **4** frightened
**5** ④ **6** ⑤
**7** A young girl had trouble keeping up with her schoolwork.
**8** was going to clean the mess after answering the phone

1-4 보기 | 부드러운 건조한 긍정적인 겁먹은 엄격한 결백한

**1** 그녀는 긍정적인 태도를 가지고 있고 상황이 나아질 것이라고 믿는다.

**2** 나는 쿠키를 좋아하지 않고, 맹세코 쿠키 실종 사건에서 결백해!

**3** 스테이크가 매우 부드러워서, 그것은 실제로 내 입안에서 녹았다.

**4** 갑작스러운 큰 소리가 고양이를 겁먹게 했고, 그것은 침대 밑으로 재빨리 달려갔다.

**5** come의 과거형은 come이 아닌 came이다.

**6** '~하면 할수록, 더 …하다'라는 의미는 「the + 비교급 ~, the + 비교급 …」으로 나타낼 수 있다.

# CHAPTER 07 Technology

## 1 공기만 준비하세요
문제집 pp.68~69

**1** ⑤ **2** ② **3** ④
**4** (1) humid (2) build[produce] (3) cheaper

인간은 언젠가 태양계에서 가장 지구와 비슷한 행성인 화성에 살게 될 것인가? 그럴지도 모르지만, 큰 문제가 있는데, 그것은

화성에는 물이 없다는 것이다.

　다행히도, ELU라고 불리는 로봇이 도움을 줄 수 있다! ELU는 에스토니아어로 '생명'을 뜻한다. 이집트의 엔지니어인 마흐무드 엘쿠미는 화성에서 식수를 생산하기 위해 이 로봇을 발명했다. 제대로 작동하기 위해, ELU는 습한 공기가 필요한데, 그것은 화성에 존재하는 것이다. 태양 에너지를 사용하여, 그것은 공기를 받아들이고, 그것(공기)을 압축하며, 그 결과로 발생한 물을 여과한다. 마지막으로, 건강에 좋은 미네랄 소금이 첨가된다!

　엘쿠미는 자신의 로봇이 지구에 있는 사람들, 특히 물이 거의 없는 곳에 있는 사람들 또한 돕기를 바란다. 그것을 만드는 데는 250달러밖에 들지 않고, 이 로봇으로 물을 만드는 것은 우물을 파는 것과 같은 다른 방법들을 사용하는 것보다 열 배 더 저렴하다. 따라서, ELU는 화성에 관한 것만이 아니라, 지구에서의 삶을 개선할 수 있는 방법이기도 하다.

**1** 화성에서 식수를 생산하는 것을 돕기 위해 발명된 로봇인 ELU를 소개하는 글이므로, 제목으로 ⑤가 가장 적절하다.

〔문제 해석〕
① 화성: 인류의 마지막 희망
② 미래에 로봇이 인간을 대체할 수 있을까?
③ 마흐무드 엘쿠미의 꿈: 평등한 삶
④ 물을 여과하기 위한 가장 흔한 방법들
⑤ 화성에서의 마실 수 있는 물을 위한 한 가지 가능한 해결책

**2** ②: 제작 기간은 언급되지 않았다.
①: 마흐무드 엘쿠미가 발명했다고 언급되었다.
③: 화성에서 식수를 생산하기 위해 발명했다고 언급되었다.
④: 습한 공기가 필요하다고 언급되었다.
⑤: 250달러밖에 들지 않는다고 언급되었다.

**3** ⓓ: 셀 수 없는 명사인 water와 함께 쓰는 수량형용사는 a little (조금 있는), little(거의 없는)이므로 few를 little로 고쳐야 한다. few (거의 없는)는 셀 수 있는 명사 앞에 온다.
ⓐ: '~이라고 불리는'이라는 의미로, 앞에 온 명사구 a robot을 수식하는 과거분사 called가 올바르게 쓰였다.
ⓑ: '~하기 위해'라는 의미를 가지며, 뒤에 동사원형이 오는 In order to가 올바르게 쓰였다.
ⓒ: '~을 이용하여'라는 의미로, [동시동작]을 나타내는 분사구문을 이끄는 v-ing 형태의 Using이 올바르게 쓰였다.
ⓔ: 문맥상 '열 배 더 저렴한'이라는 의미가 되어야 자연스러우므로, 배수사 ten times 뒤에 비교급 표현 cheaper가 올바르게 쓰였다.

**4**

| ELU는 무엇인가? | 그것은 깨끗한 식수를 생산하기 위해 (1) 습한 공기를 이용하는 로봇이다. |
|---|---|
| 장점은 무엇인가? | ELU는 (2) 만들기에[생산하기에] 비싸지 않고 다른 방법들보다 작동하기에 (3) 더 저렴하다. |

〔구문 해설〕

1행 **Will humans someday live on Mars, the most Earth-like planet in our solar system?**

・Mars와 the most Earth-like planet in our solar system은 콤마(,)로 연결된 동격 관계로, '태양계에서 가장 지구와 비슷한 행성인 화성'이라고 해석한다.

5행 **In order to work properly, ELU needs humid air, something [that does exist on Mars].**

・in order to는 '~하기 위해'라는 의미로, 뒤에 동사원형이 온다.  = (So as) To work properly ~
・[ ]는 앞에 온 선행사 something을 수식하는 주격 관계대명사절이다. 선행사로 -thing, -body, -one으로 끝나는 대명사가 쓰였을 때는 관계대명사로 that을 주로 쓴다.
・does exist에서 does는 동사를 강조하기 위해 쓰였다. 동사의 수와 시제에 따라 do, does, did로 쓸 수 있고 뒤에는 동사원형을 쓴다.

9행 **Elkoumy hopes [(that) his robot can also help people on Earth, especially in places with little water].**

・[ ]는 hopes의 목적어 역할을 하는 명사절로, 명사절 접속사 that이 생략되어 있다.
・little은 '거의 없는'이라는 의미로, 뒤에 셀 수 없는 명사 (water)가 온다.
　cf.「few + 셀 수 있는 명사의 복수형」: '거의 없는 ~'

10행 **It costs only $250 to build, and producing water with this robot is ten times cheaper than using other methods, like digging wells.**

・「배수사 + 비교급 + than」은 '~보다 몇 배 더 …한/하게'라는 의미이다. 이 문장에서는 '다른 방법들을 사용하는 것보다 열 배 더 저렴한'이라고 해석한다.  =「배수사 + as + 원급 + as」ex. ~ ten times as cheap as

14행 **So, ELU isn't just about Mars; it's a way to improve life on Earth, too.**

・to improve life on Earth는 '지구에서의 삶을 개선할'이라는 의미로, to부정사의 형용사적 용법으로 쓰여 앞에 온 명사구 a way를 수식하고 있다.

## 2 네가 변해도 널 알아볼 거야

**1** ⑤　**2** ⓐ: your iPhone ⓑ: The engine ⓒ: Face ID
**3** ②　**4** (1) dots (2) matches

　페이스 ID는 그냥 그것을 봄으로써 당신이 아이폰의 잠금을 해제하도록 한다! 이는 당신의 휴대전화 상단에 있는 트루뎁스 카메라 때문에 가능하다.

　당신이 카메라를 힐끗 보면, 페이스 ID가 활성화된다. 이 트루뎁스 카메라 시스템은 30,000개가 넘는 적외선 점들을 당신의 얼굴에 비춘다. (그것은 당신이 장치를 보고 있는 동안 밝기와 같은 설정을 조정한다.) 그것은 이 점들을 당신 얼굴의 3D 지도를 만들기 위해 사용한다. 그러고 나서, 뉴럴 엔진이라고 불리는 휴대전화의 '뇌'는 이 지도를 수학적인 모델로 바꾼다. 이 엔진은 당신이 페이스 ID를 처음 설정했을 때 그것이 저장했던 것과 이 모델이 일치하는

CHAPTER 07 Technology | **19**

지 아닌지를 확인한다. 만약 그것들이 일치한다면, 당신의 휴대전화의 잠금을 해제한다. 이 모든 것은 1초 만에 일어난다!

만약 당신의 외모가 바뀐다면, 페이스 ID가 작동이 안 되어 비밀번호를 요구할 수 있다. 그것을 입력해라, 그러면 페이스 ID는 당신의 외모가 조금 변했다는 것을 학습할 것이다. 다음번에, 그것은 당신을 잘 알아볼 것이다!

**1** 사용자 얼굴의 3D 지도를 그려 1초 만에 잠금을 해제하는 기술인 페이스 ID에 관해 설명하는 글이므로, 주제로 ⑤가 가장 적절하다.

(문제 해석)
① 아이폰 보안을 개선하는 방법들
② 트루뎁스 시스템의 기원
③ 왜 사용자들이 페이스 ID로 인해 문제를 겪는가
④ 다양한 유형의 보안 기술들
⑤ 페이스 ID는 어떻게 아이폰의 잠금을 빠르게 해제하는가

**2** ⓐ는 같은 문장 내의 your iPhone을, ⓑ는 같은 문장 내의 주어인 The engine을, ⓒ는 이전 문장의 Face ID를 가리킨다.

**3** 2단락은 페이스 ID의 잠금 해제 과정을 순서대로 보여 주고 있다. (a)의 30,000 infrared dots는 (c)의 these dots로 이어지고, 전반적으로 적외선 점들이 어떻게 3D 지도를 거쳐 수학적인 모델이 되는지를 설명하고 있으므로, 그 사이에 밝기 설정 조정에 관한 내용인 (b)는 전체 흐름과 관계없다.

**4** 페이스 ID는 어떻게 작동하는가?

| 트루뎁스 카메라 | | 뉴럴 엔진 |
|---|---|---|
| • 적외선 (1) 점들을 사용하여, 그것은 얼굴의 3D 지도를 생성한다. | → | • 그것은 3D 지도를 수학적 모델로 바꾼 다음 그것이 저장된 것과 (2) 일치하는지 확인한다. |

**구문 해설**

1행 Face ID lets you unlock your iPhone just [by looking at it]!
• 「let + 목적어(you) + 동사원형(unlock)」은 '~가 …하도록 하다, 두다'라는 의미이다.
• [ ]는 by가 이끄는 전치사구로, 「by + v-ing」는 '~함으로써, ~해서'라는 의미로 수단이나 방법을 나타낸다.

1행 This is possible because of the TrueDepth camera at the top of your phone.
• because of는 '~ 때문에'라는 의미의 전치사로, 뒤에 명사(구)가 온다.

8행 The engine checks [whether this model matches the one {(that) it stored when you first set up Face ID}].
• [ ]는 checks의 목적어 역할을 하는 명사절로, 이때 명사절 접속사 whether는 '~인지 (아닌지)'라고 해석한다.
• { }는 앞에 온 선행사 the one을 수식하는 목적격 관계대명사절로, 목적격 관계대명사 that이 생략되어 있다.

• when은 시간의 부사절을 이끄는 접속사로, '~할 때'라는 의미이다.

12행 Enter it, and Face ID will learn [(that) your look has changed a bit].
• 동사원형 Enter로 시작하는 「명령문 + and ~」는 '…해라, 그러면 ~'이라는 의미로, 이 문장에서는 '그것(비밀번호)을 입력해라, 그러면 페이스 ID는 당신의 외모가 조금 변했다는 것을 학습할 것이다.'라고 해석된다. = If you enter it, Face ID will learn ~
• [ ]는 will learn의 목적어 역할을 하는 명사절로, 이때 명사절 접속사 that은 생략될 수 있다.
• has changed는 현재완료 시제(have/has p.p.)로, 과거에 발생한 일의 결과가 현재까지 영향을 미치고 있음을 나타내는 [결과]의 의미를 가진다.

## **3** 판독은 '매의 눈'으로
문제집 pp.72~73

**1** ③ **2** ② **3** every, move
**4** (1) disputes (2) analyzes (3) replays

1980년에, 프로 테니스 선수인 존 매켄로는 간신히 라인 안쪽에 떨어진 강력한 서브를 넣었다. 하지만 심판은 공이 밖으로 나갔다고 말했다. 비록 매켄로는 심판에게 동의하지 않았을지라도, 그는 아무것도 할 수 없었다.

이러한 종류의 논쟁들은 호크아이 시스템이 도입되기 전에는 테니스에서 흔했다. 호크아이는 먹이를 지켜보고 있는 매처럼, 공의 모든 움직임을 따라가는 카메라 시스템이다. 그것은 공이 시속 200킬로미터를 초과하여 이동하고 있을 때조차도, 공이 선을 넘었는지 아닌지를 정확하게 알아낼 수 있다.

그래서, 그것은 어떻게 작동하는가? 열 대의 카메라가 코트 주변에 배치되고, 그것들 각각은 매초 60장의 고화질 사진을 찍는다. 선수가 호크아이 판독을 요구하면, 그 시스템은 이 이미지들을 결합하고 공의 경로를 분석한다. 몇 초 안에, 호크아이는 관중과 집에서 시청하고 있는 사람들을 포함하여, 누구나 볼 수 있는 가상의 다시 보기를 생성한다. 호크아이를 사용하는 것은 테니스에서의 논쟁들을 방지할 뿐만 아니라 팬들에게 즐길 거리를 제공하기도 한다!

**1** 테니스공의 모든 움직임을 따라가는 카메라 시스템인 호크아이 기술이 선수들이 요구할 때 비디오 판독을 돕도록 하여 판정 논쟁을 방지하게 되었다는 내용을 소개하는 글이므로, 제목으로 ③이 가장 적절하다.

(문제 해석)
① 테니스: 오랜 역사를 가진 경기
② 호크아이 시스템의 한계들
③ 기술은 어떻게 테니스 판정을 개선했는가
④ 시간의 흐름에 따른 테니스 규칙의 발전
⑤ 테니스 선수들은 왜 심판에게 동의하지 않는가?

**2** (A): 1980년에 존 매켄로가 경기를 했다는 것은 언급되었으나, 누구와 경기하였는지에 대한 언급은 없다.

(C): 호크아이 시스템이 도입되기 전에 테니스 판정 논쟁이 흔했다고

는 했으나, 언제 처음으로 도입되었는지에 대한 언급은 없다.

(B): 매초 60장의 사진을 찍는다고 언급되었다.

(D): 열 대의 카메라가 코트 주변에 배치되어 있다고 언급되었다.

**3**

> Q. 호크아이 시스템은 실제 매와 어떻게 비슷한가?

A. 그것은 먹이를 보고 있는 매처럼 테니스공의 모든 움직임을 따라간다.

**4**

| 선수들과 심판들은 경기 중에 공이 아웃인지 아닌지에 대해 종종 (1) 논쟁을 벌였다. | → | 호크아이 시스템의 도입 | → | 그 시스템은 사진들을 이용해 공의 경로를 (2) 분석하고 가상의 (3) 다시 보기를 생성한다. |

### 구문 해설

**6행** Hawk-Eye is a camera system [that follows every move of the ball, like a hawk {watching its prey}].

- [ ]는 앞에 온 명사구 a camera system을 수식하는 주격 관계대명사절이다.
- every(모든) 뒤에는 반드시 단수명사(move)가 와야 한다.
- { }는 앞에 온 명사구 a hawk를 수식하는 현재분사구이다. 이때 watching은 '지켜보고 있는'이라고 해석한다.

**7행** It can accurately determine [whether the ball has crossed the line], even when the ball is traveling at over 200 kilometers per hour.

- [ ]는 can ~ determine의 목적어 역할을 하는 명사절로, 명사절 접속사 whether는 '~인지 (아닌지)'라고 해석한다.
- has crossed는 현재완료 시제(have/has p.p.)로, 이 문장에서는 과거에 시작된 일이 현재에 끝난 [완료]를 나타낸다.

**11행** ~ each of them takes 60 high-quality pictures every second.

- 「each of + 복수명사(them)」는 단수 취급하므로 뒤에 단수동사 takes가 쓰였다.

**13행** Within seconds, Hawk-Eye creates virtual replays [(that) anyone can see, including the crowd and people {watching from home}].

- [ ]는 앞에 온 선행사 virtual replays를 수식하는 목적격 관계대명사절이다. 이때 목적격 관계대명사 that은 생략할 수 있다.
- including은 '~을 포함하여'라는 의미의 전치사이다.
- { }는 앞에 온 명사 people을 수식하는 현재분사구이다. 이 때 watching은 '시청하고 있는'이라고 해석한다.

**16행** Using Hawk-Eye not only prevents disputes in tennis but also provides entertainment for fans!

- 「not only A but also B」는 'A뿐만 아니라 B도'라는 의미이다.
  = 「B as well as A」 ex. Using Hawk-Eye provides entertainment for fans as well as prevents disputes in tennis.

---

## Review Ground

문제집 p.74

1 engineer  2 prey  3 setting  4 crowd  5 ②  6 ③
7 Face ID lets you unlock your iPhone just by looking at it!
8 Hawk-Eye is a camera system that follows every move of the ball.

1-4 | 보기 | 행성   설정   먹이   군중   엔지니어   밝기

**1** 나사의 엔지니어는 우주를 탐험하기 위한 새로운 로켓을 만드는 것을 시작했다.

**2** 치타는 사냥 중에 조용히 먹이 쪽으로 이동했다.

**3** 사용자는 민감한 정보를 보호하기 위해 보안 설정을 바꿨다.

**4** 퍼레이드 행렬이 거리를 지날 때, 쾌활한 군중이 맞이하기 위해 모였다.

**5** 목적격 관계대명사 that, who(m), which와 「주격 관계대명사 + be동사」는 생략할 수 있지만, ②의 주격 관계대명사는 생략할 수 없다.

(문제 해석)

① 현재 상영 중인 영화는 재미있다.
② 나는 나를 항상 웃게 만드는 친구가 있다.
③ 그 식당은 손님들이 맛있어하는 요리를 제공한다.
④ 프로젝트를 담당하는 사람은 휴가 중입니다.
⑤ 그녀는 이웃에게 빌린 열쇠를 돌려주었다.

**6** 「each of + 복수명사(the cookies)」는 단수 취급하므로, ③의 복수동사 have를 단수동사 has로 고쳐야 한다.

(문제 해석)

① 각각의 퍼즐 조각은 완벽하게 들어맞는다.
② 각각의 학생은 토론에 적극적으로 참여한다.
③ 접시 위에 있는 쿠키 각각은 갓 구워졌다.
④ 퀴즈의 각 문제는 신중한 고려를 필요로 한다.
⑤ 팀원들 각각은 프로젝트의 성공에 기여한다.

# CHAPTER 08 Entertainment

## 1 너와 함께라면 두렵지 않아

문제집 pp.78~79

1 ②  2 ⑤  3 ④  4 humor, serious

배트맨에게는 로빈이 있고, 엘사에게는 올라프가 있다. '사이드킥'으로서, 로빈과 올라프는 둘 다 주인공들이 그들의 목표를 달성하도록 돕는다!

'사이드킥'라는 용어는 더 오래된 단어인 '사이드키커'에서 유래하는데, 이것(사이드키커)은 동반자, 또는 친구를 지칭한다. 영화는 여러 가지 이유로 사이드킥을 필요로 한다. 첫 번째로, 그들(사이드킥)은 이야기에 유머를 더할 수 있다. 주인공들은 보통 진지한 반면에, 그들의 사이드킥은 우스꽝스러운 경향이 있다. 따라서, 그들은 분위기를 밝게 할 수 있다. 특히 슈퍼히어로 영화에서, 사이드킥은

CHAPTER 08 **Entertainment** | **21**

훌륭한 조력자이기도 하다. 비록 그들이 히어로들보다는 덜 강력할지 몰라도, 그들은 보통 그들을 가치 있는 조수로 만드는 독특한 기술을 가지고 있다. 가장 중요하게도, 그들은 주인공들이 올바른 선택을 하도록 이끈다. 그들은 주인공들의 미심쩍은 행동이나 신념에 관해 도전하는 것을 두려워하지 않는다.

사이드킥은 정말 흥미롭다, 그렇지 않은가? 그것이 바로 좋은 영화 줄거리에 그들이 필수적인 이유이다. 만약 그들이 존재하지 않는다면, 영화는 지루할지도 모른다!

**1** 영화에 사이드킥이 등장하면 분위기 및 줄거리에 긍정적인 역할을 한다고 설명하는 글이므로, 제목으로 ②가 가장 적절하다.

(문제 해석)
① 어떤 요소들이 좋은 영화 줄거리를 만드는가?
② 사이드킥은 어떻게 영화에 긍정적으로 영향을 미치는가
③ 영화 속 주인공들의 역할들
④ 우리에게 우스꽝스러운 친구들이 필요한 이유들
⑤ 사이드킥: 영웅보다 더 빛나는

**2** ⓐ, ⓒ, ⓓ는 사이드킥(sidekicks)을 가리키고, ⓑ, ⓔ는 주인공들(the main characters)을 가리킨다.

**3** 사이드킥은 독특한 기술을 가지고 주인공이 올바른 선택을 하도록 이끄는 동반자이자 조력자라고 했다. 따라서 ④가 사이드킥의 사례로 가장 적절하다.

**4**

| 인터뷰 진행자 | 당신이 영화에 항상 사이드킥을 포함하는 이유는 무엇인가요? |
|---|---|
| 박 감독 | 사이드킥은 이야기에 <u>유머</u>를 더할 수 있는데 이는 그들이 보통 우스꽝스러운 반면, 주인공들은 <u>진지한</u> 경향이 있기 때문입니다. |

### 구문 해설

**2행** As "sidekicks," [both Robin and Olaf] <u>help the main characters achieve</u> their goals!
- 주어 부분인 [ ]에 쓰인 「both A and B」는 'A와 B 둘 다, 모두'라는 의미로, 뒤에는 항상 복수동사(help)를 쓴다.
- 「help + 목적어(the main characters) + 동사원형(achieve)」은 '~가 …하도록 돕다'라는 의미이다.
  = 「help + 목적어 + to-v」

**12행** Although they may be <u>less powerful</u> than the heroes, they often have unique skills [that <u>make them valuable assistants</u>].
- less는 형용사 little의 비교급이며, 2음절 이상인 형용사의 원급 powerful 앞에 붙어 '~보다 덜 강력한'이라는 의미를 나타낸다.
- [ ]는 앞에 온 선행사 unique skills를 수식하는 주격 관계대명사절이다.
- 「make + 목적어 + 명사」는 '~를 …로 만들다'라는 의미이다. 여기서는 '그들(사이드킥)을 가치 있는 조수로 만든다'라고 해석한다.

**14행** Most importantly, they <u>lead the main characters</u>

to make the correct choices.
- 「lead + 목적어 + to-v」는 '~가 …하도록 이끌다'라는 의미이다. 여기서는 '주인공들이 (올바른 선택을) 하도록 이끈다'라고 해석한다.

**17행** Sidekicks are quite fascinating, <u>aren't they</u>?
- aren't they?는 상대방의 확인이나 동의를 받기 위해 문장 끝에 덧붙인 부가의문문으로, 긍정문 뒤에 온 것이라서 부정의 부가의문문으로 쓰였으며, '그렇지 않은가?'라고 해석한다.
  cf. 「부정문 + 긍정의 부가의문문」: '~, 그렇지?'
  ex. Jessica isn't a painter, <u>is she</u>? (Jessica는 화가가 아니야, 그렇지?)

**18행** If they didn't exist, movies <u>might be boring</u>!
- 「If + 주어 + 동사의 과거형 ~, 주어 + would/could/should/might + 동사원형 …」은 가정법 과거로, '만약 ~한다면, …할 텐데'라는 의미이다. 가정법 과거는 현재 사실과 반대되거나 실제로 일어날 가능성이 적은 상황을 가정할 때 쓰인다. 이 문장에서는 그들(사이드킥)이 존재하고 있는 현재 사실의 반대(사이드킥이 없는 상황)를 가정하고 있다.

## 2 쉿! 그녀가 말하잖아

문제집 pp.80~81

**1** ⓐ: being ⓑ: raising[to raise]  **2** (1) T (2) F  **3** ②
**4** authority, attention

캐릭터가 최고 경영자인 배우가 되는 것을 상상해 보아라. 대부분의 사람들이 권위를 보여 주기 위해 강한 어조를 사용할 것이다. 하지만 비슷한 역할을 연기할 때 메릴 스트립은 다른 길을 택했는데, 그녀는 속삭였다!

「악마는 프라다를 입는다」에서, 스트립은 유명한 패션 잡지의 편집장인 미란다 프리슬리를 연기한다. 스트립의 목소리가 함께 출연한 배우들을 충격으로 숨이 턱 막히게 했던 때는 바로 이 영화를 위한 최초의 만남에서였다. 또 다른 주연 여자 배우인 앤 해서웨이는 스트립의 대사가 '거만하고, 짖는 듯한 목소리'로 전달될 것으로 예상했다는 것을 인정했다.

그렇다면, 스트립은 왜 이런 접근법을 택했을까? 그녀는 이 자신감 있으면서도 조용한 말투를 클린트 이스트우드로부터 배웠다. 이 유명한 감독은 목소리를 높이는 것이 항상 그 사람을 강하게 만드는 것은 아님을 그녀에게 가르쳐 주었다. 그것이 바로 그 사람이 진정으로 영향력이 있다는 것을 아는 방법인데, 그 또는 그녀가 정말 속삭인다 하더라도, 전력으로 집중하기 위해 모든 사람이 몸을 바싹 내밀 것이다.

**1** ⓐ: imagine은 동명사를 목적어로 쓰므로, 동사원형 be를 동명사 being으로 바꿔 써야 한다.

ⓑ: that이 이끄는 명사절에서 주어 역할을 할 수 있는 동명사구가 필요하므로, 동사원형 raise를 '목소리를 높이는 것'이라는 의미를 만드는 동명사 raising으로 바꿔 써야 한다. 또는, 문장 안에서 명사적 용법으로 쓰여 주어 역할을 할 수 있는 to부정사 to raise로 바꿔 써도 된다.

**2** (1) 앤 해서웨이가 「악마는 프라다를 입는다」의 또 다른 주연 배우라고 언급되었다.

(2) 메릴 스트립은 자신감 있으면서도 조용한 말투를 클린트 이스트우드에게서 배웠다고 했으므로, 글의 내용과 일치하지 않는다.

(문제 해석)
(1) 메릴 스트립과 앤 해서웨이는 「악마는 프라다를 입는다」에 함께 등장했다.
(2) 메릴 스트립은 그녀의 말투를 미란다 프리슬리로부터 배웠다.

**3** (A): 최고 경영자 역할을 맡아 권위를 보여 주기 위해서는, 대부분의 사람들이 일반적으로 강한 어조를 '사용할' 것이라고 유추할 수 있으므로 employ가 적절하다.

(B): 첫 만남에서 메릴 스트립의 목소리가 예상과는 달리 속삭이는 어조였으므로, 배우들이 '충격'(shock)으로 숨이 턱 막혔을 것임을 유추할 수 있다.

(C): 클린트 이스트우드는 자신감 있으면서도 조용한 말투를 메릴 스트립에게 가르쳐 준 사람이므로, 목소리를 높이는 것이 항상 그 사람을 '강하게'(powerful) 만드는 것은 아니라는 생각을 가지고 있을 것임을 유추할 수 있다.

(문제 해석)

| | (A) | (B) | (C) | | (A) | (B) | (C) |
|---|---|---|---|---|---|---|---|
| ① | 사용하다 | 안심 | 평범한 | ② | 사용하다 | 충격 | 강한 |
| ③ | 피하다 | 충격 | 평범한 | ④ | 피하다 | 충격 | 강한 |
| ⑤ | 피하다 | 안심 | 평범한 | | | | |

**4** 실제로 영향력이 있는 사람은 권위를 보여 주기 위해 그 혹은 그녀의 목소리를 높일 필요가 없다. 속삭이는 것만으로도, 그 사람은 다른 사람들이 집중하게 만들 수 있다.

### 구문 해설

1행 **Imagine being an actor [whose character is a CEO].**
- 「imagine + v-ing」는 '~하는 것을 상상하다'라는 의미이다. imagine은 동명사를 목적어로 쓴다.
- [ ]는 앞에 온 선행사 an actor를 수식하는 소유격 관계대명사절이다. 소유격 관계대명사 whose는 관계대명사절 안에서 소유격 역할을 하며, 사람, 사물, 동물을 모두 선행사로 가질 수 있다.

5행 **It was the initial meeting for the film when Streep's voice had her co-stars gasp in shock.**
- 「It was ~ when …」 강조 구문은 '…한 때는 바로 ~였다'라는 의미이다. 강조하고 싶은 말은 It was와 when 사이에 쓰고, 강조되는 말을 제외한 나머지 부분은 when 뒤에 쓴다. 강조하는 대상에 따라 when 대신 that/who(m)/which/where를 쓸 수 있다.
- 「have + 목적어(her co-stars) + 동사원형(gasp)」은 '~가 …하게 하다'라는 의미이다. 목적어와의 능동 관계를 나타내기 위해 동사원형이 쓰였다.
  cf. 「have + 목적어 + p.p.」: '~가 …되게 하다' [수동]

7행 **Anne Hathaway, another lead actress, admitted [(that) she expected Streep's lines to be**

delivered in a "bossy, barking voice."]
- [ ]는 admitted의 목적어 역할을 하는 명사절이다. 이때 명사절 접속사 that은 생략할 수 있다.
- 「expect + 목적어 + to-v」는 '~이 …할 것을 예상하다'라는 의미이다. 여기서는 to-v가 수동태 to be p.p.의 형태로 쓰여, '스트립의 대사가 전달될 것으로 예상했다'라고 해석한다.

10행 **This famous director taught her [that raising one's voice doesn't always make the person powerful].**
- 「teach + 간접목적어 + 직접목적어」는 '~에게 …을 가르쳐 주다'라는 의미이다. 이 문장에서는 명사절 [ ]가 직접목적어 역할을 하고 있다.
- not always는 '항상 ~한 것은 아니다'라는 의미로, 전체가 아닌 일부를 부정하는 [부분 부정]을 나타낸다.

12행 **~ [even if he or she does whisper], everyone will be leaning in to pay full attention.**
- [ ]는 '~하더라도'라는 의미의 부사절 접속사 even if가 이끄는 양보의 부사절이다.
- 일반동사(whisper)를 강조할 때는 동사원형 앞에 do/does/did를 쓴다. A or B(he or she)는 B에 동사를 수 일치시키는데, B(she)가 3인칭 단수명사이므로 whisper 앞에 does를 붙였다.

---

## **3** 진정한 '플렉스'를 향해
문제집 pp.82~83

**1** ③  **2** ①  **3** means  **4** strange, anger

독특한 동작을 해 보이는 몇몇 놀라운 스트릿 댄서들이 있다. 그들은 자신의 두 팔을 등 뒤로 당겨서 그것들을 이상한 각도로 움직인다. 몇몇은 심지어 한 건물의 2층에서 뛰어내려 뒤로 공중제비를 넘기도 한다! 이 댄서들, 혹은 '플렉서들'은 '플렉싱'하고 있는 중이다.

플렉싱은 자메이카에서 시작되어 뉴욕 브루클린의 거리에서 발전한 거친 춤 스타일이다. 플렉싱의 주된 특징은 댄서들이 즉석에서 바로 자신만의 동작을 창작한다는 것이다. 그들은 연습하지 않고, 단순히 흐름에 따라간다! 그러나, 플렉싱은 단지 춤추는 것에 관한 것만이 아니다. 그것은 사람들이 인종차별과 같은 사회적 문제들에 관해 그들의 분노를 표현할 방법이다. 플렉서들은 그들의 공연이 너무 과격해서 관람객들이 불편하게 느끼기를 원한다. 그들은 이것이 사람들이 그들의 동작에 담긴 강렬한 감정에 의문을 가지게 만들고 그 어려운 문제들에 관해 대화를 시작하게 만들기를 바란다. 한 유명한 플렉서는 "플렉싱은 자신에게 발언권이 없다고 느끼는 사람들을 위한 표현 수단입니다."라고 말했다.

---

**1** 플렉서들이 인종차별과 같은 사회적 문제들에 관해 분노를 표현하고, 그것에 관해 사람들이 대화를 시작하게 하려는 목적으로 플렉싱이라는 춤을 춘다고 설명하는 글이므로, 제목으로 ③이 가장 적절하다.

(문제 해석)
① 플렉싱을 변화시킨 예술가들

② 플렉싱: 연습은 어떻게 완벽함을 만드는가
③ 목적이 있는 과격한 춤 스타일
④ 플렉싱은 다른 예술 형식들과 어떻게 연결되는가
⑤ 세계 안무계에서 플렉싱의 부상

**2** 빈칸 앞에서 플렉서들의 춤 스타일을 설명한 뒤, 빈칸 뒤에서는 그것이 춤 이상의 의미가 있다고 했다. 따라서 빈칸에는 대조 및 전환을 나타내는 ① However(그러나)가 들어가는 것이 가장 적절하다.

문제 해석
① 그러나          ② 그렇지 않으면          ③ 요컨대
④ 결과적으로        ⑤ 달리 말하면

**3** '목표를 달성하는 데 사용되는 방식이나 도구'라는 뜻에 해당하는 단어는 means(수단)이다.

**4**

| 보기 | 친근한    전통    확신    분노    이상한    편한 |
| --- |

플렉싱은 댄서들이 그들의 두 팔을 <u>이상한</u> 위치에 두는 것과 같은 거친 움직임들을 포함한다. 그들의 동작들로, 그 댄서들은 사회의 문제들에 관한 그들의 <u>분노</u>를 보여 주고 있다.

### 구문 해설

1행 **There are some amazing street dancers [who perform unique moves].**
- [ ]는 앞에 온 선행사 some amazing street dancers 를 수식하는 주격 관계대명사절이다. 관계대명사 who는 사람을 선행사로 가진다.

8행 **It's <u>a way</u> for people <u>to express their anger</u> about social problems like racism.**
- to express their anger는 '그들의 분노를 표현할'이라는 의미로, to부정사의 형용사적 용법으로 쓰여 앞에 온 명사구 a way를 수식하고 있다. 이때 「for + 사람(목적격)」은 to부정사의 의미상 주어로, to부정사가 나타내는 동작의 주체이다.

9행 **Flexors <u>want</u> their performances <u>to be</u> [so extreme that viewers feel uncomfortable].**
- 「want + 목적어 + to-v」는 '~이 …하기를 원하다'라는 의미로, want는 to부정사를 목적격 보어로 쓴다.
- [ ]에 쓰인 「so + 형용사/부사 + that절」은 '너무/매우 ~해서 …하다'라는 의미이다. 이 문장에서는 '너무 과격해서 관람객들이 불편하게 느끼다'라고 해석한다.

11행 **They hope [(that) this <u>makes people question</u> the strong emotions in their moves and <u>start</u> conversations about those tough problems].**
- [ ]는 hope의 목적어 역할을 하는 명사절로, 명사절 접속사 that이 생략되어 있다.
- 「make + 목적어 + 동사원형」은 '~가 …하게 만들다'라는 의미이다. 이 문장에서는 makes people 뒤에 동사원형 question과 start가 접속사 and로 연결되어 쓰였다.

## Review Ground
문제집 p.84

**1** express  **2** tend to  **3** pay attention  **4** ③  **5** ②  **6** ①
**7** That's why sidekicks are essential to a good movie plot.
**8** a means of expression for people who feel like they don't have a voice

1-3

| 보기 | ~하는 경향이 있다    달성하다    집중하다<br>표현하다    ~에서 뛰어내리다 |
| --- |

**1** 환자는 자신의 생각을 치료 전문가에게 <u>표현하도록</u> 격려받았다.

**2** 수줍음을 많이 타는 학생들은 대중 앞에서 발표하기 전에 긴장<u>하는 경향이 있다</u>.

**3** 시끄러운 교실에서는 선생님께 <u>집중하기</u> 어려울 수 있다.

**4** 더 많은 연습으로, 그 스케이트 선수는 다가오는 경주에 관해 <u>자신감 있게</u> 느낄 것이다.
① 가치 있는          ② 우스꽝스러운          ③ 자신감 있는
④ 과격한              ⑤ 어려운

**5** ②: 일반동사를 강조하는 does   ①③④⑤: 일반동사

문제 해석
① 나는 여가 시간에 취미로 요가를 한다.
② 그녀는 당신의 사려 깊은 표현에 정말 감사해한다.
③ 그는 지역 동물 보호소에서 봉사활동을 한다.
④ Mary는 일요일마다 빨래를 한다.
⑤ 우리는 촉박한 기한에 맞추기 위해 최선을 다했다.

**6** ①: make는 목적격 보어로 명사, 형용사, 동사원형을 쓴다.
②③④⑤: want, expect, advise, tell은 to부정사를 목적격 보어로 쓴다.

문제 해석
엄마는 내가 일찍 일어나기를 <u>원했다[기대했다/조언했다/말했다]</u>.

# CHAPTER 09 Environment

## 1 좋지 않은 징조
문제집 pp.88~89

**1** ②  **2** crops, hunger  **3** ④  **4** 수위가 (크게) 떨어진다.

"만약 당신이 나를 본다면, 울어라!" 이 호기심을 끄는 메시지는 체코 공화국의 한 강 바위에 새겨져 있다. 왜 그것은 우리에게 울라고 말하는 것인가? 일반적으로, 이 글귀들은 물속에 있기 때문에 보일 수 없다. 하지만 가뭄 동안에는, 수위가 크게 떨어진다. 따라서, 우리에게 힘든 시기가 다가오고 있다고 경고하면서, 메시지가 나타난다.
이 돌은 중앙 유럽 주변의 많은 '헝거스톤들' 중 하나일 뿐이다. 연구원들은 그것들이 수 세기 전에 가뭄으로 고통받았던 사람들에 의해 만들어졌다고 생각한다. 가뭄 동안에는 농작물을 기르는 것이

어렵고, 이것은 굶주림으로 이어질 수 있다. 그게 바로 이 돌들이 헝거스톤이라고 불리는 이유이다.

　　최근에, 유럽은 기후 변화 때문에 여름에 심각한 가뭄을 겪어 오고 있다. 그래서, 과거로부터의 이 경고는 더 자주 나타나고 있다. 아마도 그것들은 너무 늦기 전에, 우리가 기후 변화에 대해 조치를 취해야 한다는 신호일지도 모른다!

**1** ②: 누가 헝거스톤을 최초로 발견했는지에 대한 언급은 없다.
①: 가뭄으로 수위가 떨어지면 나타난다고 했다.
③: 체코를 비롯한 중앙 유럽에 있다고 언급되었다.
④: 가뭄 동안에는 농작물을 기르는 것이 어렵고, 그것이 'hunger'(굶주림)로 이어질 수 있기 때문에 헝거스톤이라는 이름이 붙었다고 했다.
⑤: 연구원들은 헝거스톤이 수 세기 전에 만들어졌다고 생각한다고 언급되었다.

(문제 해석)
① 왜 나타나는지
② 누가 최초로 발견했는지
③ 어디에 위치해 있는지
④ 어떻게 그 이름을 얻게 되었는지
⑤ 아마 언제 만들어졌는지

**2**
Q. 가뭄이 발생하면 어떤 일이 일어날 수 있는가?
A. 농작물을 기르는 것이 어려워져, 굶주림을 낳을 수 있다.

**3** 빈칸 앞에서 최근 유럽은 기후 변화 때문에 심각한 가뭄을 겪고 있어 헝거스톤이 더 자주 나타나고 있다고 했다. 따라서 빈칸에는 헝거스톤이 ④ '우리가 기후 변화에 대해 조치를 취해야 한다'는 신호라는 내용이 들어가는 것이 가장 적절하다.

(문제 해석)
① 우리에게 더 많은 인간이 만든 호수가 필요하다
② 그 돌들이 다른 곳으로 옮겨져야 한다
③ 유럽인들은 더 적은 양의 식사를 하는 것을 선호한다
④ 우리가 기후 변화에 대해 조치를 취해야 한다
⑤ 주민들은 유럽에서 이사 가야 한다

**4** 헝거스톤에 새겨진 메시지는 물속에 있기 때문에 평소에는 볼 수 없지만, 가뭄 동안 수위가 크게 떨어지면 나타난다고 했다.

**구문 해설**

4행 **Why does it tell us to cry?**
• 「tell + 목적어 + to-v」는 '~에게 …하라고 말하다'라는 의미이다. 이 문장에서는 '우리에게 울라고 말하다'라고 해석한다.

8행 **Thus, the message appears, [warning us {(that) hard times are approaching}].**
• [ ]는 '~이라고 경고하면서'라는 의미의 [동시동작]을 나타내는 분사구문이다.
= 「접속사 + 주어 + 동사」 ex. as it warns us that ~
• 「warn + 간접목적어 + 직접목적어」는 '~에게 …이라고 경고하다'라는 의미이다. 이 문장에서는 명사절 { }가 직접목

---

적어 역할을 하고 있으며, 이때 명사절 접속사 that은 생략할 수 있다.

10행 **This stone is just one of many "hunger stones" around Central Europe.**
• 「one of + 복수명사」는 '~ 중 하나'라는 의미이다.

12행 **It is difficult to grow crops during a drought, and this can lead to hunger.**
• It은 가주어이고, to grow 이하가 진주어이다. 이때 가주어 it은 따로 해석하지 않는다.

14행 **Recently, Europe has been experiencing serious droughts in the summer due to climate change.**
• 「have/has been + v-ing」는 현재완료진행 시제로, 과거에 시작된 일이 현재까지도 계속 진행 중임을 강조하여 나타낸다.

16행 **Maybe they're a sign [that we should take action on climate change—before it's too late]!**
• 「a sign + that절」은 '~하라는 신호'라는 의미이다. 이때 a sign과 that절은 접속사 that으로 연결된 동격 관계로, 여기서는 '너무 늦기 전에 우리가 기후 변화에 대해 조치를 취해야 한다는 신호'라고 해석한다.

---

## 2 종이의 의미 있는 변신
문제집 pp.90~91

**1** ⑤　**2** ④　**3** (1) F (2) T
**4** (1) plastic (2) fish (3) Paper (4) energy

　'딩동!' 배달원이 당신의 문 앞에 있다. 온라인으로 쇼핑해 택배를 받는 일은 언제나 신난다. 하지만 포장재의 환경과 관련된 영향은 어떻게 되는 것인가? 많은 회사들이 플라스틱 뽁뽁이를 사용한다. 그것 중 대부분은 한 번 사용되고 버려진다. 그리고 그것은 썩지 않은 채 수백 년 동안 자연환경에 남는다. 국제연합(UN)은 만약 무언가가 변하지 않는다면 2050년쯤에는 바다에 물고기보다 더 많은 플라스틱이 있을 것으로 예측한다!
　다행스럽게도, 몇몇 회사들은 긍정적인 변화를 만들고 있다. 그들은 종이 뽁뽁이를 사용하고 있고, 그것은 100퍼센트 재활용이 가능하다! 그것은 또한 만드는 데 에너지를 거의 필요로 하지 않는다. 이는 그것이 환경에 큰 피해를 끼치지 않을 것임을 의미한다. 당신은 종이가 물건들을 보호하기에 너무 약하다고 걱정할 수도 있다. 하지만 종이 뽁뽁이의 벌집 모양의 표면은 훌륭한 보호를 제공한다. 그것들(물건들)이 손상되는 것을 방지하는 완충재를 형성하면서, 그것은 물건들을 단단히 감싼다. 음식에서부터 전자기기에 이르기까지, 거의 모든 것이 이 친환경적인 포장재로 안전하게 배달될 수 있다.

**1** 플라스틱 뽁뽁이가 한 번 사용되고 버려져 환경에 악영향을 미치는 상황에서, 몇몇 회사들이 이를 해결할 한 해결책으로서 재활용 가능한 종이 뽁뽁이를 사용하고 있음을 설명하는 글이므로, 주제로 ⑤가 가장 적절하다.

① 플라스틱 오염을 줄이기 위한 세계적인 노력
② 다양한 종류의 친환경적인 뽁뽁이
③ 제품을 배달하는 가장 효과적인 방법
④ 왜 대부분의 회사는 플라스틱 포장을 사용하는가
⑤ 플라스틱 포장에 의해 생성되는 쓰레기에 대한 한 해결책

**2** 주어진 문장은 종이 뽁뽁이의 장점을 설명하는 문장 앞인 ④에 와서 '종이가 약하다고 걱정할 수도 있다. 하지만 종이 뽁뽁이는 훌륭한 보호를 제공한다.'라는 흐름을 만드는 것이 자연스럽다.

**3** (1) 종이 뽁뽁이가 100퍼센트 재활용이 가능하다고 했으나, 그것이 재활용된 재료로 만들어진다는 언급은 없다.
(2) 종이 뽁뽁이의 벌집 모양 표면이 훌륭한 보호를 제공한다고 언급되었다.

**4**

| 문제점 | | 해결책 |
|---|---|---|
| 포장을 위해 (1) 플라스틱 뽁뽁이를 사용하는 것은 환경에 나쁘다. 변화가 없다면, 전문가들은 바다에 (2) 물고기보다 더 많은 플라스틱이 있게 될 것이라고 생각한다. | → | 재활용 가능한 (3) 종이 뽁뽁이가 전통적인 뽁뽁이를 대체할 수 있다. 그것을 만드는 데 많지 않은 (4) 에너지가 필요하므로 그것은 친환경적이다. |

**구문 해설**

4행 **[Most of it] is used once and thrown away.**
- 문장의 주어 부분인 [ ]에 쓰인 「most of + 명사」는 '~ 중 대부분, 대부분의 ~'라는 의미이다. 주어로 쓰일 경우 of 뒤에 오는 명사에 따라 동사의 수가 결정된다. 이 문장에서는 it이라는 단수명사가 와서 단수동사 is가 쓰였다.
- once는 '한 번'이라는 횟수를 나타내는 표현이다.

5행 **The United Nations predicts [(that) there will be more plastic than fish in the ocean by 2050 {unless something changes}]!**
- [ ]는 predicts의 목적어 역할을 하는 명사절로, 명사절 접속사 that이 생략되어 있다.
- { }는 '만약 ~하지 않는다면'이라는 의미의 접속사 unless가 이끄는 부사절로, 이 문장에서는 '만약 무언가가 변하지 않는다면'이라고 해석한다. unless는 if ~ not으로 바꿔 쓸 수 있다. = ~ if something does not change

9행 **It also requires very little energy to produce.**
- little은 '거의 없는'이라는 의미로, 셀 수 없는 명사(energy)와 함께 쓴다. cf. a little: '약간의, 조금 있는'

11행 **You might worry [(that) paper is too weak to protect objects].**
- [ ]는 might worry의 목적어 역할을 하는 명사절로, 이때 명사절 접속사 that은 생략할 수 있다.
- 「too + 형용사/부사 + to-v」는 '~하기에는 너무 …하다' 또는 '너무 …해서 ~할 수 없다'라는 의미이다.
 = 「so + 형용사/부사 + that + 주어 + can't + 동사원형」

ex. paper is so weak that it can't protect objects

12행 **It tightly wraps around items, [creating a cushion {that prevents them from being damaged}].**
- [ ]는 '완충재를 형성하면서'라는 의미로, [동시동작]을 나타내는 분사구문이다.
 = 「접속사 + 주어 + 동사」 ex. It tightly wraps around items as it creates a cushion ~
- { }는 앞에 온 선행사 a cushion을 수식하는 주격 관계대명사절이다.
- 「prevent A from v-ing」는 'A가 ~하는 것을 방지하다'라는 의미이다. 이 문장에서 A는 them(items)에 해당하고, 전치사 from 다음에는 동명사의 수동형인 being p.p.가 쓰였다.

## 3 버리지 말고 입양하세요

문제집 pp.92~93

1 ④ 2 ② 3 ⑤
4 (1) concerned (2) trash (3) environment

당신이 해변 가까이에 산다고 상상해 보아라. 매일, 당신은 관광객들에 의해 남겨진 쓰레기를 본다. 그것은 당신이 해양 생물에 대한 위협에 관해 우려하게 만든다. 이 문제를 해결하기 위해 당신은 무엇을 할 수 있는가? 일부 지역의 주민들은 똑똑한 해결책을 찾았는데, 그것은 해변을 입양하는 것이다!

많은 해안 지역 사회에서 해변 입양 프로그램들이 만들어져 왔다. 이 프로그램들에서는, 특정 해변이 회사나 학교와 같은 자원봉사 하는 단체들에 배정된다. 해변이 배정된 후에, 입양하는 단체의 자원봉사자들이 해마다 몇 번 해변에서 쓰레기를 치운다. 뿐만 아니라, 그들은 수거된 쓰레기의 양을 기록한다. 정부는 환경 정책을 개발하기 위해 이 정보를 사용할 수 있다.

이 프로그램의 성공적인 사례는 텍사스의 것이다. 1986년에 그것이 시작된 이후로, 약 57만 명의 자원봉사자들이 거의 10,000톤의 쓰레기를 주워 왔다! 사람들이 환경을 위해 함께 일할 때, 그들은 차이를 만들 수 있다.

**1** 관광객들에 의해 야기되는 해변 쓰레기 문제를 해결하기 위해 여러 해안 지역 사회에서 만들어 온 해변 입양 프로그램을 설명하는 글이므로, 제목으로 ④가 가장 적절하다.

**문제 해석**
① 수배: 누가 해안 지역을 오염시키는가?
② 해양 오염의 경제적 비용
③ 협동 단체를 만드는 방법
④ 해변을 보존하기 위한 지역 차원의 프로그램들
⑤ 해변 쓰레기: 관광지의 한 문제

**2** 해변 입양 프로그램을 설명하는 부분으로, 이 프로그램에서 특정 해변이 자원봉사 하는 단체에 배정된다는 내용의 (B), 해변이 배정된 후에 해마다 몇 번 해변의 쓰레기를 치운다는 내용의 (A), 추가로 자원봉사자들이 수거된 쓰레기의 양을 기록한다는 내용의 (C)의 흐름이 되어, 정부가 '이 정보'(수거된 쓰레기양의 기록)를 사용할 수 있다는 내용으로 이어지는 것이 가장 적절하다.

**3** 부사절에 '1986년에 그것이 시작된 이후로'라는 단서가 등장했고, 문맥상 과거(1986년)에 쓰레기를 줍기 시작하여 현재까지 거의 10,000톤의 쓰레기를 주운 것이 되어야 적절하다. 따라서 빈칸에는 과거에 발생한 일이 현재까지 영향을 미칠 때 쓰는 현재완료 시제(have p.p.) ⑤ have picked up이 들어가는 것이 알맞다.

**4**

| 보기 | 수거된 | 쓰레기 | 입양된 | 환경 | 우려하는 | 정부 |
|---|---|---|---|---|---|---|

| 구인: 자원봉사자 그룹 | |
|---|---|
| 누구를 찾고 있는가? | 해변의 미래에 대해 (1) 우려하는 모든 단체 모집! |
| 어떤 일을 할 것인가? | 당신과 당신의 단체는 배정받은 해변에서 해마다 몇 번 (2) 쓰레기를 모을 것이다. |
| 왜 우리와 함께해야 하는가? | 이것은 해양 생물과 해수욕하는 사람들을 위한 깨끗한 (3) 환경으로 가는 첫걸음이 될 것이다! |

### 구문 해설

**1행** Every day, you see trash left behind by tourists.
- 「see + 목적어 + p.p.」는 '~이 …된 것을 보다'라는 의미이다. 목적어(trash)와의 수동 관계를 나타내기 위해 과거분사 left가 쓰였다.
  cf. 「see + 목적어 + 동사원형(or 현재분사)」: '~이 …하는 것을 보다' [능동]

**6행** After a beach is assigned, volunteers from the adopting organization clean the trash from the beach [several times a year].
- adopting은 뒤에 온 명사 organization을 수식하는 현재분사로, '입양하는'이라고 해석한다.
- 부사구 [ ]에 쓰인 부정관사 a(n)는 '~마다'(per)라는 의미로, several times a year는 '해마다 몇 번'이라고 해석한다.

**8행** In these programs, specific beaches are assigned to [volunteering organizations such as companies or schools].
- 「A be assigned to B」는 'A가 B에 배정되다'라는 의미로, 「assign A to B(A를 B에 배정하다)」의 수동태 표현이다.
- 전치사 to의 목적어 [ ]에 쓰인 volunteering은 뒤의 명사 organizations를 수식하는 현재분사로, '자원봉사 하는'이라고 해석한다.

**9행** Furthermore, they keep track of the amount of trash collected.
- collected는 앞에 온 명사구 the amount of trash를 수식하는 과거분사로, '수거된'이라고 해석한다.

**12행** [Since it began in 1986], around 570,000 volunteers have picked up almost 10,000 tons of trash!
- [ ]는 '~한 이후로'라는 의미의 접속사 since가 이끄는 부사절로, since 뒤에 「주어 + 동사 ~」의 절이 왔다.

- cf. 「전치사 since + 명사」: '~ 이후로' ex. I have learned how to play guitar since May. (나는 5월 이후로 기타 치는 법을 공부해 왔다.)
- have picked up은 현재완료 시제(have p.p.)로, 과거에 발생한 일이 현재까지 영향을 미칠 때 쓴다.

## Review Ground
문제집 p.94

**1** show up **2** throw away **3** leave behind
**4** ② **5** ④ **6** screaming
**7** people work together for the environment, they can make a difference
**8** it won't cause much harm to the environment

**1-3** | 보기 | 버리다 | 조치를 취하다 | 남기다 | 나타나다 | 떠나다 |
|---|---|---|---|---|---|

**1** 이번에, Sarah는 약속에 제시간에 나타나겠다고 약속했다.

**2** 그는 나쁜 냄새 때문에 몇몇 오래된 음식을 냉장고에서 버려야 했다.

**3** 아무것도 남기지 않았다는 것을 확실히 하기 위해 나는 호텔 방을 마지막으로 확인했다.

**4** 수제 잼의 맛과 질감을 보존하기 위해 전통적인 방식이 사용된다.
① 접근하다       ② 보존하다       ③ 입양하다
④ 예측하다       ⑤ 배정하다

**5** ④: 목적격 관계대명사 that   ①②③⑤: 동격의 that
[문제 해석]
① 그녀가 내 생일을 기억하고 있다는 생각에 나는 미소를 지었다.
② 그녀는 친절이 중요하다는 충고를 고마워했다.
③ 하늘의 구름은 비가 오고 있다는 신호였다.
④ 그는 그가 한 약속에도 불구하고 전화하는 것을 잊었다.
⑤ 그 가수가 우리 마을을 방문할지도 모른다는 소문에 나는 놀랐다.

**6** someone은 비명을 지르는 주체로서, 동사 scream과 수식받는 명사 someone의 관계가 능동이다. 따라서 '~하는'이라는 의미로 능동을 나타내는 현재분사 screaming을 써야 한다.
[문제 해석]
내가 점심 식사 후에 숲에서 걷고 있을 때, 인근에서 누군가가 고통에 차 비명을 지르는 것을 들었다.

## CHAPTER **10** Culture

### **1** 푸른 심해의 사람들
문제집 pp.98~99

**1** ⑤ **2** ④ **3** (1) F (2) T (3) F **4** boats, fish, regulations

바자우족은 그들이 걸을 수 있기도 전에 수영할 수 있다. 그들은 또한 물속에서 그들이 고글을 쓰고 있는 것처럼 선명하게 볼 수 있

다! 바자우족은 누구인가? 그들은 1,000년 넘게 바다에서 살아온 사람들의 집단이다! '바다 유목민'이라고도 알려져 있는 바자우족은 어떤 특정한 국가에도 속하지 않는다. 대신에, 그들은 필리핀, 말레이시아, 그리고 인도네시아 주변을 오가는 나무로 된 배에서 살고 있다.

생계를 유지하기 위해, 바자우족은 전통적으로 물고기를 잡으며, 매일 5시간 넘게 물속에서 시간을 보낸다. 그들의 몸은 이러한 생활 방식에 맞도록 적응해 왔다. 예를 들어, 그들은 70미터보다 더 깊이 잠수하기 위해 스쿠버 장비가 필요하지 않다. 어떤 장비 없이도, 그들은 한 번에 13분 동안 물속에 머무를 수 있다.

안타깝게도, 바자우족은 정부 규제와 남획 때문에 전통적인 생활 방식을 유지하는 데 어려움을 겪고 있다. 따라서, 현존하는 바다 유목민들의 세대가 마지막이 될지도 모른다.

**1** '~하는 데 어려움을 겪다'라는 의미의 관용 표현은 「have/has trouble + v-ing」이므로, ⓔ kept를 keeping으로 고쳐야 한다.

**2** 빈칸 뒤에서 바자우족이 특별한 장비 없이 70미터보다 더 깊이 잠수할 수 있고, 한 번에 13분 동안 물속에 머무를 수 있다고 했는데, 이는 그들의 몸이 물고기를 잡으며 매일 5시간 넘게 물속에서 보내는 생활 방식에 맞도록 적응해 온 사례이다. 따라서 빈칸에는 ④가 들어가는 것이 가장 적절하다.

(문제 해석)
① 많은 고통을 겪어 왔다
② 몇몇 특별한 장비를 필요로 한다
③ 육지에서의 삶에 완벽하게 맞다
④ 이러한 생활 방식에 맞도록 적응해 왔다
⑤ 이 일을 더 이상 다룰 수 없다

**3** (1) 바자우족은 물속에서 장비 없이도 고글을 쓴 것처럼 선명하게 볼 수 있다고 했으므로, 글의 내용과 일치하지 않는다.
(2) 글에 바자우족은 어떤 특정한 국가에도 속하지 않는다고 언급되었다.
(3) 정부의 규제와 남획으로 인해 현존하는 바다 유목민들의 세대가 마지막이 될지도 모른다고 했으므로, 인구는 오히려 줄어들 것임을 유추할 수 있다. 따라서 글의 내용과 반대된다.

**4**
> 바자우족은 수 세기 동안 바다에서 살아온 유목민 집단이다. 그들의 집은 나무로 만들어진 배들이고, 그들은 물고기를 잡음으로써 생계를 유지한다. 그러나 그들의 생활 방식은 남획과 정부의 규제로 인해 위험에 처해 있다.

#### 구문 해설

3행 **They are a group of people [who have lived at sea for over 1,000 years]!**
- [ ]는 앞에 온 선행사 people을 수식하는 주격 관계대명사절이다. 관계대명사 who는 사람을 선행사로 가진다.
- have lived는 현재완료 시제(have p.p.)로, 여기서는 과거에 시작된 일이 현재까지 이어지는 [계속]을 나타낸다.

4행 **The Bajau — [also known as the "Sea Nomads"] — don't belong to any specific country.**

- [ ]는 앞에 온 The Bajau를 수식하는 과거분사구이다. 이때 known as는 '~이라고 알려져 있는'이라고 해석한다.

5행 **Instead, they live on wooden boats [that move around the Philippines, Malaysia, and Indonesia].**
- [ ]는 앞에 온 선행사 wooden boats를 수식하는 주격 관계대명사절이다. 관계대명사 that은 사물, 사람, 동물을 모두 선행사로 가진다.

7행 **To make a living, the Bajau traditionally catch fish, [spending more than five hours underwater every day].**
- To make a living은 '생계를 유지하기 위해'라는 의미로, [목적]을 나타내는 to부정사의 부사적 용법으로 쓰였다.
- [ ]는 '매일 5시간 넘게 물속에서 시간을 보내며'라는 의미로, [동시동작]을 나타내는 분사구문이다.
= 「접속사 + 주어 + 동사」 ex. as they spend ~

8행 **Their bodies have adapted to fit this lifestyle.**
- have adapted는 현재완료 시제(have p.p.)로, 여기서는 과거에 시작된 일이 현재까지 영향을 미쳐 발생한 [결과]를 나타낸다. 바자우족의 몸이 물에서 사는 생활 방식에 적응해 온 결과, 지금과 같은 몸을 가지게 되었다는 의미이다.

11행 **Sadly, the Bajau are having trouble keeping their traditional way of life because of government regulations and overfishing.**
- 「have/has trouble + v-ing」는 '~하는 데 어려움을 겪다'라는 의미이다.

---

## 2 잠깐, 아직 일어나지 마세요!
문제집 pp.100~101

**1** ③ **2** ② **3** (1) F (2) T **4** remain, entertain, cherish

오늘날의 바쁜 세상에서, 많은 사람들은 시간이 부족하기 때문에 패스트푸드를 먹는다. 하지만 스페인에서는 그렇지 않다. 심지어 접시들이 비워진 후에도, 스페인 사람들은 '소브레메사'라고 불리는 전통을 즐기기 위해 그들의 자리에 머무른다! '식탁 너머'를 의미하는 그것은, 보통 점심 식사 후에 일단 접시들이 치워지면 벌어진다. 그것은 사람들이 커피를 마시고 게임을 하면서, 느긋하게 함께 시간을 보내는 시기이다. 소브레메사는 몇 시간 동안 쉽게 지속될 수 있다!

그런데 왜 이런 전통이 생겨났을까? 스페인의 많은 사업체들은 하루 중 가장 더운 시간인 점심시간에 문을 닫는다. 그러므로, 사람들은 길고 편안한 점심 식사에 익숙하다. 게다가, 이 나라에는 전쟁과 기근의 슬픈 역사가 있다. 따라서, 스페인 사람들은 가족, 음식, 그리고 인생의 작은 것들을 즐기는 것에 큰 중요성을 부여한다.

그러니, 만약 당신이 스페인을 방문한다면, 식사 후에 떠나려고 서두르지 마라. 바로 그때부터 재미있는 것이 시작된다!

**1** 식사를 마친 후에도 자리에 머물러 사람들과 함께 느긋하게 시간을 보내는 스페인의 전통 및 관습인 소브레메사를 설명하는 글이므로 주제로 ③이 가장 적절하다.

（문제 해석）
① 현대 음식 문화의 추세
② 천천히 먹는 것의 중요성
③ 식사 후의 사회적 관습
④ 왜 우리에게 작은 행복의 순간들이 필요한가
⑤ 스페인에서 점심 장사를 하는 것에 대한 조언

**2** 빈칸 앞에서는 오늘날의 바쁜 세상에서는 많은 사람들이 시간이 부족하여 패스트푸드를 먹는다고 했지만, 빈칸 뒤에서는 스페인 사람들은 소브레메사라고 불리는 전통을 즐기기 위해 식사를 마친 후에도 천천히 자리에 머무른다고 했다. 따라서 빈칸에는 대조 및 전환을 나타낼 수 있도록 ② '하지만 스페인에서는 그렇지 않다'(시간이 부족해 패스트푸드를 먹는 현상이 스페인에서는 벌어지지 않는다)라는 내용이 들어가는 것이 가장 적절하다.

（문제 해석）
① 그리고 스페인 사람들도 그러하다.
② 하지만 스페인에서는 그렇지 않다.
③ 그것이 스페인 문화를 바꿔 왔다.
④ 스페인 사람들 또한 더 이상 패스트푸드를 피하지 않는다.
⑤ 한편, 스페인 사람들은 집에서 요리하는 것을 선호한다.

**3** (1) 소브레메사는 스페인의 사업체들이 점심에 문을 닫는 것, 그리고 전쟁과 기근의 슬픈 역사 때문에 생겼다고 언급되었으므로, 글의 내용과 일치하지 않는다.
(2) 스페인의 많은 사업체들은 하루 중 가장 더운 시간인 점심시간에 문을 닫는다고 언급되었다.

（문제 해석）
(1) 소브레메사는 신선한 음식을 통해 국민 건강을 증진하기 위해 발달되었다.
(2) 스페인의 많은 사업체들은 하루 중 가장 더운 시간 동안 문을 닫는다.

**4**
| 보기 ┃ 방문하다　남다　소중히 여기다　닫다 |
| 즐겁게 하다　서두르다 |

소브레메사는 스페인 사람들이 식사 후 자리에 <u>남을</u> 때 시작된다. 그들은 함께 시간을 보내며, 커피 및 게임으로 자신을 <u>즐겁게 한</u>다. 그들 국가의 슬픈 역사의 결과로, 스페인 사람들은 인생의 작은 것들을 <u>소중히 여기도록</u> 배워 왔다.

**구문 해설**

2행 **Even after the plates are empty, the Spanish stay in their seats <u>to enjoy a tradition</u> [called *sobremesa*]!**
· to enjoy a tradition은 '전통을 즐기기 위해'라는 의미로, [목적]을 나타내는 to부정사의 부사적 용법으로 쓰였다.
· [ ]는 앞에 온 명사구 a tradition을 수식하는 과거분사구이다. 이때 called는 '~이라고 불리는'이라고 해석한다.

4행 **[Meaning "over the table,"] it usually happens after lunch <u>once</u> the dishes are taken away.**
· [ ]는 뒤에 온 it(소브레메사)을 수식하는 현재분사구이다. 이때 Meaning은 '~을 의미하는'이라고 해석한다.
· once는 '일단 ~하면, ~하자마자'라는 의미로, 부사절을 이

끄는 접속사로 쓰여 뒤에 「주어 + 동사」의 절이 왔다.

5행 **It is a period [when people leisurely hang out together, drinking coffee and playing games].**
· [ ]는 앞에 온 선행사 a period를 수식하는 관계부사절로, 선행사가 시간이면 관계부사 when을 쓴다. 관계부사는 「전치사 + 관계대명사」로 바꿔 쓸 수 있다. = It is a period <u>in which</u> ~
· drinking과 playing은 '(커피를) 마시고 (게임을) 하면서'라는 의미로, 접속사 and로 연결되어 [동시동작]을 나타내는 분사구문이다.

9행 **Thus, people <u>are used to</u> long, relaxing lunches.**
· 「be used to + 명사(구)」는 '~에 익숙하다'라는 의미로, 여기서는 '길고 편안한 점심 식사에 익숙하다'라고 해석한다.
cf. 「used to-v」: '~하곤 했다' ex. I <u>used to get up</u> early on weekdays. (나는 평일에 일찍 일어나곤 했다.)

17행 **That's (the time) [when the fun starts]!**
· [ ]는 관계부사절로, 앞에 선행사 the time이 생략되어 있다. 관계부사의 선행사가 the time과 같이 시간을 나타내는 일반적인 명사인 경우, 선행사나 관계부사 중 하나를 생략할 수 있다.

---

## **3** 가치 없는 실패는 없다
문제집 pp.102~103

**1** ③　**2** ②　**3** ⑤　**4** charming[appreciated], failure

스콧 윌슨은 그가 쓰레기 속에서 예상 밖의 무언가를 보았을 때 보스턴에서 걷던 중이었다. 그것은 심각한 표정으로 꽃밭에서 춤추고 있는 한 나이 든 여인의 초상화였다. 윌슨은 그의 친구 제리 라일리에게 그것을 보여 주었다. 비록 완벽하지는 않았지만, 그들 둘 다 그것이 그것만의 방식으로 매력적이라는 것에 동의했다. 그래서, 그들은 그 초상화와 같은 더 많은 '나쁜' 그림들을 수집하자는 아이디어를 발전시켰다! 그들은 벼룩시장, 마당 판매, 그리고 심지어 쓰레기통까지 뒤졌다. 이 장소들에서 모인 예술 작품들을 가지고, 그들은 모든 사람 또한 그것들을 즐길 수 있도록 1993년에 나쁜 미술관(MOBA)을 열었다. 오늘날, 그곳에는 800점이 넘는 나쁜 그림들이 있다!

MOBA의 목적은 나쁜 예술 작품을 비웃는 것이 아니다. 오히려, 그 미술관은 예술가들이 대담해지고 실패를 두려워하지 않도록 격려한다. 비록 작품이 그들이 바랐던 것만큼 완벽하게 완성되지 않는다고 하더라도, 그것은 여전히 감상될 수 있다!

**1** 완벽하지 않아도 그것만의 방식으로 매력적인 '나쁜' 그림들을 전시하는 미술관인 MOBA를 소개하는 글이므로, 제목으로 ③이 가장 적절하다.

（문제 해석）
① 나쁜 예술을 창조하는 두 예술가
② 무엇이 MOBA를 그렇게 인기 있게 만드는가?
③ 좋지 않은 예술을 위한 한 장소
④ 성공적인 미술 수집가가 되는 방법
⑤ MOBA: 보스턴 최초의 사립 미술관

**2** ②: 윌슨이 라일리에게 초상화를 보여 주었다고는 했으나, 선물했다는 언급은 없다.

①: 윌슨은 보스턴의 길을 걷다가 쓰레기 속에서 초상화를 발견했다고 했다.

③: 윌슨과 라일리는 벼룩시장, 마당 판매, 쓰레기통에서 그림을 찾았다고 했다.

④: 윌슨과 라일리는 1993년에 MOBA를 열었다고 했다.

⑤: MOBA에 800점이 넘는 그림들이 있다고 했다.

**3** MOBA를 열게 된 과정을 설명하는 부분으로, 윌슨이 친구 라일리에게 쓰레기 속에서 찾은 그림을 보여 주는 내용의 (C), 그 그림이 완벽하지는 않아도 그것만의 매력이 있었다는 내용의 (B), 그 매력에 영감을 받아 더 많은 나쁜 그림들을 수집하기로 했다는 내용의 (A)의 흐름이 가장 적절하다.

**4**
- 방문객: 어떤 종류의 예술 작품이 MOBA에 전시되어 있나요?
- 스콧 윌슨: 우리는 독특한 방식으로 매력적인[감상되는] 예술 작품들을 보유하고 있습니다.
- 방문객: 미술관의 목표는 무엇인가요?
- 스콧 윌슨: 우리는 예술가들이 실패를 무서워하지 않기를 바랍니다.

### 구문 해설

**1행** Scott Wilson was walking in Boston when he saw something unexpected in the trash.
- something과 같이 -thing으로 끝나는 대명사는 형용사가 뒤에서 수식한다.

**2행** It was a portrait of an old lady [(who is) dancing in a field of flowers with a serious look].
- 무생물을 나타내는 명사의 소유격은 「of + 명사(구)」로 나타낼 수 있다.
- [ ]는 앞에 온 명사구 an old lady를 수식하는 현재분사구로, 이때 dancing은 '춤추고 있는'이라고 해석한다. 현재분사 앞에 「주격 관계대명사 + be동사」 형태의 who is가 생략되어 있다.

**6행** With the artworks [gathered from these places], they opened the Museum of Bad Art (MOBA) in 1993 so that everyone could enjoy them, too.
- [ ]는 앞에 온 명사구 the artworks를 수식하는 과거분사구이다. 이때 gathered는 '모인'이라고 해석한다.
- so that은 '~하도록, ~하기 위해'라는 의미로, [목적]의 부사절을 이끄는 접속사로 쓰여 뒤에 「주어 + 동사 ~」의 절이 왔다.

**10행** The purpose of MOBA isn't to make fun of bad artwork.
- to make 이하는 '나쁜 예술 작품을 비웃는 것'이라는 의미로, 동사 isn't의 보어 역할을 하는 to부정사의 명사적 용법으로 쓰였다.

**10행** Rather, the museum encourages artists to be bold and not to fear failure.

- 「encourage + 목적어 + to-v」는 '~가 …하도록 격려하다'라는 의미로, 이 문장에서는 to부정사구 to be bold와 not to fear failure가 and로 연결되어 쓰였다.
- to부정사의 부정형은 to 앞에 not을 붙여서 나타낸다.

**11행** Even if a piece isn't done as perfectly as they hoped, it can still be appreciated!
- 「as + 형용사/부사 + as」는 '~만큼 …한/하게'라는 의미이다. 이 문장에서는 '그들이 바랐던 것만큼 완벽하게'라고 해석한다.

## Review Ground
문제집 p.104

**1** make a living  **2** encourage  **3** appreciate  **4** ③
**5** when the festival will draw
**6** so that they could grow well
**7** The Bajau are having trouble keeping their traditional way of life.
**8** so that everyone could enjoy the artwork

**1-3** | 보기 | 생계를 유지하다  감상하다  비웃다  격려하다  서두르다

**1** William의 가족 구성원들은 작은 가족 소유의 빵집을 운영함으로써 생계를 유지한다.

**2** 그 지원을 아끼지 않는 코치들은 큰 경기 전에 항상 각각의 선수가 자신감을 높이도록 격려한다.

**3** 미술관을 방문할 때, 나는 작품 각각의 아름다움을 감상하는 나만의 시간을 가진다.

**4** ③은 full(꽉 찬)의 영영 풀이이며, empty(비어 있는)의 올바른 영영 풀이는 having nothing inside; containing nothing(안에 아무것도 없는; 무엇도 포함하지 않은)이다.

(문제 해석)
① 전통: 문화 내에서 세대에 걸쳐 전해지는 관습들
② 규제: 당국에 의해 통제 또는 관리하는 행위
③ 비어 있는: 가능한 한 많이 포함하거나 담은
④ 초상화: 얼굴을 보여 주는, 한 사람에 대한 예술적 묘사
⑤ 두려워하다: 위험할 것으로 예상되는 사람/사물을 무서워하다

**5** 관계부사 when은 시간 선행사를 받는다.

(문제 해석)
축제가 가장 많은 인파를 모을 시간은 오후 6시경일 것이다.

**6** '~하도록'이라는 의미를 나타내며 [목적]을 나타내는 부사절을 이끄는 것은 「so that ~」이다.

(문제 해석)
그녀는 식물들이 잘 자랄 수 있도록 규칙적으로 물을 주었다.

# PART 1 직독직해

❶ 주어: We　동사: want
우리 모두는 원한다 / 깨끗한 치아와 상쾌한 숨결을

❷ 주어: People in ancient times　동사: were
사람들도 / 고대의 / 꼭 우리 같았다

❸ 주어: the ancient Egyptians　동사: invented
약 7,000년 전에 / 고대 이집트인들은 / 최초의 '치약'을 발명
했다

❹ 주어: It　동사: was
그것은 사실 가루였다 / 소금, 박하, 후추, 그리고 말린 꽃으로
만들어진

❺ 주어: The ancient Greeks and Romans　동사: added
고대 그리스인들과 로마인들은 / 나중에 추가했다 / 으깨진 뼈
와 굴 껍데기를

❻ 주어: these early toothpastes　동사: weren't
하지만 이 초기 치약들은 / 아주 부드럽지는 않았다

❼ 주어: They　동사: could make
그것들은 만들 수도 있었다 / 사람들의 잇몸에서 피가 나게

❽ 주어: people　동사: continued
수 세기 동안 / 사람들은 가루를 계속해서 사용했다 / 자신의 치
아를 닦기 위해

❾ 주어: American dentist Washington Sheffield
동사: created
그런데 1870년대에 / 미국의 치과의사인 워싱턴 셰필드가 / 크
림 같은 치약을 만들었다 / 병에 담긴

❿ 주어: The only problem　동사: was
유일한 문제는 ~이라는 것이었다 / 병에서 치약을 푸는 것이 /
위생적이지 않다는

⓫ 주어: Sheffield's son　동사: (1) saw (2) thought (3) Let
그러던 중 셰필드의 아들은 / 화가들이 물감을 짜내고 있는 것을
보았다 / 튜브에서 / 그리고 생각했다 / 저렇게 하자 / 치약으로

⓬ 주어: The result　동사: was
그 결과는 비슷했다 / 치약과 / 오늘날 우리가 사용하는

⓭ 주어: to see how this everyday product has evolved
over time　동사: (i)s
~을 보면 놀랍다 / 이 일상 제품이 어떻게 / 발달해 왔는지 / 시
간이 지나면서

❶ 주어: (1) You (2) his name
동사: (1) may not know of (2) sounds
당신이 ~에 관해 알지 못할 수도 있다 / 요제프 필라테스에 / 하
지만 그의 이름은 / 아마 친숙하게 들릴 것이다

❷ 주어: This German athlete　동사: created
이 독일 운동선수는 / 운동을 만들었다 / 필라테스라고 알려진
/ 제1차 세계대전 중에

❸ 주어: Joseph　동사: was working
1912년에 / 요제프는 일하고 있었다 / 서커스 공연자이자 권투

선수로서 / 영국에서

❹ 주어: he　동사: (1) was mistaken (2) sent
그러나 전쟁이 시작되었을 때 / 1914년에 / 그는 오해받았다 /
첩자로 / 그리고 감옥에 보내졌다

❺ 주어: he　동사: designed
~ 대신에 / 신체 훈련을 그만두는 / 그는 운동을 고안했다 / 그가
할 수 있는 / 작은 감옥 공간에서

❻ 주어: he　동사: helped
게다가 / 그는 도왔다 / 죄수들을 / 걸을 수 없었던 / 회복하도록

❼ 주어: He　동사: attached
그는 용수철을 붙였다 / 그들의 침대 틀에

❽ 주어: These springs　동사: allowed
이 용수철들은 / 죄수들이 ~하도록 했다 / 근육을 키우도록 /
그들의 침대에서 / 밀고 당김으로써 / 용수철과 반대 방향으로

❾ 주어: This　동사: was
이것이 시작이었다 / 필라테스 기구의

❿ 주어: people worldwide　동사: enjoy
오늘날 / 전 세계 사람들이 / 필라테스를 즐긴다

⓫ 주어: It　동사: doesn't require
그것은 필요로 하지 않는다 / 많은 공간을

⓬ 주어: the special machines　동사: help
그리고 사람들에게 / 부상이 있는 / 이 특별한 기구들은 돕는
다 / 그들이 운동하도록 / 더 적은 부담을 받으며 / 그들의 몸에

❶ 주어: people　동사: blessed
영국에서 / 14세기 후반에 / 사람들이 서로를 축복했다 / 그들
이 헤어질 때

❷ 주어: (1) The blessing (2) God　동사: (1) was (2) be
그 축복은 ~이었다 / '신이 당신과 함께하기를'

❸ 주어: "ye"　동사: meant
그때 / 'ye'는 'you'를 의미했다

❹ 주어: People　동사: didn't know
사람들은 보통 알지 못했다 / 그들이 언제 다시 만날지를 / 그
당시에

❺ 주어: they　동사: asked
그래서 / 그들은 신에게 부탁했다 / 자신의 친구들과 함께 있어
줄 것을 / 그때까지

❻ 주어: writer Gabriel Harvey　동사: thought
그러나 작가 가브리엘 하비는 / 생각했다 / 이 구절이 너무 길
다고

❼ 주어: he　동사: shortened
따라서 / 그는 그것을 줄였다 / 'godbwye'로

❽ 주어: People　동사: started
사람들은 시작했다 / 이 용어를 사용하기 / 그것이 더 편리했기
때문에 / 원래의 것보다

❾ 주어: It　동사: kept
그것은 계속해서 변했다 / 하지만

❿ 주어: (1) the "w" (2) "god"
동사: (1) was dropped (2) turned into
시간이 지나면서 / 'w'는 빠졌다 / 그리고 후에 / 'god'은 'good'
으로 변했다

⑪ 주어: That   동사: was
그것은 ~ 때문이었다 / 표현들이 / '좋은 날'과 같은 / 인기 있었기

⑫ 주어: You   동사: know
당신은 이미 안다 / 그 결과로 생긴 단어를

⑬ 주어: (1) It (2) it   동사: (1) is (2) is used
그것은 'goodbye'이다 / 그리고 그것은 사용된다 / 사람들에 의해 / 매일

## CHAPTER 02   1
Workbook p.7

❶ 주어: the Calbuco volcano in Chile   동사: erupted
2015년에 / 칼부코 화산이 / 칠레의 / 폭발했다

❷ 주어: thousands of lightning bolts   동사: appeared
이와 동시에 / 수많은 번개가 / 나타났다

❸ 주어: it   동사: was
그것은 정말 이상한 광경이었다

❹ 주어: Lightning   동사: is ~ seen
번개는 보통 목격된다 / 뇌우 동안에

❺ 주어: it   동사: can ~ occur
하지만 그것은 때때로 발생할 수 있다 / 화산 폭발 중에

❻ 주어: this rare event   동사: has been observed
화산 번개로 알려진 / 이 희귀한 일은 / 관찰되었다 / 약 200회 정도만 / 지난 2세기 동안

❼ 주어: what   동사: causes
그렇다면 / 무엇이 그것을 일으키는가

❽ 주어: a dark cloud   동사: forms
화산이 폭발하면 / 어두운 구름이 형성된다 / 그 화산 위에

❾ 주어: This cloud   동사: contains
이 구름은 포함한다 / 아주 작은 조각들을 / 화산재, 바위, 그리고 얼음의

❿ 주어: static electricity   동사: is created
이 조각들이 충돌하면서 / 서로 / 정전기가 생긴다

⑪ 주어: a bright bolt of lightning   동사: appears
만약 그 정전기가 / 너무 강해지면 / 번쩍하는 번개가 / 나타난다

⑫ 주어: volcanic lightning   동사: looks
사진에서 / 화산 번개는 ~하게 보인다 / 매력적이게

⑬ 주어: it   동사: poses
그러나 / 그것은 위협을 초래한다 / 인간에게 / 일반적인 화산 폭발과 똑같이

⑭ 주어: Flying rocks and extreme heat   동사: can cause
날아다니는 바위와 극심한 열은 / 부상을 일으킬 수 있다 / 혹은 심지어 사망까지

## CHAPTER 02   2
Workbook p.8

❶ 주어: rocks   동사: Are
바위들은 살아 있는가

❷ 주어: You   동사: might think
당신은 그렇게 생각할 수도 있을 것이다 / 만약 당신이 레이스트랙을 방문한다면 / 캘리포니아주 데스 밸리에 있는

❸ 주어: The Racetrack   동사: is
레이스트랙은 / 건조한 호수 바닥이다 / 수백 개의 큰 돌들이 있는

❹ 주어: (1) a long track (2) it   동사: (1) (i)s (2) can be
각각의 돌 뒤에는 / 긴 자국이 있다 / 그리고 그것은 ~할 수 있다 / 4킬로미터만큼 길

❺ 주어: This   동사: gives
이것은 인상을 준다 / 돌들이 경주를 하고 있다는 / 땅을 가로질러

❻ 주어: –   동사: wait
하지만 잠깐만

❼ 주어: rocks   동사: Can ~ move
바위들이 움직일 수 있는가 / 스스로

❽ 주어: scientists   동사: found
2013년에 / 과학자들은 / 마침내 답을 찾았다 / 그 질문에 대한

❾ 주어: The tracks   동사: are caused
그 자국들은 / ~에 의해 생긴다 / 비, 얼음, 그리고 바람에 의해

❿ 주어: some of it   동사: (1) freezes (2) becomes
만약 소량의 빗물이 / 고이면 / 호수 바닥에 / 겨울 동안 / 그것 중 일부는 언다 / 그리고 얼음이 된다

⑪ 주어: The ice   동사: (1) floats (2) pushes
그 얼음은 떠다닌다 / 그리고 돌들을 밀어낸다 / 바람이 불면

⑫ 주어: the stones   동사: (1) move (2) leave
그 결과 / 그 돌들은 움직인다 / 그리고 그 자국들을 남긴다 / 부드러운 진흙에

⑬ 주어: (1) the mud (2) the tracks   동사: (1) gets (2) become
물이 바싹 마르면 / 겨울이 지나 / 진흙은 더 딱딱해진다 / 그리고 그 자국들은 고정되게 된다 / 제자리에

⑭ 주어: (1) no magic tricks (2) it   동사: (1) are (2) (i)s
거기에 마술의 속임수는 없다 / 그것은 전부 경이로움이다 / 자연의

## CHAPTER 02   3
Workbook p.

❶ 주어: You   동사: can't believe
당신은 믿을 수 없다 / 자신의 눈을

❷ 주어: A hot dog   동사: is stuck on
핫도그 하나가 붙어 있다 / 식물의 줄기에

❸ 주어: you   동사: will ~ get
하지만 만약 당신이 한입 베어 문다면 / 당신은 ~만 먹게 될 것이다 / 한 입의 솜털을

❹ 주어: The "hot dog"   동사: is
이 '핫도그'는 사실 꽃이다 / 식물의 / 부들이라고 불리는

❺ 주어: Cattails   동사: grow
부들은 자란다 / 습지에서

❻ 주어: They   동사: are
그것들은 중요하다 / 이 지역들에 / 그것들이 둑을 보호하기 때문에 / 침식으로부터 / 그리고 물을 더 깨끗하게 만들기

❼ 주어: they   동사: provide
게다가 / 그것들은 쉼터를 제공한다 / 새와 물고기에게 / 동시에 서식지의 역할도 하면서 / 곤충들을 위한 / 이 동물들이 먹는

❽ 주어: Cattails   동사: are
부들은 유용하다 / 사람들에게도

⑨ 주어: we  동사: can eat
비록 그것이 ~하지 않을지도 모르지만 / 핫도그만큼 맛있지 / 우리는 먹을 수 있다 / 그것들의 모든 부분을

⑩ 주어: They  동사: (1) are (2) have
그것들은 훌륭한 공급원이다 / 비타민의 / 그리고 다양한 건강상의 이점들을 가진다 / 감염을 예방하는 것과 같은

⑪ 주어: We  동사: can ~ make
우리는 심지어 의자를 만들 수 있다 / 그 잎들로 / 그리고 베갯속을 / 씨앗으로

⑫ 주어: They  동사: are
그것들은 정말 / 만능 식물이다

## CHAPTER 03　1
Workbook p.10

❶ 주어: You  동사: are resting
당신은 머리를 기대고 있다 / 팔에 / 쉬는 시간 동안에

❷ 주어: you  동사: (1) sit up (2) feel
종이 울리면 / 당신은 자세를 바로 한다 / 그리고 미세하고 날카로운 고통을 느낀다 / 팔에서

❸ 주어: This feeling  동사: is ~ called
이 느낌은 / 흔히 불린다 / 'pins and needles'라고

❹ 주어: (1) The name (2) it  동사: (1) describes (2) (i)s
이 명칭은 설명한다 / 그것이 어떻게 느껴지는지 / 그것은 마치 ~과 같다 / 핀과 바늘이 / 당신의 피부를 찌르고 있는 것과

❺ 주어: this  동사: does ~ happen
이런 일이 왜 일어날까

❻ 주어: (1) Your nerves (2) they
동사: (1) need (2) are delivered
당신의 신경은 필요로 한다 / 산소와 포도당을 / 제대로 기능하기 위해 / 그리고 그것들은 전달된다 / 혈액을 통해

❼ 주어: the blood flow to your nerves  동사: becomes
하지만 당신이 압력을 가하면 / 신체 부위에 / 너무 오랫동안 / 혈류가 / 신경으로 가는 / 차단된다

❽ 주어: your nerves  동사: (1) can't do (2) fall asleep
그 결과 / 당신의 신경은 / 제 역할을 할 수 없다 / 그리고 '잠든다'

❾ 주어: they  동사: (1) start (2) become
만약 당신이 압력을 풀어 주면 / 자세를 바꿈으로써 / 그것들은 깨어나기 시작한다 / 그리고 더 활동적이게 된다 / 평소보다

❿ 주어: This sudden increase in activity  동사: causes
이러한 갑작스러운 증가는 / 활동의 / 저리는 느낌을 유발한다

⓫ 주어: it  동사: (1) is (2) will disappear
비록 이 느낌이 불편할지라도 / 그것은 무해하다 / 그리고 사라질 것이다 / 몇 분 안에

⓬ 주어: it  동사: might be
그러나 만약 그것이 계속되면 / 그것은 징후일지도 모른다 / 신경이 손상되어 있다는

## CHAPTER 03　2
Workbook p.11

❶ 주어: the largest organ in your body  동사: is
가장 큰 장기는 무엇인가 / 당신의 몸에서

❷ 주어: (1) it (2) it  동사: (1) Is (2) is
그것은 뇌인가 / 아니면 그것은 심장인가

❸ 주어: your skin  동사: is
실제로는 / 피부가 / 가장 크다

❹ 주어: It  동사: (1) measures (2) can make up
그것은 크기가 ~하다 / 2제곱미터가 넘는 / 그리고 차지할 수 있다 / 15퍼센트 넘게 / 당신의 총 체중에서

❺ 주어: it  동사: (i)s not
하지만 그것은 단순히 큰 덮개가 아니다 / 몸의

❻ 주어: It  동사: keeps
그것은 당신을 살아 있게 한다

❼ 주어: the skin  동사: is
우선 / 피부는 장벽이다 / 막는 / 병원체들이 / 박테리아와 바이러스 같은 / 당신의 몸 안에 들어가는 것을

❽ 주어: it  동사: can protect
그러므로 / 그것은 당신을 보호할 수 있다 / 감염으로부터

❾ 주어: the skin  동사: keeps
게다가 / 피부는 수분을 유지한다 / 몸 안에

❿ 주어: This  동사: helps
이것은 도움이 된다 / 탈수 증세를 막는 데 / 그런데 이것은 ~에서 비롯될 수 있다 / 수분이 거의 없는 것에서 / 몸에

⓫ 주어: Another important function of your skin  동사: is
또 다른 중요한 기능은 / 피부의 / 감지하는 것이다 / 외부 위협을 / 수백만 개의 특수 세포들을 가지고

⓬ 주어: it  동사: sends
만약 그것이 감지하면 / 극심한 열이나 고통을 / 그것은 보낸다 / 메시지를 / 뇌에 / 벗어나라는 / 그 위협으로부터

⓭ 주어: your skin  동사: is
분명하게 / 당신의 피부는 극히 중요하다

⓮ 주어: –  동사: take ~ care of
그러니 / 그것을 잘 돌보는 것이 어떨까 / 보습제로

## CHAPTER 03　3
Workbook p.12

❶ 주어: you  동사: Have ~ wondered
당신은 궁금해해 본 적이 있는가 / 왜 양파를 써는 것이 / 우리를 울게 만드는지

❷ 주어: it  동사: (i)s
사실 / 그것은 모두 생존에 관한 것이다

❸ 주어: Onions  동사: grow
양파는 땅속에서 자라난다 / 배고픈 동물들이 사는

❹ 주어: they  동사: have evolved
피하기 위해 / 잡아먹히는 것을 / 그것들은 발달시켰다 / 화학적 방어 계통을

❺ 주어: This system  동사: begins
이 계통은 / 작동하기 시작한다 / 우리가 양파를 자르면 / 세포들을 손상시키면서

❻ 주어: The broken cells  동사: release
손상된 세포들은 방출한다 / 효소들을 / 그리고 유황을 포함하는 화학물질들을

❼ 주어: these two  동사: (1) combine (2) form
그러고 나서 / 이 둘은 결합한다 / 그리고 가스를 형성한다 / 그

런데 이것은 매우 가볍다 / 그리고 쉽게 피어오른다 / 공기 중으로

❽ 주어: sulfuric acid  동사: is created
이 가스가 우리의 눈에 들어오면서 / 그리고 섞이면서 / 물과 / 그것들 안에 있는 / 황산이 만들어진다

❾ 주어: It  동사: is
바로 이 산이다 / 우리의 눈을 자극하는 것은

❿ 주어: we  동사: have
하지만 우리에게 있다 / 마찬가지로 보호 방법이

⓫ 주어: they  동사: produce
우리의 눈이 감지하면 / 해로운 물질을 / 들어오는 / 그것들은 눈물을 만들어 낸다 / 그것을 씻어내기 위해

⓬ 주어: That  동사: (i)s
그것이 ~하는 이유이다 / 양파가 눈물을 가져오는 / 우리의 눈에

⓭ 주어: we  동사: don't need
다행히도 / 우리는 고통받을 필요가 없다 / 우리가 그것들을 자를 때마다

⓮ 주어: –  동사: put
양파를 썰기 전에 / 그것들을 넣어두기만 해라 / 냉장고에 / 약 30분 동안 / 늦추기 위해 / 가스의 방출을

## CHAPTER 04  1
Workbook p.13

❶ 주어: you  동사: Have ~ posted
당신은 게시해 본 적이 있는가 / 당신의 고민들에 관해 / 온라인에

❷ 주어: you  동사: didn't ~ talk
만약 그렇다면 / 당신은 왜 그냥 이야기하지 않았는가 / 당신의 친구들에게 / 그것들에 관해

❸ 주어: This behavior  동사: can be explained
이러한 행동은 / 설명될 수 있다 / '기차에서 만난 이방인' 현상에 의해

❹ 주어: It  동사: describes
그것은 우리의 경향을 말한다 / 개인적인 문제들에 관해 논의하는 / 이방인들과 / 사람들과 같은 / 우리 옆에 앉아 있는 / 기차에서

❺ 주어: we  동사: do ~ act
우리는 왜 행동하는가 / 이와 같이

❻ 주어: we  동사: are
이야기할 때 / 가까운 친구들과 / 우리는 보통 매우 조심한다

❼ 주어: We  동사: do not want
우리는 원하지 않는다 / 그들에게 부담을 지우기를 / 우리의 문제들로

❽ 주어: we  동사: may fear
또는 / 우리는 두려워하는 것일지도 모른다 / 그들이 공유할까 봐 / 우리의 비밀을 / 다른 사람들과

❾ 주어: it  동사: is
그러나 / 그것은 다르다 / 이방인들과는 / 기차의

❿ 주어: We  동사: won't see
우리는 그들을 다시 보지 않을 것이다 / 기차에서 내린 후에

⓫ 주어: we  동사: can ~ express
그래서 / 우리는 자유롭게 표현할 수 있다 / 우리의 사적인 생

---

각들을 / 걱정하지 않고 / 부정적인 지적에 대해 / 또는 평가를 받는 것에

⓬ 주어: the act of discussion itself  동사: can bring
비록 이 이방인들이 / 해결해 줄 수 없을지라도 / 우리의 문제들을 / 논의 행위 그 자체가 / 우리에게 위안을 가져다줄 수 있다

## CHAPTER 04  2
Workbook p.14

❶ 주어: It  동사: (i)s
추운 겨울밤이다

❷ 주어: A hedgehog  동사: curls up
한 고슴도치는 몸을 바짝 웅크린다 / 따뜻하게 있기 위해

❸ 주어: (1) that (2) it  동사: (1) isn't (2) decides
하지만 그것만으로는 충분하지 않다 / 그래서 그것은 결정한다 / 다른 고슴도치에게 다가가기로

❹ 주어: they  동사: shout
그것이 가까이 다가가자 / 다른 하나에 / 그러나 / 그것들은 둘 다 '아야!'라고 외친다

❺ 주어: This  동사: is
이는 ~ 때문이다 / 그것들이 서로를 찌르고 있기 / 날카로운 가시들로

❻ 주어: they  동사: will freeze to death
하지만 만약에 그것들이 떨어져 있으면 / 그것들은 얼어 죽을 것이다

❼ 주어: Sigmund Freud  동사: expanded
지그문트 프로이트는 / 이 이야기를 확장했다 / 심리학적 개념으로

❽ 주어: He  동사: called
그는 그것을 불렀다 / '고슴도치의 딜레마'라고

❾ 주어: we  동사: may end up
마치 이 고슴도치들처럼 / 우리도 결국 처하게 될지 모른다 / 이런 처지에

❿ 주어: (1) We (2) we  동사: (1) want (2) are
우리는 맺고 싶어 한다 / 친밀한 관계를 / 다른 사람들과 / 하지만 우리는 두려워한다 / 상처받을까 봐

⓫ 주어: we  동사: can ~ deal with
그래서 / 우리는 어떻게 ~을 해결할 수 있는가 / 이 딜레마를

⓬ 주어: We  동사: can learn
우리는 배울 수 있다 / 고슴도치들의 해결책으로부터 / 이 문제에 대한

⓭ 주어: The solution  동사: is
그 해결책은 ~이다 / 안전한 거리를 유지하는 것 / 충분히 가까운 / 따뜻하게 있을 만큼은 / 그러나 충분히 먼 / 서로에게 상처를 입히는 것은 피할 만큼

## CHAPTER 04  3
Workbook p

❶ 주어: the main character  동사: has been featured
영화 「트루먼 쇼」에서 / 주인공은 / 출연해 오고 있다 / 인기 있는 텔레비전 프로그램에 / 그가 태어났을 때부터

❷ 주어: (1) Millions of viewers (2) every person in his life, including his parents  동사: (1) watch (2) is

수백만 명의 시청자들이 / 그를 시청한다 / 언제나 / 그리고 모든 사람은 / 그의 삶의 / 그의 부모님을 포함하여 / 전문적인 배우이다

❸ 주어: He  동사: is
그는 유일한 사람이다 / 알지 못하는 / 그의 삶이 진짜가 아니라는 것을

❹ 주어: some people in real life  동사: think
놀랍게도 / 어떤 사람들은 / 실생활에서 / 이것이 일어나고 있다고 생각한다 / 자신들에게도

❺ 주어: They  동사: are experiencing
그들은 겪고 있는 것이다 / 트루먼 쇼 망상(TSD)을

❻ 주어: Those with TSD  동사: believe
TSD를 가진 사람들은 / 믿는다 / 그들의 모든 행동이 / 시청되고 있다고 / 숨겨진 카메라에 의해 / 비밀 텔레비전 세트장의

❼ 주어: to consider the rise of reality TV shows as the cause of TSD  동사: (i)s
~하는 것은 편리하다 / 여기는 것은 / 리얼리티 텔레비전 프로그램의 부상을 / TSD의 원인으로

❽ 주어: -  동사: keep in mind
하지만 명심하라 / 그것이 그렇게 간단하지 않다는 것을

❾ 주어: TSD  동사: can be
전문가들에 따르면 / TSD는 한 증상일 수 있다 / 심각한 정신질환의

CHAPTER 05  **1**  Workbook p.16

❶ 주어: we  동사: feel
우리가 바깥에 있을 때 / 섭씨 15도인 날에 / 우리는 편안하다고 느낀다

❷ 주어: swimming in 15°C water  동사: makes
하지만 수영하는 것은 / 섭씨 15도인 물에서 / 우리를 떨게 만든다 / 추위에

❸ 주어: water  동사: does ~ feel
왜 물이 더 차갑게 느껴질까 / 공기보다 / 같은 온도에서

❹ 주어: This  동사: is
이는 ~ 때문이다 / 우리 피부가 더 민감하기 / 열 손실에 / 전반적인 온도보다

❺ 주어: Heat  동사: moves
열은 이동한다 / 더 뜨거운 물체에서 더 차가운 물체로

❻ 주어: this  동사: occurs
그리고 이것은 발생한다 / 25배 더 빠르게 / 물속에서 / 공기 중에서보다

❼ 주어: the heat in your body, which has a temperature of around 36.5°C  동사: is ~ transferred
그래서 / 당신이 수영장에 뛰어들면 / 섭씨 15도인 물의 / 당신 몸 안의 열은 / 그런데 그것은 섭씨 약 36.5도의 온도를 가지는데 / 빠르게 이동된다 / 물로

❽ 주어: This  동사: causes
이것은 ~하게 만든다 / 당신의 피부 온도가 / 갑자기 떨어지게 / 당신이 춥게 느끼도록 만들면서

❾ 주어: your body  동사: loses
섭씨 15도인 날에 / 당신의 몸은 열을 잃는다 / 공기에도

❿ 주어: the heat  동사: moves

그러나 그 열은 이동한다 / 훨씬 더 천천히 / 당신의 몸에서 공기 중으로

⓫ 주어: you  동사: don't get
따라서 / 당신은 추워지지 않는 것이다

CHAPTER 05  **2**  Workbook p.17

❶ 주어: you  동사: Have ~ wondered
당신은 궁금해해 본 적이 있는가 / 왜 비누 거품은 하얀색인지 / 우리가 사용할 때조차도 / 보라색이나 분홍색 비누를

❷ 주어: It  동사: (i)s
그것은 전부 ~에 관한 것이다 / 빛의 산란에

❸ 주어: it  동사: appears
만약 무언가가 반사한다면 / 빛의 모든 색을 고르게 / 그것은 하얀색으로 보인다

❹ 주어: This  동사: is
이는 ~ 때문이다 / 하얀색의 빛이 / 모든 색깔들의 결합이기

❺ 주어: The same principle  동사: applies to
같은 원리가 / 거품에도 적용된다

❻ 주어: foam  동사: is created
우리가 비누를 비비면 / 젖은 두 손 사이에 / 거품이 생성된다

❼ 주어: This foam  동사: consists of
이 거품은 ~으로 구성된다 / 무수하게 많은 아주 작은 기포들로

❽ 주어: These bubbles  동사: are
이 기포들은 / 거의 투명하다

❾ 주어: some light  동사: can pass through
따라서 / 일부 빛은 투과한다 / 이 투명한 기포들을 / 한편 다른 빛은 반사된다

❿ 주어: it  동사: scatters
빛이 부딪히면서 / 기포들에 계속해서 / 그것은 산란한다 / 사방으로

⓫ 주어: This  동사: has
이것은 같은 효과를 가진다 / 모든 색깔들을 반사하는 것과

⓬ 주어: it  동사: appears
따라서 / 우리가 그 거품을 보면 / 그것은 하얀색으로 보이는 것이다

⓭ 주어: -  동사: remember
이제 / 다음번에 / 당신이 하얀색의 거품을 보면 / 기억해라 / 당신은 보고 있다는 것을 / 작은 빛의 쇼를

CHAPTER 05  **3**  Workbook p.18

❶ 주어: You  동사: have ~ heard
당신은 아마 들어 봤을 것이다 / 블랙홀에 관해 / 우주 공간인 / 매우 강한 중력을 가진

❷ 주어: you  동사: did ~ know
하지만 당신은 알고 있었는가 / 그것이 무언가에 의해 둘러싸여 있다는 것을 / 사건의 지평선이라고 불리는

❸ 주어: An event horizon  동사: is
사건의 지평선은 / 바깥쪽 가장자리이다 / 블랙홀의

❹ 주어: the pull of gravity  동사: becomes

에너지나 물질이 접근함에 따라 / 블랙홀에 / 중력의 끌림은 / 더 강해진다

⑤ 주어: it   동사: will become
만약 무엇이든지 건너면 / 이 바깥쪽 가장자리를 / 그것은 갇히게 될 것이다 / 블랙홀에 / 영원히

⑥ 주어: the fastest thing in the universe, light
동사: cannot escape
우주에서 가장 빠른 것인 빛조차도 / 빠져나갈 수 없다

⑦ 주어: the event horizon   동사: marks
다시 말해서 / 사건의 지평선은 / 지점을 나타낸다 / 돌아올 수 없는

⑧ 주어: any "events" that happen within the "horizon"
동사: cannot be seen
그 결과 / 어떤 '사건들'도 / '지평선' 안에서 일어나는 / 보일 수 없다 / 그것의 바깥에서는

⑨ 주어: This   동사: is
여기서 ~한다 / '사건의 지평선'이라는 명칭이 유래한다

⑩ 주어: It   동사: (i)s
그것은 장벽과 같다 / 모든 것을 숨기는

⑪ 주어: that   동사: isn't stopping
그러나 / 그것이 과학자들을 멈추게 하고 있지는 않다

⑫ 주어: They   동사: created
그들은 사건의 지평선 망원경을 만들었다 / 데이터를 수집함으로써 / 전파 망원경들로부터 / 전 세계에 퍼져 있는

⑬ 주어: they   동사: keep
EHT를 이용해 / 그들은 문을 계속해서 두드리고 있다 / 이 '진입 금지' 구역의

---

## CHAPTER 06   1
Workbook p.19

❶ 주어: a sign   동사: was
표지판이 있었다 / 한 상점의 창문에

❷ 주어: (1) It (2) Anyone   동사: (1) said (2) HIRING (3) Must be able to write (4) operate (5) speak (6) Can Apply
그것에는 적혀 있었다 / 지금 채용 중 / ~할 수 있어야 한다 / 글을 잘 쓸 수 / 프린터를 작동시킬 수 / 그리고 두 가지 언어를 구사할 수 / 누구나 지원할 수 있습니다

❸ 주어: a dog walking down the street   동사: saw
그날 / 개 한 마리가 / 길을 걷고 있던 / 그 표지판을 보았다

❹ 주어: He   동사: went
그는 안으로 들어갔다 / 그 일에 지원하기 위해

❺ 주어: (1) The receptionist (2) he
동사: (1) was impressed (2) let
접수원은 감명받았다 / 그의 긍정적인 태도에 / 그래서 그는 그 개가 면접을 보도록 했다 / 담당자와

❻ 주어: he   동사: (1) could write (2) operate
모두가 놀랍게도 / 그는 글을 쓸 수 있었다 / 그리고 심지어 프린터를 완벽하게 작동시킬 수 있었다

❼ 주어: the manager   동사: turned ~ down
하지만 담당자는 그를 거절했다 / 그가 개를 채용할 수 없었기 때문에

❽ 주어: The dog   동사: put
그 개는 그의 발을 올렸다 / 표지판의 부분에 / '누구나 지원할 수

있습니다'라고 쓰여 있는

❾ 주어: (1) The manager (2) you
동사: (1) replied (2) cannot speak
담당자는 대답했다 / 하지만 당신은 / 구사할 수 없잖아요 / 두 가지 언어를

❿ 주어: The dog   동사: (1) looked (2) said
그러자 그 개는 담당자를 바라보았다 / 그리고 자랑스럽게 말했다 / '야옹'

---

## CHAPTER 06   2
Workbook p.20

❶ 주어: A young girl   동사: had
한 어린 소녀가 / 문제를 겪고 있었다 / 그녀의 학교 공부를 따라가는 데

❷ 주어: (1) She (2) I (3) I
동사: (1) complained (2) don't know (3) get
그녀는 불평했다 / 아버지에게 / 모르겠어요 / 더 이상 무엇을 할지 / 저는 더 노력하면 할수록 / 더 길을 잃어요

❸ 주어: Her father   동사: (1) smiled (2) led
그녀의 아버지는 부드럽게 미소 지었다 / 그리고 그녀를 이끌었다 / 부엌으로

❹ 주어: he   동사: (1) Let (2) said
내가 보여 주게 해 주렴 / 너에게 무언가를 / 그는 말했다

❺ 주어: he   동사: added
그러고 나서 / 그는 넣었다 / 감자 하나, 계란 하나, 그리고 몇몇 커피콩을 / 별개의 냄비들에 / 끓는 물이 담긴

❻ 주어: (1) I (2) the girl   동사: (1) didn't ask for (2) thought
난 부탁하지 않았는데 / 아침을 / 소녀는 생각했다

❼ 주어: he   동사: showed
20분 후 / 그는 소녀에게 보여 주었다 / 세 가지를

❽ 주어: each   동사: reacted
비록 그것들이 노출되었지만 / 끓는 물이라는 같은 도전에 / 각각은 다르게 반응했다

❾ 주어: The potato, which was once hard   동사: became
감자는 / 그런데 이것은 이전에는 딱딱했는데 / 부드러워졌다

❿ 주어: The egg   동사: (1) hardened (2) was
계란은 딱딱해졌다 / 그리고 그것은 더 이상 ~하지 않았다 / 안이 묽지

⓫ 주어: the dry coffee beans   동사: created
하지만 가장 놀랍게도 / 건조한 커피콩은 만들어 냈다 / 완전히 새로운 것인 / 향기로운 음료를

⓬ 주어: (1) The father (2) you   동사: (1) asked (2) do ~ want
아버지는 / 그러고 나서 물었다 / 너는 어떤 것이 되고 싶니 / 감자, 계란, 아니면 커피콩 중에서

---

## CHAPTER 06   3
Workbook p.

❶ 주어: Sally   동사: returned
Sally는 집으로 돌아왔다 / 일과 후에

❷ 주어: she   동사: got
그녀가 부엌에 들어갔을 때 / 저녁을 만드는 것을 시작하기 위해 / 그녀는 속이 상했다

---

❸ 주어: Some milk　동사: was spilled
조금의 우유가 쏟아져 있었다 / 바닥에

❹ 주어: (1) She (2) Who　동사: (1) called (2) asked (3) did
그녀는 세 자녀를 불렀다 / 그리고 물었다 / 누가 이랬니

❺ 주어: They　동사: said
그들은 말했다

❻ 주어: It　동사: was
그건 Charlotte이었어요

❼ 주어: I　동사: did
제가 그랬어요

❽ 주어: (1) I (2) I　동사: (1) was going to clean (2) forgot
저는 엉망인 것을 치울 계획이었어요 / 전화를 받은 뒤에 / 하지만 저는 완전히 잊어버렸어요

❾ 주어: I　동사: didn't spill
저는 우유를 쏟지 않았어요

❿ 주어: I　동사: (a)m
전 결백해요

⓫ 주어: Sally　동사: looked
Sally는 유심히 바라보았다 / 아이들을

⓬ 주어: (1) Aurora (2) Brooke (3) Charlotte
동사: (1) looked (2) was (3) seemed
Aurora는 겁먹은 것처럼 보였다 / Brooke은 침착했다 / 그리고 Charlotte은 화가 나 보였다

⓭ 주어: (1) Sally (2) Two of you (3) one (4) I
동사: (1) said (2) are telling (3) is lying (4) don't worry (5) know
Sally는 말했다 / 너희 중 두 명은 / 진실을 말하고 있어 / 그리고 한 명은 / 거짓말을 하고 있어 / Charlotte 걱정하지 마 / 나는 안단다 / 네가 거짓말하고 있지 않다는 걸

⓮ 주어: Charlotte　동사: (1) sighed (2) smiled
Charlotte은 한숨을 쉬었다 / 그리고 미소 지었다

⓯ 주어: the daughter who had spilled the milk
동사: cleaned
그다음에 / 딸은 / 우유를 쏟았었던 / 바닥을 청소했다 / Sally가 아주 맛있는 식사를 만드는 동안

⓰ 주어: (1) Sally (2) You
동사: (1) called (2) said (3) had better apologize
그들이 잠자리에 들기 전에 / Sally는 Aurora를 불렀다 / 그리고 말했다 / 너는 사과하는 게 좋겠다 / Charlotte에게

## CHAPTER 07　1
Workbook p.22

❶ 주어: humans　동사: Will ~ live
인간은 언젠가 살게 될 것인가 / 화성에 / 가장 지구와 비슷한 행성인 / 태양계에서

❷ 주어: (1) a big problem (2) Mars　동사: (1) (i)s (2) has
그럴지도 모른다 / 하지만 큰 문제가 있다 / 화성에는 물이 없다

❸ 주어: a robot called ELU　동사: can help
다행히도 / 로봇이 / ELU라고 불리는 / 도움을 줄 수 있다

❹ 주어: ELU　동사: means
ELU는 '생명'을 뜻한다 / 에스토니아어로

❺ 주어: Egyptian engineer Mahmoud Elkoumy
동사: invented
이집트의 엔지니어인 마흐무드 엘쿠미는 / 이 로봇을 발명했다 / 식수를 생산하기 위해 / 화성에서

❻ 주어: ELU　동사: needs
제대로 작동하기 위해 / ELU는 습한 공기가 필요하다 / 그것은 존재하는 것이다 / 화성에

❼ 주어: it　동사: (1) takes in (2) squeezes (3) filters
태양 에너지를 사용하여 / 그것은 공기를 받아들인다 / 그것을 압착한다 / 그리고 그 결과로 발생한 물을 여과한다

❽ 주어: healthy mineral salts　동사: are added
마지막으로 / 건강에 좋은 미네랄 소금이 / 첨가된다

❾ 주어: Elkoumy　동사: hopes
엘쿠미는 바란다 / 자신의 로봇이 또한 돕기를 / 지구에 있는 사람들을 / 특히 ~하는 곳에 있는 / 물이 거의 없는

❿ 주어: (1) It (2) producing water with this robot
동사: (1) costs (2) is
그것은 250달러밖에 들지 않는다 / 만드는 데 / 그리고 물을 만드는 것은 / 이 로봇으로 / 열 배 더 저렴하다 / 다른 방법들을 사용하는 것보다 / 우물을 파는 것과 같은

⓫ 주어: (1) ELU (2) it　동사: (1) isn't (2) (i)s
따라서 / ELU는 화성에 관한 것만이 아니다 / 그것은 방법이다 / 지구에서의 삶 또한 개선할 수 있는

## CHAPTER 07　2
Workbook p.23

❶ 주어: Face ID　동사: lets
페이스 ID는 / 당신이 아이폰의 잠금을 해제하도록 한다 / 그냥 그것을 봄으로써

❷ 주어: This　동사: is
이는 가능하다 / 트루뎁스 카메라 때문에 / 당신의 휴대전화 상단에 있는

❸ 주어: Face ID　동사: gets activated
당신이 힐끗 보면 / 카메라를 / 페이스 ID가 활성화된다

❹ 주어: The TrueDepth camera system　동사: shines
이 트루뎁스 카메라 시스템은 비춘다 / 30,000개가 넘는 적외선 점들을 / 당신의 얼굴에

❺ 주어: It　동사: uses
그것은 이 점들을 사용한다 / 3D 지도를 만들기 위해 / 당신 얼굴의

❻ 주어: the phone's "brain," called the neural engine
동사: turns
그러고 나서 / 휴대전화의 '뇌'는 / 뉴럴 엔진이라고 불리는 / 이 지도를 바꾼다 / 수학적인 모델로

❼ 주어: The engine　동사: checks
이 엔진은 확인한다 / 이 모델이 일치하는지 아닌지를 / 그것이 저장했던 것과 / 당신이 페이스 ID를 / 처음 설정했을 때

❽ 주어: your phone　동사: unlocks
만약 그것들이 일치한다면 / 당신의 휴대전화의 잠금을 해제한다

❾ 주어: This　동사: happens
이 모든 것은 일어난다 / 1초 만에

❿ 주어: Face ID　동사: (1) could fail (2) ask for
만약 당신의 외모가 바뀐다면 / 페이스 ID가 작동이 안 될 수 있다 / 그리고 비밀번호를 요구할 수 있다

⑪ 주어: Face ID  동사: (1) Enter (2) will learn
그것을 입력해라 / 그러면 페이스 ID는 학습할 것이다 / 당신의 외모가 / 조금 변했다는 것을

⑫ 주어: it  동사: will recognize
다음번에 / 그것은 당신을 잘 알아볼 것이다

---

## CHAPTER 07  3                                       Workbook p.24

❶ 주어: professional tennis player John McEnroe  동사: hit
1980년에 / 프로 테니스 선수인 / 존 매켄로는 / 강력한 서브를 넣었다 / 떨어진 / 간신히 라인 안쪽에

❷ 주어: the judge  동사: said
하지만 심판은 말했다 / 공이 밖으로 나갔다고

❸ 주어: he  동사: couldn't do
비록 매켄로는 동의하지 않았을지라도 / 심판에게 / 그는 아무것도 할 수 없었다

❹ 주어: These kinds of disputes  동사: were
이러한 종류의 논쟁들은 / 흔했다 / 테니스에서 / 호크아이 시스템이 도입되기 전에는

❺ 주어: Hawk-Eye  동사: is
호크아이는 / 카메라 시스템이다 / 공의 모든 움직임을 따라가는 / 매처럼 / 먹이를 지켜보고 있는

❻ 주어: It  동사: can ~ determine
그것은 정확하게 알아낼 수 있다 / 공이 선을 넘었는지 아닌지를 / 공이 이동하고 있을 때조차도 / 시속 200킬로미터를 초과하여

❼ 주어: it  동사: does ~ work
그래서 / 그것은 어떻게 작동하는가

❽ 주어: (1) Ten cameras (2) each of them
동사: (1) are placed (2) takes
열 대의 카메라가 배치된다 / 코트 주변에 / 그리고 그것들 각각은 찍는다 / 60장의 고화질 사진을 / 매초

❾ 주어: the system  동사: (1) combines (2) analyzes
선수가 요구하면 / 호크아이 판독을 / 그 시스템은 결합한다 / 이 이미지들을 / 그리고 공의 경로를 분석한다

❿ 주어: Hawk-Eye  동사: creates
몇 초 안에 / 호크아이는 생성한다 / 가상의 다시 보기를 / 누구나 볼 수 있는 / 관중을 포함하여 / 그리고 집에서 시청하고 있는 사람들을

⑪ 주어: Using Hawk-Eye  동사: (1) prevents (2) provides
호크아이를 사용하는 것은 / 논쟁들을 방지할 뿐만 아니라 / 테니스에서의 / 즐길 거리를 제공하기도 한다 / 팬들에게

---

## CHAPTER 08  1                                       Workbook p.25

❶ 주어: (1) Batman (2) Elsa  동사: (1) has (2) has
배트맨에게는 로빈이 있다 / 그리고 엘사에게는 올라프가 있다

❷ 주어: both Robin and Olaf  동사: help
'사이드킥'으로서 / 로빈과 올라프는 둘 다 / 주인공들을 돕는다 / 그들의 목표를 달성하도록

❸ 주어: The term "sidekick"  동사: comes from
'사이드킥'이라는 용어는 / ~에서 유래한다 / 더 오래된 단어인 /

'사이드키커'에서 / 그런데 이것은 동반자 또는 친구를 지칭한다

❹ 주어: Movies  동사: need
영화는 사이드킥을 필요로 한다 / 여러 가지 이유로

❺ 주어: they  동사: can add
첫 번째로 / 그들은 유머를 더할 수 있다 / 이야기에

❻ 주어: their sidekicks  동사: tend to be
주인공들은 보통 진지한 반면에 / 그들의 사이드킥은 / 우스꽝스러운 경향이 있다

❼ 주어: they  동사: can lighten
따라서 / 그들은 밝게 할 수 있다 / 분위기를

❽ 주어: Sidekicks  동사: are
사이드킥은 훌륭한 조력자이기도 하다 / 특히 슈퍼히어로 영화에서

❾ 주어: they  동사: have
비록 그들이 덜 강력할지 몰라도 / 히어로들보다는 / 그들은 보통 가지고 있다 / 독특한 기술을 / 그들을 만드는 / 가치 있는 조수로

❿ 주어: they  동사: lead
가장 중요하게도 / 그들은 이끈다 / 주인공들을 / 올바른 선택을 하도록

⑪ 주어: They  동사: (a)re not
그들은 두려워하지 않는다 / 주인공들에게 도전하는 것을 / 그들의 미심쩍은 행동이나 신념에 관해

⑫ 주어: Sidekicks  동사: are
사이드킥은 정말 흥미롭다 / 그렇지 않은가

⑬ 주어: That  동사: (i)s
그것이 바로 이유이다 / 그들이 필수적인 / 좋은 영화 줄거리에

⑭ 주어: movies  동사: might be
만약 그들이 존재하지 않는다면 / 영화는 지루할지도 모른다

---

## CHAPTER 08  2                                       Workbook p.2

❶ 주어: –  동사: Imagine
상상해 보아라 / 배우가 되는 것을 / 캐릭터가 최고 경영자인

❷ 주어: Most people  동사: would employ
대부분의 사람들이 사용할 것이다 / 강한 어조를 / 권위를 보여 주기 위해

❸ 주어: (1) Meryl Streep (2) she  동사: (1) took (2) whispered
하지만 메릴 스트립은 / 다른 길을 택했다 / 비슷한 역할을 연기할 때 / 그녀는 속삭였다

❹ 주어: Streep  동사: plays
「악마는 프라다를 입는다」에서 / 스트립은 미란다 프리슬리를 연기한다 / 편집장인 / 유명한 패션 잡지의

❺ 주어: It  동사: was
그것은 바로 최초의 만남에서였다 / 이 영화를 위한 / 스트립의 목소리가 ~하게 했던 때는 / 함께 출연한 배우들을 충격으로 숨이 턱 막히게

❻ 주어: Anne Hathaway, another lead actress
동사: admitted
앤 해서웨이는 / 또 다른 주연 여자 배우인 / 그녀가 예상했다는 것을 인정했다 / 스트립의 대사가 / 전달될 것으로 / '거만하고 짖는 듯한 목소리'로

❼ 주어: Streep  동사: did ~ take
그렇다면 / 왜 스트립은 / 이런 접근법을 택했을까

❽ 주어: She  동사: learned
그녀는 배웠다 / 이 자신감 있으면서도 조용한 말투를 / 클린트 이스트우드로부터

❾ 주어: This famous director  동사: taught
이 유명한 감독은 / 그녀에게 가르쳐 주었다 / 목소리를 높이는 것이 / 항상 만드는 것은 아님을 / 그 사람을 강하게

❿ 주어: (1) That (2) everyone
동사: (1) (i)s (2) will be leaning in
그것이 ~하는 방법이다 / 당신이 아는 / 그 사람이 진정으로 영향력이 있다는 것을 / 그 또는 그녀가 정말 속삭인다 하더라도 / 모든 사람이 몸을 바싹 내밀 것이다 / 전력으로 집중하기 위해

---

## CHAPTER 08 **3**
Workbook p.27

❶ 주어: some amazing street dancers who perform unique moves  동사: are
몇몇 놀라운 스트릿 댄서들이 있다 / 독특한 동작을 해 보이는

❷ 주어: They  동사: (1) pull (2) move
그들은 자신의 두 팔을 당긴다 / 그들의 등 뒤로 / 그리고 그것들을 움직인다 / 이상한 각도로

❸ 주어: Some  동사: (1) jump off (2) do
몇몇은 심지어 2층에서 뛰어내린다 / 한 건물의 / 그리고 뒤로 공중제비를 넘는다

❹ 주어: These dancers, or "flexors"  동사: are "flexing"
이 댄서들 / 혹은 '플렉서들'은 / '플렉싱'하고 있는 중이다

❺ 주어: Flexing  동사: is
플렉싱은 거친 춤 스타일이다 / 자메이카에서 시작된 / 그리고 거리에서 발전한 / 뉴욕 브루클린의

❻ 주어: A main feature of flexing  동사: is
플렉싱의 주된 특징은 ~이다 / 댄서들이 창작한다는 것 / 자신만의 동작을 / 즉석에서 바로

❼ 주어: (1) They (2) they  동사: (1) don't practice (2) go
그들은 연습하지 않는다 / 그들은 단순히 흐름에 따라간다

❽ 주어: flexing  동사: isn't
그러나 / 플렉싱은 단지 춤추는 것에 관한 것만이 아니다

❾ 주어: It  동사: (i)s
그것은 방법이다 / 사람들이 / 그들의 분노를 표현할 / 사회적 문제들에 관해 / 인종차별과 같은

❿ 주어: Flexors  동사: want
플렉서들은 원한다 / 그들의 공연이 너무 과격하기를 / 그래서 관람객들이 불편하게 느끼기를

⓫ 주어: They  동사: hope
그들은 바란다 / 이것이 사람들이 의문을 가지게 만들기를 / 강렬한 감정에 / 그들의 동작에 담긴 / 그리고 대화를 시작하게 만들기를 / 그 어려운 문제들에 관해

⓬ 주어: (1) One famous flexor (2) Flexing
동사: (1) said (2) is
한 유명한 플렉서는 말했다 / 플렉싱은 표현 수단입니다 / 사람들을 위한 / ~하다고 느끼는 / 자신에게 발언권이 없다고

---

## CHAPTER 09 **1**
Workbook p.28

❶ 주어: –  동사: weep
만약 당신이 나를 본다면 / 그러면 울어라

❷ 주어: This curious message  동사: is carved
이 호기심을 끄는 메시지는 / 새겨져 있다 / 한 강 바위에 / 체코 공화국의

❸ 주어: it  동사: does ~ tell
왜 그것은 우리에게 말하는 것인가 / 울라고

❹ 주어: these words  동사: can't be seen
일반적으로 / 이 글귀들은 / 보일 수 없다 / 물속에 있기 때문에

❺ 주어: the water level  동사: falls
하지만 가뭄 동안에는 / 수위가 / 크게 떨어진다

❻ 주어: the message  동사: appears
따라서 / 메시지가 나타난다 / 우리에게 경고하면서 / 힘든 시기가 다가오고 있다고

❼ 주어: This stone  동사: is
이 돌은 ~일 뿐이다 / 많은 '헝거스톤들' 중 하나일 / 중앙 유럽 주변의

❽ 주어: Researchers  동사: think
연구원들은 생각한다 / 그것들이 만들어졌다고 / 수 세기 전에 / 사람들에 의해 / 고통받았던 / 가뭄으로

❾ 주어: (1) to grow crops during a drought (2) this
동사: (1) is (2) can lead to
~하는 것이 어렵다 / 농작물을 기르는 것이 / 가뭄 동안에 / 그리고 이것은 ~으로 이어질 수 있다 / 굶주림으로

❿ 주어: That  동사: (i)s
그것이 바로 이유이다 / 이 돌들이 불리는 / 헝거스톤이라고

⓫ 주어: Europe  동사: has been experiencing
최근에 / 유럽은 겪어 오고 있다 / 심각한 가뭄을 / 여름에 / 기후 변화 때문에

⓬ 주어: these warnings from the past
동사: have been showing up
그래서 / 이 경고는 / 과거로부터의 / 나타나고 있다 / 더 자주

⓭ 주어: they  동사: (a)re
아마도 그것들은 신호일지도 모른다 / 우리가 조치를 취해야 한다는 / 기후 변화에 대해 / 너무 늦기 전에

---

## CHAPTER 09 **2**
Workbook p.29

❶ 주어: –  동사: –
딩동

❷ 주어: A delivery person  동사: is
배달원이 / 당신의 문 앞에 있다

❸ 주어: Shopping online and getting a package  동사: is
온라인으로 쇼핑하고 택배를 받는 것은 / 언제나 신난다

❹ 주어: –  동사: –
하지만 어떻게 되는 것인가 / 환경과 관련된 영향은 / 포장재의

❺ 주어: Many companies  동사: use
많은 회사들이 사용한다 / 플라스틱 뽁뽁이를

❻ 주어: Most of it  동사: (1) is used (2) thrown away
그것 중 대부분은 / 한 번 사용된다 / 그리고 버려진다

❼ 주어: it 　동사: stays
그리고 그것은 남는다 / 자연환경에 / 수백 년 동안 / 썩지 않은 채

❽ 주어: The United Nations 　동사: predicts
국제연합(UN)은 / 예측한다 / 더 많은 플라스틱이 있을 것으로 / 물고기보다 / 바다에 / 2050년쯤에는 / 만약 무언가가 변하지 않는다면

❾ 주어: some companies 　동사: are making
다행스럽게도 / 몇몇 회사들은 / 만들고 있다 / 긍정적인 변화를

❿ 주어: (1) They (2) it 　동사: (1) are using (2) is
그들은 사용하고 있다 / 종이 뽁뽁이를 / 그리고 그것은 100퍼센트 재활용이 가능하다

⓫ 주어: It 　동사: requires
그것은 또한 / 에너지를 거의 필요로 하지 않는다 / 만드는 데

⓬ 주어: This 　동사: means
이는 의미한다 / 그것이 큰 피해를 끼치지 않을 것임을 / 환경에

⓭ 주어: You 　동사: might worry
당신은 걱정할 수도 있다 / 종이가 너무 약하다고 / 물건들을 보호하기에

⓮ 주어: paper bubble wrap's honeycomb surface
동사: provides
하지만 종이 뽁뽁이의 벌집 모양의 표면은 / 훌륭한 보호를 제공한다

⓯ 주어: It 　동사: wraps around
그것은 물건들을 단단히 감싼다 / 완충재를 형성하면서 / 방지하는 / 그것들이 손상되는 것을

⓰ 주어: almost anything 　동사: can be delivered
음식에서부터 / 전자기기에 이르기까지 / 거의 모든 것이 / 안전하게 배달될 수 있다 / 이 친환경적인 포장재로

---

| CHAPTER 09 ┃ 3 ┃　　　Workbook p.30

❶ 주어: – 　동사: Imagine
상상해 보아라 / 당신이 산다고 / 해변 가까이에

❷ 주어: you 　동사: see
매일 / 당신은 쓰레기를 본다 / 남겨진 / 관광객들에 의해

❸ 주어: It 　동사: makes
그것은 만든다 / 당신이 우려하게 / 위협에 관해 / 해양 생물에 대한

❹ 주어: you 　동사: can ~ do
당신은 무엇을 할 수 있는가 / 이 문제를 해결하기 위해

❺ 주어: Residents of some areas 　동사: have found
주민들은 / 일부 지역의 / 찾았다 / 똑똑한 해결책을 / 해변을 입양하는

❻ 주어: Adopt-a-beach programs
동사: have been created
해변 입양 프로그램들이 / 만들어져 왔다 / 많은 해안 지역 사회에서

❼ 주어: specific beaches 　동사: are assigned
이 프로그램들에서는 / 특정 해변이 배정된다 / 자원봉사 하는 단체들에 / 회사나 학교와 같은

❽ 주어: volunteers from the adopting organization
동사: clean

---

해변이 배정된 후에 / 입양하는 단체의 자원봉사자들이 / 쓰레기를 치운다 / 해변에서 / 해마다 몇 번

❾ 주어: they 　동사: keep track of
뿐만 아니라 / 그들은 ~을 기록한다 / 쓰레기의 양을 / 수거된

❿ 주어: The government 　동사: can use
정부는 / 이 정보를 사용할 수 있다 / 환경 정책을 개발하기 위해

⓫ 주어: A successful example of this program 　동사: is
성공적인 사례는 / 이 프로그램의 / 텍사스의 것이다

⓬ 주어: around 570,000 volunteers 　동사: have picked up
그것이 시작된 이후로 / 1986년에 / 약 57만 명의 자원봉사자들이 / 주워 왔다 / 거의 10,000톤의 쓰레기를

⓭ 주어: they 　동사: can make
사람들이 함께 일할 때 / 환경을 위해 / 그들은 만들 수 있다 / 차이를

---

| CHAPTER 10 ┃ 1 ┃　　　Workbook p.

❶ 주어: The Bajau people 　동사: can swim
바자우족은 / 수영할 수 있다 / 그들이 걸을 수 있기도 전에

❷ 주어: They 　동사: can see
그들은 선명하게 볼 수 있다 / 물속에서도 / 그들이 고글을 쓰고 있는 것처럼

❸ 주어: the Bajau 　동사: are
바자우족은 누구인가

❹ 주어: They 　동사: are
그들은 사람들의 집단이다 / 바다에서 살아온 / 1,000년 넘게

❺ 주어: The Bajau—also known as the "Sea Nomads"
동사: don't belong to
바자우족은 / '바다 유목민'이라고도 알려져 있는 / ~에 속하지 않는다 / 어떤 특정한 국가에도

❻ 주어: they 　동사: live on
대신에 / 그들은 나무로 된 배에서 살고 있다 / 필리핀, 말레이시아, 그리고 인도네시아 주변을 오가는

❼ 주어: the Bajau 　동사: catch
생계를 유지하기 위해 / 바자우족은 전통적으로 물고기를 잡는다 / 5시간 넘게 시간을 보내면서 / 물속에서 매일

❽ 주어: Their bodies 　동사: have adapted
그들의 몸은 / 적응해 왔다 / 이러한 생활 방식에 맞도록

❾ 주어: they 　동사: don't need
예를 들어 / 그들은 스쿠버 장비가 필요하지 않다 / 70미터보다 더 깊이 잠수하기 위해

❿ 주어: they 　동사: can stay
어떤 장비 없이도 / 그들은 물속에 머무를 수 있다 / 13분 동안 / 한 번에

⓫ 주어: the Bajau 　동사: are having
안타깝게도 / 바자우족은 / 어려움을 겪고 있다 / 전통적인 생활 방식을 유지하는 데 / 정부 규제와 남획 때문에

⓬ 주어: the existing generation of Sea Nomads
동사: may be
따라서 / 현존하는 세대가 / 바다 유목민들의 / 마지막이 될지도 모른다

**CHAPTER 10** **2** Workbook p.32

❶ 주어: many people 동사: eat
오늘날의 바쁜 세상에서 / 많은 사람들은 / 패스트푸드를 먹는다 / 그들은 시간이 부족하기 때문에

❷ 주어: that 동사: (i)s not
하지만 그렇지 않다 / 스페인에서는

❸ 주어: the Spanish 동사: stay
심지어 접시들이 비워진 후에도 / 스페인 사람들은 / 그들의 자리에 머무른다 / 전통을 즐기기 위해 '소브레메사'라고 불리는

❹ 주어: it 동사: happens
'식탁 너머'를 의미하면서 / 그것은 보통 벌어진다 / 점심 식사 후에 / 일단 접시들이 치워지면

❺ 주어: It 동사: is
그것은 시기이다 / 사람들이 느긋하게 함께 시간을 보내는 / 커피를 마시면서 / 그리고 게임을 하면서

❻ 주어: Sobremesa 동사: can ~ last
소브레메사는 쉽게 지속될 수 있다 / 몇 시간 동안

❼ 주어: this tradition 동사: did ~ develop
그런데 왜 이런 전통이 생겨났을까

❽ 주어: Many businesses in Spain 동사: close
스페인의 많은 사업체들은 / 문을 닫는다 / 점심시간에 / 가장 더운 시간인 / 하루 중

❾ 주어: people 동사: are used to
그러므로 / 사람들은 ~에 익숙하다 / 길고 편안한 점심 식사에

❿ 주어: the country 동사: has
게다가 / 이 나라에는 / 슬픈 역사가 있다 / 전쟁과 기근의

⓫ 주어: the Spanish 동사: place
따라서 / 스페인 사람들은 / 큰 중요성을 부여한다 / 가족, 음식, 그리고 인생의 작은 것들을 즐기는 것에

⓬ 주어: – 동사: don't rush
그러니 / 만약 당신이 스페인을 방문한다면 / 떠나려고 서두르지 마라 / 식사 후에

⓭ 주어: That 동사: (i)s
바로 그때부터이다 / 재미있는 것이 시작되는 때는

**CHAPTER 10** **3** Workbook p.33

❶ 주어: Scott Wilson 동사: was walking
스콧 윌슨은 / 걷던 중이었다 / 보스턴에서 / 그가 예상 밖의 무언가를 보았을 때 / 쓰레기 속에서

❷ 주어: It 동사: was
그것은 초상화였다 / 한 나이 든 여인의 / 꽃밭에서 춤추고 있는 / 심각한 표정으로

❸ 주어: Wilson 동사: showed
윌슨은 그것을 보여 주었다 / 그의 친구 제리 라일리에게

❹ 주어: They 동사: agreed
그들 둘 다 동의했다 / 그것이 매력적이라는 것에 / 그것만의 방식으로 / 비록 완벽하지는 않았지만

❺ 주어: they 동사: developed
그래서 / 그들은 아이디어를 발전시켰다 / 더 많은 '나쁜' 그림들을 수집하자는 / 그 초상화와 같은

❻ 주어: They 동사: searched
그들은 뒤졌다 / 벼룩시장을 / 마당 판매를 / 그리고 심지어 쓰레기통까지

❼ 주어: they 동사: opened
예술 작품들을 가지고 / 이 장소들에서 모인 / 그들은 열었다 / 나쁜 미술관(MOBA)을 / 1993년에 / 모든 사람 또한 그것들을 즐길 수 있도록

❽ 주어: it 동사: has
오늘날 / 그곳에는 있다 / 800점이 넘는 나쁜 그림들이

❾ 주어: The purpose of MOBA 동사: isn't
MOBA의 목적은 / ~을 비웃는 것이 아니다 / 나쁜 예술 작품을

❿ 주어: the museum 동사: encourages
오히려 / 그 미술관은 / 예술가들을 격려한다 / 대담해지도록 / 그리고 실패를 두려워하지 않도록

⓫ 주어: it 동사: can ~ be appreciated
비록 작품이 완성되지 않는다고 하더라도 / 그들이 바랐던 것만큼 완벽하게 / 그것은 여전히 감상될 수 있다

## PART 2 내신대비 추가문제

### CHAPTER 01 1

**1** We all want clean teeth and fresh breath.
**2** ⓒ → using[to use]  **3** ③  **4** ②  **5** ⑤

**1** 형용사(clean, fresh)는 한정적 용법으로 쓰일 때 명사(teeth, breath) 앞에서 명사를 수식한다.

**2** ⓒ는 continue의 목적어 자리이다. continue는 동명사와 to부정사를 모두 목적어로 쓰는 동사이므로, to using을 using 혹은 to use로 고쳐야 한다.

**3** 밑줄 친 gentle은 '부드러운'이라고 해석하므로, 의미가 가장 비슷한 것은 ③ soft(부드러운)이다.

(문제 해석)
① 두꺼운   ② 끈적거리는   ③ 부드러운
④ 시원한   ⑤ 거친

**4** 주어진 문장은 워싱턴 셰필드가 만든, 병에 담긴 크림 같은 치약의 문제점에 대해 설명하고 있다. 따라서 이 문제점에 대한 해결책(병 대신 튜브를 사용함)을 제시하는 문장의 앞인 ②에 오는 것이 가장 적절하다.

**5** 화가들이 튜브에서 물감을 짜내는 것을 보고 치약을 튜브에 넣어 사용하려고 생각한 것은 워싱턴 셰필드의 아들이고, 글에 그가 화가라는 정보는 언급되지 않았으므로, ⑤가 글의 내용과 일치하지 않는다.

### CHAPTER 01 2

**1** ③  **2** ③  **3** ④
**4** He attached springs to their bedframes.  **5** familiar

**1** 신체 훈련을 '계속하는' 대신에 작은 감옥 공간에서 할 수 있는 운동을 만들었다는 것은 문맥상 알맞지 않다. 작은 감옥 공간에서도 운동을 계속하기 위해서 필라테스라는 운동을 만든 것이므로, ⓒ에는 quitting(그만두다)이 대신 들어가 신체 훈련을 '그만두는' 대신에 운동을 만들어 계속했다는 의미가 되는 것이 적절하다.

**2** 빈칸 앞에 있는 사람 선행사 prisoners를 수식하는 주격 관계대명사가 필요하므로, ③ who가 들어가는 것이 알맞다.

**3** 요제프 필라테스가 걸을 수 없었던 죄수들이 회복하도록 도왔다고 했으나, 그 자신이 걸을 수 없었다고는 하지 않았으므로 ④가 글의 내용과 일치하지 않는다.

**4** 'A를 B에 붙이다'라는 의미는 「attach A to B」로 나타낸다.

**5** '과거 경험으로 인해 알게 되거나 인식된'이라는 뜻에 해당하는 단어는 familiar(친숙한)이다.

### CHAPTER 01 3

**1** ①  **2** didn't know when they would meet again in those days  **3** ③  **4** ⑤  **5** original

**1** (A): 사람들은 과거에 그들이 언제 다시 만날지를 보통 알지 못했다고 했으므로, '헤어질' 때 서로의 축복을 비는 인사를 했다는 내용이 되어야 적절하다.
(B): '더' 편리해서 줄임말을 사용하기 시작했다는 문맥이 되어야 적절하다.

(문제 해석)
　　(A)　　(B)　　　　　　　　(A)　　(B)
① 헤어질 - 더　　　　　② 밀　 - 덜
③ 기도할 - 덜　　　　　④ 놀이를 할 - 더
⑤ 지나갈 - 덜

**2** didn't know의 목적어 역할을 하는 간접의문문은 「의문사(when) 주어(they) + 동사(would meet) ~」의 형태로 나타낼 수 있다.

**3** keep은 동명사를 목적어로 쓰는 동사이므로 ⓒ to change를 changing으로 고쳐야 한다.

**4** 시간이 지나면서 godbwye에서 'w'는 빠졌다고 했으므로, godbye가 적절하다.

**5** '무언가의 최초 또는 가장 초기의 형태인'이라는 뜻에 해당하는 단어는 original(원래의)이다.

### CHAPTER 02 1

**1** What a strange sight (it was)!  **2** ③
**3** what causes it  **4** ②  **5** ④

**1** 「What + (a/an) + 형용사 + 명사 + (주어 + 동사)!」의 형태로 쓰여 명사를 강조하며 '그것은 정말 이상한 광경이었다!'라는 의미를 나타낼 수 있는 What 감탄문을 사용해야 한다. 참고로, How 감탄문은 「How + 형용사 + (주어 + 동사)!」의 형태로 쓰여 형용사를 강조하여 'How strange the sight was!'와 같이 쓸 수도 있다. 단, 이 경우 '그 광경은 정말 이상했다!'라고 해석된다.

**2** 화산 번개라고 알려진 희귀한 사건이 지난 2세기 동안 약 200회 정도만 관찰되었다고 했으나, 언제 최초로 발생했는지에 대한 언급은 없으므로 ③이 글의 내용과 일치하지 않는다.

**3** 의문문의 주어가 의문사인 경우 「의문사 + 동사 ~?」의 형태로 쓰고, 이때 의문사는 3인칭 단수 취급하므로, what causes it으로 어순을 맞쳐야 한다.

**4** 밑줄 친 contains는 '포함하다'라고 해석하므로, 의미가 가장 비슷한 것은 ② includes(포함하다)이다.

(문제 해석)
① 모으다   ② 포함하다   ③ 방출하다
④ ~이 되다   ⑤ 씌우다

빈칸 뒤에서 화산 번개가 부상과 사망을 일으킬 수 있다고 했으므로, 빈칸에는 화산 번개가 '인간에게 위협을 초래한다'라는 내용의 ④가 들어가는 것이 가장 적절하다.

(문제 해석)
① 다시는 일어날 수 없다
② 현실에서는 더 괜찮아 보인다
③ 영상에 나타나지 않는다
④ 인간에게 위협을 초래한다
⑤ 관광객들에게 훌륭한 경관을 제공한다

## CHAPTER 02   2       Workbook p.40

1 long   2 ④   3 floats and pushes on the stones when the wind blows   4 ③   5 ④

'~만큼 …한/하게'라는 의미는 「as + 원급 + as」의 형태로 나타내므로, 비교급 longer를 원급 long으로 고쳐야 한다.

'돌들이 땅을 가로질러 경주를 하고 있다는 인상'이라고 해석하는 것이 자연스러우므로, the impression과 the stones are racing across the ground를 동격으로 연결할 수 있는 ④ that이 들어가는 것이 알맞다.

현재 시제 동사 floats와 pushes를 접속사 and로 연결해 쓴다.

빈칸 앞에서 바람이 불면 얼음이 돌들을 밀어낸다고 했고, 빈칸 뒤에서 (얼음 때문에 돌들이 밀려) 그 돌들이 움직이며 부드러운 진흙에 자국들을 남긴다고 했다. 따라서 빈칸 앞뒤 내용은 원인과 결과의 관계임을 알 수 있으므로, 빈칸에는 ③ As a result(그 결과)가 들어가는 것이 가장 적절하다.

(문제 해석)
① 그러나       ② 대신에       ③ 그 결과
④ 무엇보다도       ⑤ 예를 들어

leave는 이 글의 밑줄 친 부분과 ④에서는 '남기다'라는 의미로 쓰였고, ①, ②, ③, ⑤에서는 '떠나다'라는 의미로 쓰였다.

(문제 해석)
① 당신은 지금 떠나지 않으면 비행기를 놓칠 것입니다.
② 우리는 화재 때문에 집을 떠나야 했다.
③ 그녀는 파티를 일찍 떠나기로 결정했다.
④ 토마토소스는 자국을 남길 수 있다.
⑤ 그 배는 자정에 항구를 떠날 것이다.

## CHAPTER 02   3       Workbook p.41

1 A hot dog is stuck on a plant's stem!
2 (A): take (B): tasty   3 ③   4 ③   5 shelter

수동태는 「be동사 + p.p.」의 형태로 나타내므로, '붙어 있다'라는 의미는 stick(붙이다)의 p.p.형인 stuck을 사용하여 is stuck으로 나타낸다.

2 (A): 조건을 나타내는 if절에서는 미래를 나타낼 때도 현재 시제(take)를 사용한다.
(B): '~만큼 …한/하게'라는 의미는 「as + 원급(tasty) + as」로 나타낸다.

3 빈칸 앞에서는 둑의 둑 보호 기능을 언급했고 빈칸 뒤에서는 동물 및 곤충의 서식지 역할을 언급했다. 이 두 가지는 서로 다른 성격을 가진 기능 및 역할이므로 빈칸에는 추가 설명을 나타내는 ③ Plus(게다가)가 들어가는 것이 가장 적절하다.

(문제 해석)
① 따라서       ② 예를 들어       ③ 게다가
④ 사실       ⑤ 그렇지 않으면

4 둑이 곤충들을 위한 서식지 역할을 한다고는 했지만, 곤충들에게 먹이를 제공한다는 언급은 없으므로 ③이 글의 내용과 일치하지 않는다.

5 '보호 또는 피신처를 제공하는 장소 또는 구조물'이라는 뜻에 해당하는 단어는 shelter(쉼터)이다.

## CHAPTER 03   1       Workbook p.42

1 ③   2 (1) oxygen (2) glucose
3 they start to wake up and become more active than usual   4 ③   5 ②

1 의문사가 있는 간접의문문은 「의문사 + 주어 + 동사」의 어순으로 쓰므로, ⓒ how does it feel을 how it feels로 고쳐야 한다.

2 밑줄 친 they는 앞서 언급된 산소와 포도당을 가리킨다.

3 '~하게 되다'라는 의미는 「become + 형용사」로 나타낸다.

4 ①, ②, ④, ⑤는 동사와 명사의 관계이고, ③은 동사(혹은 명사)와 형용사의 관계이다.

(문제 해석)
① 느끼다 - 느낌
② 누르다 - 압력
③ 활동(하다) - 활동적인
④ 설명하다 - 설명
⑤ 전달하다 - 전달

5 '느낌이 불편한 것'과 '무해하며 몇 분 안에 사라지는 것'은 서로 대조되는 내용이므로, 빈칸에는 대조 및 양보를 나타내는 부사절 접속사 ② Although(비록 ~하더라도)가 들어가는 것이 가장 적절하다.

(문제 해석)
① ~하기 때문에       ② 비록 ~하더라도       ③ ~하기 전에
④ ~할 때/~하면       ⑤ ~이기 때문에/~한 이후에

# WORKBOOK ANSWERS

**CHAPTER 03　2**　Workbook p.43

> **1** ⓓ → little　**2** ④　**3** it can protect you from infections
> **4** ③　**5** extreme

**1** water는 셀 수 없는 명사이므로, ⓓ few를 셀 수 없는 명사와 함께 쓰는 수량형용사 little로 고쳐야 한다.

**2** 피부가 극심한 열이나 고통을 감지하면 뇌에 그 위협으로부터 벗어나라는 메시지를 보낸다고는 했으나, 반대로 뇌가 피부 세포들에 메시지를 보낸다는 언급은 없으므로 ④가 글의 내용과 일치하지 않는다.

（문제 해석）
① 우리의 피부는 우리 체중의 거의 5분의 1을 차지할 수 있다.
② 우리의 피부는 바이러스가 우리 몸에 들어가는 것을 막아 준다.
③ 우리 몸은 피부 덕분에 수분을 보존한다.
④ 우리 뇌는 우리의 피부 세포에 메시지를 보낸다.
⑤ 우리 피부에는 많은 특수 세포들이 있다.

**3** 'A를 B로부터 보호하다'라는 의미는 「protect + A + from + B」의 형태로 나타낼 수 있다.

**4** 빈칸 뒤에 피부가 열이나 고통을 감지하면 뇌에 그 위협으로부터 벗어나라는 메시지를 보낸다는 내용이 있다. 열이나 고통은 '외부 위협'이라고 볼 수 있으므로, 빈칸에는 ③이 들어가는 것이 가장 적절하다.

（문제 해석）
① 스스로 치료하는
② 다른 사람들을 끌어들이는
③ 외부 위협을 감지하는
④ 태양으로부터 보호를 제공하는
⑤ 내부 장기의 질병들을 발견하는

**5** '보통인 것을 훨씬 뛰어넘는, 무언가의 가장 높은 수준의'라는 뜻에 해당하는 단어는 extreme(극심한)이다.

**CHAPTER 03　3**　Workbook p.44

> **1** ③　**2** It is this acid that irritates our eyes!　**3** ②
> **4** 양파를 썰기 전에 냉장고에 약 30분 동안 넣어 둔다.　**5** defense

**1** ⓑ, ⓒ는 우리의 눈(our eyes)을 가리키고, ⓐ, ⓓ, ⓔ는 양파(onions)를 가리킨다.

**2** '…한 것은 바로 ~이다'라는 의미는 「It is ~ that …」 강조 구문으로 나타낼 수 있으며, It is와 that 사이에 강조 대상(this acid)을 쓰고, 나머지 부분(irritates our eyes)은 that 뒤에 쓴다.

**3** 글 전반에 걸쳐 양파를 썰면 눈물이 나는 이유를 설명한 뒤, 빈칸 뒤에서는 그래도 양파를 썰 때 눈물로 고통받지 않을 방법이 있다고 제시하고 있다. 이는 우리에게 '다행스러운' 일이므로 빈칸에는 ②가 들어가는 것이 가장 적절하다.

（문제 해석）
① 대조적으로　② 다행히도　③ 그러므로
④ 마찬가지로　⑤ 예를 들어

**44** ｜ 영어 실력을 높여주는 다양한 학습 자료 제공 HackersBook.com

**4** 양파를 썰 때 고통받지 않기 위해서는 양파를 썰기 전에 그것들을 냉장고에 약 30분 동안 넣어 두라고 했다.

（문제 해석）
Q. 우리는 어떻게 울지 않고 양파를 썰 수 있을 것 같은가?

**5** '해, 위험, 또는 공격으로부터 자신을 보호하는 행동 또는 전략'이라는 뜻에 해당하는 단어는 defense(방어)이다.

**CHAPTER 04　1**　Workbook p.

> **1** This behavior can be explained by the "strangers on a train" phenomenon.　**2** ③　**3** ④　**4** ③, ④
> **5** 논의 행위 그 자체가 우리에게 위안을 가져다줄 수 있다

**1** 조동사가 있는 수동태는 「조동사 + be + p.p. + (by ~)」의 형태로 쓴

**2** 밑줄 친 matters는 '문제들'이라고 해석하므로, 의미가 가장 비슷한 것은 ③ issues(문제들)이다.

（문제 해석）
① 취향들　　　② 이유들　　　③ 문제들
④ 선택들　　　⑤ 의견들

**3** ④를 기준으로 앞에서는 가까운 친구들에게 비밀을 이야기하기를 ~리는 현상을, 뒤에서는 이방인들은 다시 보지 않을 사람들이라서 ~들에게는 자유롭게 생각을 공유한다는 대조적인 내용을 설명하고 ~다. 따라서 '그러나, 그것(가까운 친구들에게 비밀을 이야기하는 것 ~조심하는 경향)은 기차의 이방인들과는 다르다'라는 내용의 주어 ~문장이 ④에 들어가 내용을 전환하는 것이 자연스럽다.

**4** 접속사 When 다음에는 「주어 + 동사」 형태의 ④ we talk가 들어 ~거나, 이를 분사구문으로 바꾼 ③ talking이 들어가야 한다. 분사 ~문은 「접속사 + 주어 + 동사」 형태의 부사절에서 접속사와 주어를 ~략한 후 동사를 v-ing로 바꿔 만드는데, 분사구문의 의미를 분명 ~하기 위해 접속사를 생략하지 않을 수 있다.

**5** 문장의 주어(the act of discussion)를 강조하기 위해 쓰인 재귀 ~명사 itself는 '그 자체, 바로 그것'이라고 해석하며, 「bring + 간접 ~적어 + 직접목적어」는 '~에게 …을 가져다주다'라고 해석한다.

**CHAPTER 04　2**　Workbook p.

> **1** ④　**2** ②　**3** we are afraid of getting hurt
> **4** ⑤　**5** approach

**1** 인간관계에서 너무 멀지도 가깝지도 않은 안전한 거리를 유지하려 ~경향인 '고슴도치의 딜레마'를 소개하는 글이므로, 주제로 ④가 가 ~적절하다.

**2** 다른 사람들과 친밀한 관계를 맺고 싶지만 상처받을까 봐 두려울 ~'고슴도치의 딜레마'를 겪을 수 있고 (민수), 따뜻하게 있을 만큼은 ~까우면서도 서로에게 상처를 입히는 것은 피할 만큼 먼 안전한 거 ~를 유지하는 것이 이것을 극복하는 데 도움이 된다고 했으므로 ~지), 고슴도치의 딜레마를 바르게 이해한 사람은 민수와 수지이다

**3** `~할까 봐 두려워하다`라는 의미는 「be afraid of + v-ing」를 써서 나타낼 수 있다.

**4** `~할 만큼 충분히 …한/하게`라는 의미는 「형용사/부사 + enough + to-v」를 써서 나타낼 수 있으므로 빈칸에 공통으로 들어갈 말로는 ⑤ enough가 알맞다.

**5** `그것에 닿을 의도를 가지고 무언가 또는 누군가에게 더 가까이 다가가다`라는 뜻에 해당하는 단어는 approach(다가가다)이다.

### CHAPTER 04  **3**
Workbook p.47

1 ③  2 ②  3 ③  4 ④  5 ⑤

**1** 빈칸 앞에서 영화 「트루먼 쇼」의 주인공은 태어났을 때부터 텔레비전 프로그램에 출연하고 있으며, 그의 부모님을 포함하여 그의 삶에서 만나는 모든 사람은 전문적인 배우라고 했다. 따라서 빈칸에는 ③ `그의 삶이 진짜가 아니라는` 것을 유일하게 그만 모른다는 내용이 들어가는 것이 가장 적절하다.

문제 해석
① 연기는 어렵다
② 시청자들은 그를 사랑한다
③ 그의 삶이 진짜가 아니다
④ 그는 정신적인 문제가 있다
⑤ 그 프로그램이 곧 끝날 것이다

**2** 트루먼 쇼 망상은 영화 「트루먼 쇼」의 주인공이 겪고 있던 질병이 아니라, 영화 「트루먼 쇼」의 주인공처럼 자신의 모든 행동도 비밀 텔레비전 세트장의 숨겨진 카메라에 의해 감시당하고 있다고 믿는 사람들이 겪는 질환이므로 ②가 글의 내용과 일치하지 않는다.

**3** 실생활에서도 this(영화 「트루먼 쇼」 주인공의 상황)가 자신에게 일어난다고 믿는 사람들이 있다는 내용의 (B), 그 사람들은 트루먼 쇼 망상을 겪고 있다는 내용의 (A), 트루먼 쇼 망상을 겪고 있는 사람들의 증상을 추가 설명하는 내용의 (C)의 흐름이 가장 적절하다.

**4** think의 목적어 역할을 하는 명사절(this is happening to them, too)은 명사절 접속사 ④ that이 이끌 수 있다.

**5** 밑줄 친 convenient는 `편리한`이라고 해석하므로, 의미가 가장 비슷한 것은 ⑤ easy(쉬운)이다.

문제 해석
① 논란이 많은    ② 타당한    ③ 맞는
④ 쓸모없는    ⑤ 쉬운

### CHAPTER 05  **1**
Workbook p.48

1 ⓐ → 15-degree  2 Why does water feel colder than air  3 ④  4 ③  5 transfer

**1** 「숫자 + 단위명사」가 하이픈(-)으로 연결되어 형용사처럼 명사를 수식할 때는 단위명사를 항상 단수형으로 쓴다. 따라서 명사 day 앞에 온 ⓐ 15-degrees를 15-degree로 고쳐야 한다.

**2** `~보다 더 차갑게 느껴지다`라는 의미는 「feel + colder(형용사 cold의 비교급) + than ~」으로 나타낼 수 있다.

**3** (A): 물속에서는 공기 중에서보다 열이 더 뜨거운 물체에서 더 차가운 물체로 더 빠르게 이동한다고 했으므로, 수영장에 뛰어들면 몸의 열이 체온보다 차가운 수영장의 물로 `빠르게` 이동할 것임을 알 수 있다.
(B): 수영장에 뛰어들면 피부 온도가 갑자기 떨어진다고 했으므로, `춥게` 느끼게 될 것임을 알 수 있다.
(C): 다음 문장에서 열이 몸에서 공기 중으로 천천히 이동한다고 했으므로, 공기 중에서도 몸은 열을 `잃는다`는 것을 알 수 있다.

문제 해석
　　(A)　　(B)　　(C)
① 느리게 - 더운 - 얻는다
② 빠르게 - 추운 - 얻는다
③ 느리게 - 추운 - 얻는다
④ 빠르게 - 추운 - 잃는다
⑤ 느리게 - 더운 - 잃는다

**4** 빈칸 앞에서 섭씨 15도인 날에 열은 몸에서 공기 중으로 천천히 이동한다고 했다. `열이 천천히 이동하는 것`이 원인이 되어 빈칸 뒤의 `추워지지 않는` 결과를 낳은 것이므로, 빈칸에는 결과를 나타내는 ③ Therefore(따라서)가 들어가는 것이 가장 적절하다.

문제 해석
① 그렇지 않으면    ② 예를 들어    ③ 따라서
④ 대신에    ⑤ 그와는 반대로

**5** `한 위치에서 다른 위치로 가다`라는 뜻에 해당하는 단어는 transfer(이동하다)이다.

### CHAPTER 05  **2**
Workbook p.49

1 why soap foam is white  2 ②
3 has the same effect as reflecting all of the colors
4 ③  5 ⑤

**1** 의문사(why)가 있는 간접의문문은 「의문사 + 주어(soap foam) + 동사(is) ~」의 형태로 쓰므로, why is soap foam white를 why soap foam is white로 고쳐야 한다.

**2** 거품이 무수하게 많은 아주 작은 기포들로 구성된다는 내용의 (A), 이 기포들은 거의 투명하다는 내용의 (C), 결과적으로 어떤 빛은 거의 투명한 이 기포들을 투과하고 어떤 빛은 반사된다는 내용의 (B)의 흐름이 가장 적절하다.

**3** `B(모든 색들을 반사하는 것)와 같은 A(효과)`는 「the same A(effect) as B(reflecting all of the colors)」로 나타낼 수 있다.

**4** 동사원형 remember로 시작하는 명령문이므로, 빈칸 뒤에는 remember의 목적어 역할을 하는 명사절을 이끌 수 있는 접속사 ③ that이 와야 한다.

**5** 이 글에서 ⑤ clear는 `투명한`이라는 의미로 사용되었다.

## CHAPTER 05 　3

Workbook p.50

**1** ③ **2** escape **3** ③ **4** ⑤ **5** they keep knocking on the door of this "no-entry" zone

**1** ⓐ, ⓒ, ⓓ는 바르게 쓰였고, ⓑ, ⓔ는 어법상 어색하다.

ⓑ: '사건의 지평선이라고 불리는 무언가에 의해 둘러싸여 있다'라고 수동으로 해석되어야 자연스러우므로, 현재분사 calling을 과거분사 called로 고쳐야 한다.

ⓔ: 사물 선행사 a barrier가 앞에 있으므로 관계대명사 who를 관계대명사 that 혹은 which로 고쳐야 한다.

**2** '무언가로부터 벗어나거나 자유로워지다'라는 뜻에 해당하는 단어는 escape(빠져나가다)이다.

**3** ③: 우주에서 가장 빠른 빛조차도 사건의 지평선을 빠져나갈 수 없다고 언급되었으므로, 글의 내용과 일치한다.

①: 블랙홀이 사건의 지평선의 가장자리인 것이 아니라, 사건의 지평선이 블랙홀의 가장자리인 것이므로, 글의 내용과 반대된다.

②: 블랙홀에 다가갈수록 중력의 끌림은 강해진다고 언급되었으므로, 중력에 영향받지 않는다는 것은 글의 내용과 일치하지 않는다.

④: 어떤 사건이든 관측될 수 없다고 했으므로, 글의 내용과 일치하지 않는다.

⑤: 전 세계에 퍼져 있는 망원경들로부터 데이터를 수집한다고 했으므로, 한 개의 망원경으로부터 데이터를 수집한다는 것은 글의 내용과 일치하지 않는다.

**4** 빈칸 앞에서 사건의 지평선은 모든 것을 숨기는 장벽과 같다고 했으나, 빈칸 뒤에서는 그 사실이 과학자들을 멈추게 하지는 않는다고 했다. 따라서 빈칸에는 대조 및 양보를 나타내는 ④ However(그러나)가 들어가는 것이 가장 적절하다.

문제 해석
① 게다가　　　　② 따라서　　　　③ 대신에
④ 그러나　　　　⑤ 불행히도

**5** '계속해서 ~하다'라는 의미는 「keep + v-ing」를 이용해서 나타낸다.

## CHAPTER 06 　1

Workbook p.51

**1** ③ **2** ⓐ: (that was[which was]) walking ⓑ: put **3** ④
**4** turned him down because he couldn't hire a dog
**5** ②

**1** 구인 공고이므로, 글 쓰는 것과 프린터를 작동시키는 것을 '할 수 있어야 한다'라는 의미를 완성하는 ③ Must be able to가 들어가는 것이 가장 적절하다.

문제 해석
① ~할 필요가 없다　　　　② ~하길 원할 것이다
③ ~할 수 있어야 한다　　　④ ~ 안 하는 것이 낫다
⑤ ~하기를 원하다

**2** ⓐ: '걷고 있던' 개가 표지판을 발견하는 것이 자연스러우므로, 명사구 a dog를 뒤에서 수식할 수 있는 현재분사 walking으로 고쳐야 한다. 혹은 선행사 a dog를 수식하는 주격 관계대명사절을 완성하는 that was walking이나 which was walking으로 고쳐도 된다.

ⓑ: 밑줄 친 부분은 동사 자리이고, 문맥상 과거 이야기를 하고 있으므로 과거형이 들어가야 한다. 그런데 동사 put의 과거형은 원형과 같은 put이므로, putted를 put으로 고쳐야 한다.

**3** 밑줄 친 impressed는 '감명받은'이라고 해석하므로, 의미가 가장 비슷한 것은 ④ moved(감동받은)이다.

문제 해석
① 짜증 나는　　　　② 혼란스러워하는　　　③ 당황스러운
④ 감동받은　　　　⑤ 만족하는

**4** turned down의 목적어가 대명사 him이므로 주어진 단어들을 「타동사(turned) + 목적어(him) + 부사(down)」의 어순으로 배열해야 한다.

**5** 개는 글을 쓸 수 있고, 완벽하게 프린터를 작동시킬 수 있으며, 심지어 두 개의 언어(개의 언어와 고양이의 언어)까지 구사할 수 있다. 따라서 개는 표지판에 적혀 있던 세 가지의 지원 자격을 모두 갖추었음을 유추할 수 있다.

## CHAPTER 06 　2

Workbook p.52

**1** ③, ⑤ **2** The more, the more **3** ②
**4** ② **5** trouble

**1** 문맥상 '무엇을 할지' 모르겠다는 의미가 되어야 자연스러운데, '무엇을 ~할지'라는 의미는 「what + to-v」 혹은 「what + 주어 + should + 동사원형」으로 나타낼 수 있으므로, ⑤ 혹은 ③이 빈칸에 들어갈 말로 알맞다.

**2** '~하면 할수록, 더 …하다'라는 의미는 「the + 비교급 ~, the + 비교급 …」으로 나타낸다.

**3** 지문 뒷부분에서 감자는 부드러워지고, 계란은 딱딱해지고, 커피콩은 향기로운 음료가 되었다고 했다. 따라서 각각이 ⓑ '비슷하게' 반응했다는 것은 문맥상 알맞지 않다. 참고로 ⓑ에 들어갈 알맞은 말은 '다르게' 반응했다는 내용을 완성하는 differently이다.

**4** 아버지는 감자, 계란, 커피콩의 이야기를 통해 도전에 어떻게 반응하는지에 따라 기존의 상태와 다른, 더 좋은 상태가 될 수도 있다는 교훈을 소녀에게 들려주고 있으므로, 아버지의 의도를 가장 잘 이해한 사람은 민아이다.

**5** '문제, 어려움, 또는 고통스러운 상태'라는 뜻에 해당하는 단어는 trouble(문제)이다.

## CHAPTER 06  **3**

Workbook p.53

**1** When she entered the kitchen to start making dinner  **2** ③  **3** ⓐ: 겁먹은 ⓑ: 차분한 ⓒ: 화가 난  **4** ④
**5** mess

**1** 시간을 나타내는 부사절 접속사 when은 「접속사 + 주어(she) + 동사(entered) ~」의 형태로 쓰인다. 또한, '저녁을 만들기 위해'라는 의미는 [목적]을 나타내는 to부정사의 부사적 용법 to start making dinner로 나타낼 수 있다.

**2** Brooke이 우유를 쏟았으므로, ③이 글의 내용과 일치하지 않는다.

**3** frightened는 '겁먹은', calm은 '차분한', angry는 '화가 난'이라고 해석한다.

**4** 바닥을 치운 과거의 시점보다 더 이전에 우유를 쏟았었다는 의미가 되어야 하므로, [대과거]를 나타내는 과거완료 시제 ④ had spilled가 들어가야 한다.

**5** '사물이 뒤엉켜 어수선한 상태'라는 뜻에 해당하는 단어는 mess(엉망)이다.

## CHAPTER 07  **1**

Workbook p.54

**1** a robot called ELU can help
**2** ③  **3** ②  **4** ④  **5** costs

**1** '~이라고 불리는'이라는 의미의 called가 called ELU 형태의 과거분사구로 쓰여, 명사구 a robot을 뒤에서 수식해야 한다.

**2** ELU가 습한 공기를 받아들이고 압착한 뒤에, 그 결과로 발생한 물을 여과하고, 마지막에 미네랄 소금을 첨가하는 것이므로, 공기 압착 전에 미네랄 소금이 첨가된다는 ③이 글의 내용과 일치하지 않는다.

- 정민: 마흐무드 엘쿠미는 ELU가 지구의 물이 거의 없는 곳에 있는 사람들도 돕기를 바란다고 언급되었다.
- 하나: 다른 방법들보다 물을 생산하는 비용이 저렴하다고 언급되었다.
- 지현: 태양 에너지를 사용하는 것이 환경에 미치는 영향에 관한 언급은 없으므로, 글의 내용을 바르게 이해하지 못했다.
- 영진: ELU로 만든 물에 건강에 좋은 미네랄 소금이 첨가된다고 했으므로, 글의 내용을 바르게 이해하지 못했다.

「배수사 + 비교급 + than」은 원급 비교 표현인 「배수사 + as + 원급 + as」로 바꿔 쓸 수 있다.

빈칸에 공통으로 들어갈 알맞은 단어는 '(비용·시간)이 들다'라는 의미의 cost의 3인칭 단수형인 costs이다.

문제 해석
• 이 셔츠는 200달러가 넘는다.
• 외식하는 것에는 더 큰 비용이 든다.

## CHAPTER 07  **2**

Workbook p.55

**1** ④  **2** ②  **3** The engine checks whether this model matches the one that[which] it stored when you first set up Face ID.  **4** ①  **5** recognize

**1** 트루뎁스 카메라를 이용해 잠금을 해제하는 기술인 페이스 ID를 소개하는 글이므로, 그냥 ④ '그것(휴대전화)을 봄'으로써 잠금이 해제된다는 내용이 되는 것이 자연스럽다.

문제 해석
① 그것을 만짐        ② 그것을 흔듦
③ 그것과 말을 함      ④ 그것을 봄
⑤ 비밀번호를 입력함

**2** 주어진 문장은 점들을 사용하여 얼굴의 3D 지도를 만든다는 내용으로, 트루뎁스 카메라가 30,000개가 넘는 적외선 점들을 사용자의 얼굴에 비춘다는 내용 다음에 올 구체적인 내용에 해당한다. 따라서 주어진 문장은 ②에 들어가는 것이 가장 적절하다.

**3** the one 다음에 목적격 관계대명사 that 혹은 which가 생략되어 있다.

**4** 문맥상 비밀번호를 입력하면 페이스 ID가 변한 외모도 학습하여 다음번에는 잘 알아볼 것이라는 흐름이 되어야 적절하므로, '…해라, 그러면 ~'이라는 의미를 만드는 ① and가 들어가야 한다. 참고로 「명령문 + or ~」는 '…해라, 그렇지 않으면 ~'이라는 의미이다.

**5** '과거의 지식이나 경험 때문에 누군가 또는 무언가를 알고 기억하다'라는 뜻에 해당하는 단어는 recognize(알아보다)이다.

## CHAPTER 07  **3**

Workbook p.56

**1** (A): disagreed (B): common  **2** ①  **3** take → takes
**4** ⑤  **5** not only prevents disputes in tennis but also provides entertainment for fans

**1** (A): 심판이 존 매켄로가 친 공이 아웃이라고 말한 것에 대해 존 매켄로는 '동의하지 않았'지만 아무것도 할 수 없었다는 흐름이 되는 것이 자연스럽다.
(B): 마지막 문장에서 호크아이 시스템의 사용이 논쟁들을 방지한다고 했으므로, 호크아이 시스템의 도입 전에는 논쟁이 '흔했을' 것임을 유추할 수 있다.

**2** 심판의 판정에 동의하지 않았으나 아무것도 할 수 없었던 사례로 존 매켄로의 예를 들긴 했으나, 그가 호크아이 시스템을 처음 도입했다는 언급은 없으므로 ①이 글의 내용과 일치하지 않는다.

**3** 「each of + 복수명사(them)」는 단수 취급하므로, 복수동사 take를 단수동사 takes로 고쳐야 한다.

**4** 밑줄 친 calls for는 '요구한다'라고 해석하므로, 의미가 가장 비슷한 것은 ⑤ requests(요구한다)이다.

〔문제 해석〕

① 관찰한다     ② 수락한다     ③ 준비한다

④ 거부한다     ⑤ 요구한다

**5** 'A뿐만 아니라 B도'라는 의미는 「not only A but also B」의 형태로 나타낸다.

---

### CHAPTER 08   1        Workbook p.57

**1** 주인공(들), 목표(들)   **2** ④   **3** ③

**4** If they did not[didn't] exist   **5** correct

**1** 로빈과 올라프는 둘 다 사이드킥으로서 주인공들이 목표를 달성하도록 돕는다고 했다.

〔문제 해석〕

Q. 로빈과 올라프에게는 어떤 공통점이 있는가?

**2** several reasons는 영화에 사이드킥이 필요한 여러 가지 이유들을 가리킨다. 사이드킥은 이야기에 유머를 더할 수 있고, 분위기를 밝게 하며, 주인공이 올바른 선택을 하도록 이끄는 훌륭한 조력자라서 영화에 필요하다고 했다. ④는 여기에 해당하지 않는다.

**3** 상대방의 동의를 받기 위해 문장 끝에 덧붙이는 부가의문문은 「긍정문 + 부정의 부가의문문」의 형태로 쓴다. 앞서 쓰인 동사가 be동사 are이고, 주어가 3인칭 복수(Sidekicks)이므로 ③ aren't they(그렇지 않은가)가 들어가는 것이 알맞다.

**4** 현재 사실의 반대를 가정하는 가정법 과거는 「If + 주어 + 동사의 과거형 ~, 주어 + would/could/should/might + 동사원형 …」의 형태로 쓴다. 그런데 '존재하지 않는다면'이라는 부정의 의미를 나타내야 하므로, 일반동사 exist 앞에 did not 혹은 didn't를 붙여 If they did not[didn't] exist로 쓴다.

**5** '옳거나 정확하며, 무언가를 하는 적절한 방식을 따르는'이라는 뜻에 해당하는 단어는 correct(올바른)이다.

---

### CHAPTER 08   2        Workbook p.58

**1** ①   **2** Imagine being an actor whose character is a CEO.   **3** ③   **4** ⓑ, ⓒ   **5** ①

**1** 영화 「악마는 프라다를 입는다」에서 메릴 스트립은 패션 잡지의 편집장인 미란다 프리슬리의 역할을 맡아, 권위를 보여 주기 위해 강한 어조를 사용하기보다는 속삭이는 방법을 택하여 진정으로 영향력 있는 모습을 나타냈음을 설명하는 글이므로, 제목으로 ①이 가장 적절하다.

〔문제 해석〕

① 역할에 대한 메릴 스트립의 독특한 접근법

② 매력적인 목소리가 중요한 이유들

③ 클린트 이스트우드가 주연 배우들에게 미친 영향

④ 최고의 궁합: 해서웨이와 스트립

⑤ 「악마는 프라다를 입는다」: 뒷이야기

**2** imagine은 동명사를 목적어로 쓰므로 Imagine 다음에는 being이 와야 하고, 소유격 관계대명사가 이끄는 whose character는 선행사 an actor 뒤에 와야 한다.

**3** 밑줄 친 authority는 '권위'라고 해석하므로, 의미가 가장 비슷한 것은 ③ power(권력)이다.

〔문제 해석〕

① 재능     ② 지혜     ③ 권력

④ 용기     ⑤ 정직

**4** 이 글의 밑줄 친 does와 ⓑ, ⓒ의 does, do는 일반동사 앞에서 동사를 강조하는 용법으로 쓰였고, ⓐ, ⓓ, ⓔ는 일반동사로 쓰였다.

〔문제 해석〕

ⓐ 너는 축구하는 것을 좋아하니?

ⓑ 커피 향이 정말 좋다.

ⓒ 나는 나의 남동생을 정말 사랑한다.

ⓓ 가게는 어제 문을 열지 않았다.

ⓔ 그녀는 옳은 일을 했다.

**5** 목소리를 높이지 않더라도, 자신감 있으면서도 조용한 말투로 영향력을 드러낼 수 있음을 설명하는 글이므로, 교훈으로 ①이 가장 적절하다.

〔문제 해석〕

① 음량이 힘을 정의하지 않는다.

② 당신이 믿는 것을 위해 목소리를 높여라.

③ 팀 내 조화가 성공을 만든다.

④ 당신의 목소리가 긍정적인 변화를 위한 힘이 되게 하라.

⑤ 친절은 모두가 이해할 수 있는 언어이다.

---

### CHAPTER 08   3        Workbook p.5

**1** ⑤   **2** ③   **3** for   **4** ③, ④   **5** want their performances to be so extreme that viewers feel uncomfortable

**1** 밑줄 친 unique는 '독특한'이라고 해석하므로, 의미가 가장 비슷한 것은 ⑤ unusual(특이한)이다.

〔문제 해석〕

① 일반적인     ② 긍정적인     ③ 친숙한

④ 현실적인     ⑤ 특이한

**2** 자메이카에서 시작된 플렉싱의 주요 특징을 설명하는 부분으로, 댄서들이 즉석에서 동작을 창작하는 것이 플렉싱의 주된 특징이라는 내용의 (B), 이를 부연 설명하며 댄서들은 연습하지 않고 흐름에 따라간다고 설명하는 내용의 (C)가 연결되는 것이 적절하다. 그런 다음에, 그렇지만 플렉싱은 단순한 춤이 아니라는 내용의 (A)가 나오고, 플렉싱의 사회적 의미에 대한 내용이 이어지는 것이 자연스럽다.

**3** to부정사는 의미상 주어로 「for + 사람(목적격)」을 사용하므로, express가 나타내는 동작의 주체를 나타내기 위해 people 앞에 치사 for를 쓴다.

**4** 플렉싱은 자신만의 동작을 즉석에서 창작하는 춤으로서, 사회적 문제에 대한 분노를 표현하는 방법이기도 하다고 했으므로, ③, ④가 이

---

의 내용과 일치한다.

5 「want + 목적어 + to-v」는 '~가 …하기를 원하다'라는 의미로, want의 목적격 보어 자리에는 to부정사(to be)가 온다. 또한, '너무/매우 ~해서 …하다'라는 의미는 「so + 형용사(extreme) + that절」로 나타낸다.

## CHAPTER 09　1
Workbook p.60

1 drought, water, level　2 If you see me, then weep!
3 ③　4 ②　5 ③

1 수위가 떨어지면 물속에 있다가 나타나 힘든 시기가 왔음을 경고하는 유럽의 헝거스톤을 소개하는 글이다.

(문제 해석)
수위가 떨어지는 심각한 가뭄 시기 동안에 유럽에서 나타나는 돌들

2 첫 번째 문장에 언급된 내용을 의미한다. 체코 공화국의 한 강 바위에 'If you see me, then weep!'(= This curious message)이라는 메시지가 새겨져 있다는 의미이다.

3 밑줄 친 approaching은 '다가오는'이라고 해석하므로, 의미가 가장 비슷한 것은 ③ coming(오는)이다.

(문제 해석)
① 가는　　②계속되는　　③오는
④ 사라지는　　⑤변화하는

4 '가뭄으로 고통받았던 사람들'은 주격 관계대명사 who를 사용해 나타낼 수 있고, '~으로 고통받다'는 「suffer from + 명사」로 나타내므로, 주어진 단어들을 바르게 배열하면 people who suffered from droughts이다.

5 ③의 that은 주격 관계대명사 that이고, 밑줄 친 that과 ①, ②, ④, ⑤의 that은 동격을 나타내는 that이다.

(문제 해석)
① 우리에게 더 많은 시간이 필요하다는 사실은 분명하다.
② Adam은 그가 대회에서 이겼다는 소식을 들었다.
③ 나는 모두를 만족시킬 계획을 세우고 있다.
④ 나는 우리가 쉬는 시간을 가져야 한다는 당신의 아이디어가 마음에 든다.
⑤ 그는 Jessica가 올 것이라는 희망을 잃지 않고 있다.

## CHAPTER 09　2
Workbook p.61

1 ④　2 ④　3 ②　4 might worry that paper is too weak to protect objects　5 change

100퍼센트 재활용이 가능한 친환경 포장재인 종이 뽁뽁이가 플라스틱 뽁뽁이의 대안으로 부상하고 있음을 설명하는 글이므로, 제목으로 ④가 가장 적절하다.

(문제 해석)
① 종이 제품들의 장점

② 온라인 쇼핑의 성장
③ 플라스틱의 문제점은 무엇인가?
④ 친환경 포장의 부상
⑤ 음식 배달 서비스의 미래

2 분사구문은 분사를 이용하여 「접속사 + 주어 + 동사」 형태의 부사절을 부사구로 바꾸는 것이며, 이때 부사절의 동사를 v-ing형으로 바꾸므로 ⓓ created를 v-ing형인 creating으로 고쳐야 한다.

3 문맥상 무언가가 변하지 않는다면 플라스틱이 버려진 채 썩지 않아 바다에 물고기보다 플라스틱이 더 많아질 것으로 예측된다는 흐름이 되어야 자연스러우므로, 빈칸에는 '만약 ~하지 않는다면'이라는 의미의 부사절 접속사 ② unless가 들어가는 것이 가장 적절하다.

(문제 해석)
① 만약 ~한다면　　②만약 ~하지 않는다면
③ ~할 때　　④비록 ~하더라도
⑤ ~하기 때문에

4 '~하기에는 너무 …하다'라는 의미는 「too + 형용사/부사 + to-v」로 나타낼 수 있다.

5 빈칸에 공통으로 들어갈 알맞은 단어는 명사일 때는 '변화, 변동', 동사일 때는 '변화시키다; 변하다'라는 뜻을 가지는 change이다.

(문제 해석)
• 갑작스러운 날씨의 변화는 우리를 놀라게 했다.
• 나뭇잎은 가을에 색을 변화시킨다.

## CHAPTER 09　3
Workbook p.62

1 left, tourists[people]　2 ③　3 ④
4 can use this data to develop environmental policies
5 trash, volunteers

1 관광객들에 의해 해변에 남겨진 쓰레기(= this problem) 문제를 해결하기 위해 할 수 있는 일이 무엇인지 묻는 문장이다.

(문제 해석)
관광객들[사람들]에 의해 해변에 남겨진 쓰레기

2 밑줄 친 specific은 '특정한'이라고 해석하므로, 의미가 가장 비슷한 것은 ③ particular(특정한)이다.

(문제 해석)
① 더러운　　②인근의　　③특정한
④ 비어 있는　　⑤주위의

3 organization은 입양하는 주체로서, 동사 adopt와 수식받는 명사 organization의 관계가 능동이므로, 빈칸에는 '~하는'이라는 의미를 나타내는 현재분사 ④ adopting이 들어가는 것이 알맞다.

4 '개발하기 위해'는 [목적]을 나타내며, 이는 부사적 용법으로 쓰이는 to부정사 to develop을 이용해 나타낼 수 있다.

# WORKBOOK ANSWERS

**5**

> ### 텍스트 프로그램의 성공
>
> 1986년 이후로, 텍사스에서는 많은 사람들이 지역 해변에서 쓰레기를 제거하는 좋은 일에 힘을 합쳐 왔다. 거의 10,000톤의 그것(쓰레기)이 자원봉사자들에 의해 수거되어 왔으며, 이는 팀워크의 가치를 강조한다.

---

## CHAPTER 10　1

**1** ④　**2** ①　**3** ③
**4** have adapted to fit this lifestyle　**5** gear

**1** 1,000년 넘게 바다의 나무로 된 배에서 살아온 바다 유목민인 바자우족을 소개하는 글이므로, 제목으로 ④가 가장 적절하다.

【문제 해석】
① 바자우 전통: 이미 소실된
② 동남아시아에는 누가 살까?
③ 조화로운 서로 다른 세대들
④ 바다 유목민: 보트에 사는 사람들
⑤ 고글을 가지고 바닷속 깊은 곳으로 잠수하라

**2** (A): 바자우족은 특정 국가에 속하지는 않지만, '대신에'(Instead) 필리핀, 말레이시아, 인도네시아를 오가는 나무로 된 배에서 산다는 흐름이 되어야 적절하다.
(B): 빈칸 앞에서 바자우족의 몸이 물에서 사는 생활 방식에 맞게 적응해 왔다고 한 뒤, 빈칸이 있는 문장에서는 어떻게 적응했는지 보여주기 위해 잠수 능력에 관한 예시를 들고 있다. 따라서 예시를 나타내는 For example(예를 들어)이 들어가는 것이 적절하다.

【문제 해석】
|(A)|(B)|(A)|(B)|
|---|---|---|---|
|① 대신에|- 예를 들어|② 그 결과|- 불행히도|
|③ 그래서|- 최근에|④ 한편|- 무엇보다도|
|⑤ 마찬가지로|- 그럼에도 불구하고|||

**3** 바자우족은 어떤 특정한 국가에도 속하지 않는다고 했으므로, ③은 글의 내용과 일치하지 않는다.

**4** 복수명사가 주어일 때 현재완료 시제는 have p.p.의 형태로 쓰며, 과거에 시작된 일이 현재까지 이어지는 [계속]을 나타낼 수 있다.

**5** '특정 목적을 위해 필요한 장비 또는 도구'라는 뜻에 해당하는 단어는 gear(장비)이다.

---

## CHAPTER 10　2

**1** stay in their seats to enjoy a tradition called sobremesa　**2** ①, ⑤　**3** sobremesa　**4** ②　**5** rush

**1** '전통을 즐기기 위해'라는 의미는 [목적]을 나타내는 to부정사의 부사적 용법 to enjoy a tradition으로 나타내고, '~이라고 불리는'이라는 의미는 과거분사 called로 나타낸다.

**2** 빈칸에는 선행사 a period를 수식하는 관계부사가 들어가야 하는데,

시간의 선행사가 쓰였으므로 관계부사 ① when을 쓴다. 관계부사는 「전치사 + 관계대명사」로 바꿔 쓸 수 있으므로 ⑤ in which도 적[절]하다.

**3** 식사가 끝난 후 스페인 사람들이 느긋하게 함께 시간을 보내는 전[통](= this tradition)인 sobremesa(소브레메사)를 가리킨다.

**4** 소브레메사는 느긋하게 함께 시간을 보내는 것이며 몇 시간 동안[도 오]게 지속될 수 있다고 했으므로, ②가 글의 내용과 일치하지 않는다.

【문제 해석】
① 소브레메사는 '식탁 너머'라는 뜻이다.
② 소브레메사는 보통 몇 분간만 지속된다.
③ 스페인의 많은 사업체들이 점심시간에 문을 닫는다.
④ 국가의 역사가 소브레메사의 발달에 영향을 미쳤다.
⑤ 스페인 문화에서 가족의 중요성은 크다.

**5** '서두르거나 매우 빠르게 이동하다'라는 뜻에 해당하는 단어는 rus[h](서두르다)이다.

---

## CHAPTER 10　3

**1** ③　**2** ②　**3** ③
**4** 모든 사람이 그것들을 즐길 수 있도록　**5** failure

**1** something과 같이 -thing으로 끝나는 대명사는 형용사가 뒤에[서] 수식하므로, something unexpected의 순서가 된다. 따라서 올[바]른 순서는 when he saw something unexpected가 된다.

**2** (A): 문맥상 '춤추고 있는'이라는 의미가 되는 것이 자연스러우므[로,] '~하고 있는'이라는 의미를 나타내면서 앞에 온 명사구 an old lad[y]를 수식할 수 있는 현재분사 dancing이 들어가야 알맞다.
(B): be동사의 보어 자리이므로, 명사적 용법으로 쓰이는 to부정[사] to make가 들어가야 알맞다.

**3** 주어진 문장(더 많은 나쁜 그림들을 수집하자는 아이디어를 발전[시]키게 되었다는 내용)은 윌슨과 라일리가 쓰레기통에서 주운 그림[이] 완벽하지는 않아도 매력적이라는 것에 동의했다는 내용과, 그들이 [본]격적으로 벼룩시장 등에서 그림을 뒤졌다는 내용 사이에 와서 그[림]을 수집하게 된 계기를 나타내는 것이 자연스러우므로, ③에 들어[가]는 것이 가장 적절하다.

**4** so that은 '~하도록, ~하기 위해'라는 의미로, [목적]을 나타내는 [부]사절을 이끈다.

**5** '무언가를 성공적으로 하지 못하거나 완수하지 못하는 행위'라는 [뜻]에 해당하는 단어는 failure(실패)이다.

# PART 3 Word Test

## CHAPTER 01 Origins
Workbook p.68

| | | | |
|---|---|---|---|
| 01 | ~이라고 알려진 | 16 | injury |
| 02 | 짜내다 | 17 | ancient |
| 03 | 숨결 | 18 | mistake |
| 04 | 부드러운 | 19 | religious |
| 05 | 전 세계의, 전 세계적인 | 20 | invent |
| 06 | (길이를) 줄이다 | 21 | expression |
| 07 | 운동 | 22 | resulting |
| 08 | ~으로 변하다 | 23 | familiar |
| 09 | 죄수 | 24 | background |
| 10 | 원래의 | 25 | ingredient |
| 11 | 푸다, 뜨다 | 26 | physical |
| 12 | 축복하다 | 27 | recover |
| 13 | 그만두다 | 28 | development |
| 14 | 발달하다 | 29 | convenient |
| 15 | 군인 | 30 | modern |

## CHAPTER 02 Nature
Workbook p.69

| | | | |
|---|---|---|---|
| 01 | 해로운 | 16 | shelter |
| 02 | 초래하다 | 17 | threat |
| 03 | 감염 | 18 | impression |
| 04 | 조합 | 19 | alive |
| 05 | 매력적인 | 20 | formation |
| 06 | 줄기 | 21 | prevent |
| 07 | 흔치 않은 | 22 | wonder |
| 08 | 만능의 | 23 | extreme |
| 09 | 조각 | 24 | habitat |
| 10 | 고이다, 모이다 | 25 | discovery |
| 11 | (화산이) 폭발하다 | 26 | furniture |
| 12 | 공급원 | 27 | observe |
| 13 | 번개 | 28 | benefit |
| 14 | 스스로 | 29 | contain |
| 15 | 떠다니다 | 30 | ash |

## CHAPTER 03 Human Body
Workbook p.70

| | | | |
|---|---|---|---|
| 01 | ~에서 비롯되다 | 16 | protection |
| 02 | 손실 | 17 | disappear |
| 03 | 무해한 | 18 | function |
| 04 | 압력 | 19 | barrier |
| 05 | 물질 | 20 | survival |
| 06 | 전략 | 21 | damage |
| 07 | 갑작스러운 | 22 | block |
| 08 | 썰다 | 23 | light |
| 09 | 외부의 | 24 | specialized |
| 10 | 냉장고 | 25 | release |
| 11 | 의학의 | 26 | remove |
| 12 | 땅속에서; 땅속의 | 27 | fall asleep |
| 13 | 평소의 | 28 | organ |
| 14 | 고통받다 | 29 | preserve |
| 15 | 무게 | 30 | defense |

## CHAPTER 04 Psychology
Workbook p.71

| | | | |
|---|---|---|---|
| 01 | 심각한 | 16 | distance |
| 02 | 밝히다, 폭로하다 | 17 | phenomenon |
| 03 | 개념 | 18 | professional |
| 04 | 가까이 다가가다 | 19 | discussion |
| 05 | 자유롭게 | 20 | psychological |
| 06 | 유지하다 | 21 | symptom |
| 07 | 여기다 | 22 | expand |
| 08 | 표현하다 | 23 | expert |
| 09 | 사소한 | 24 | private |
| 10 | 부담을 지우다 | 25 | cause |
| 11 | 고민 | 26 | support |
| 12 | 어려움 | 27 | disorder |
| 13 | 온기 | 28 | relationship |
| 14 | 이상적인 | 29 | wound |
| 15 | 정신적인 | 30 | behavior |

## CHAPTER 05 Science
Workbook p.72

| | | | |
|---|---|---|---|
| 01 | ~으로 구성되다 | 16 | overall |
| 02 | 우주 | 17 | effect |
| 03 | 민감한 | 18 | temperature |
| 04 | 둘러싸다 | 19 | gravity |
| 05 | 떨어지다 | 20 | equally |
| 06 | 가장자리 | 21 | explore |
| 07 | 반사하다 | 22 | sense |
| 08 | 무수히 많은 | 23 | approach |
| 09 | 퍼뜨리다 | 24 | boundary |
| 10 | 영향을 미치다 | 25 | shake |
| 11 | 가두다 | 26 | matter |
| 12 | 유지되다, 남다 | 27 | principle |
| 13 | 건너다, 가로지르다 | 28 | cold[chilly] |
| 14 | ~에 적용되다 | 29 | transfer |
| 15 | 변함없는 | 30 | continuously |

## CHAPTER 06 Stories
Workbook p.73

| | | | |
|---|---|---|---|
| 01 | ~을 부탁하다 | 16 | spill |
| 02 | 채용하다 | 17 | perfectly |
| 03 | 우울한 | 18 | daughter |
| 04 | ~을 지적하다 | 19 | mess |
| 05 | 겁먹은 | 20 | complain |
| 06 | 자랑스럽게 | 21 | cynical |
| 07 | ~를 거절하다 | 22 | impressed |

| 08 | 실망한 | 23 | honest |
|---|---|---|---|
| 09 | 지원하다 | 24 | innocent |
| 10 | 안도한 | 25 | positive |
| 11 | 접수원 | 26 | differently |
| 12 | 긴장한 | 27 | apologize |
| 13 | 증명하다 | 28 | operate |
| 14 | 고마워하는 | 29 | boil |
| 15 | 완전히 | 30 | attitude |

## CHAPTER 07 Technology — Workbook p.74

| 01 | 인류 | 16 | prey |
|---|---|---|---|
| 02 | 동의하지 않다 | 17 | accurately |
| 03 | 설정, 환경 | 18 | activate |
| 04 | 수학적인 | 19 | introduce |
| 05 | 방법 | 20 | improve |
| 06 | 경로 | 21 | analyze |
| 07 | 습한 | 22 | appearance |
| 08 | 관중 | 23 | produce |
| 09 | 기원 | 24 | cost |
| 10 | 잠금을 해제하다 | 25 | recognize |
| 11 | 심판 | 26 | equality |
| 12 | 특히 | 27 | virtual |
| 13 | 논쟁 | 28 | combine |
| 14 | 제대로 | 29 | adjust |
| 15 | 장치 | 30 | inexpensive |

## CHAPTER 08 Entertainment — Workbook p.75

| 01 | 해 보이다, 공연하다 | 16 | expect |
|---|---|---|---|
| 02 | 미심쩍은 | 17 | assistant |
| 03 | 수단 | 18 | belief |
| 04 | 인정하다 | 19 | authority |
| 05 | 용어 | 20 | practice |
| 06 | 즉석에서 | 21 | performance |
| 07 | 감정 | 22 | challenge |
| 08 | ~하는 경향이 있다 | 23 | confident |
| 09 | 흐름 | 24 | uncomfortable |
| 10 | ~을 지칭하다 | 25 | achieve |
| 11 | 각도 | 26 | develop |
| 12 | 진정으로 | 27 | influential |
| 13 | 밝게 하다 | 28 | racism |
| 14 | 요소 | 29 | valuable |
| 15 | 동반자 | 30 | initial |

## CHAPTER 09 Environment — Workbook p.76

| 01 | 크게, 상당히 | 16 | predict |
|---|---|---|---|
| 02 | 새기다 | 17 | destination |
| 03 | 해양의 | 18 | drought |
| 04 | 피해 | 19 | reduce |
| 05 | 경제적인 | 20 | hunger |
| 06 | 영향 | 21 | organization |
| 07 | 경고하다 | 22 | pollution |
| 08 | 자원봉사자; 자원봉사 하다 | 23 | challenging |
| 09 | 협동하는 | 24 | replace |
| 10 | 재활용 가능한 | 25 | adopt |
| 11 | ~을 기록하다 | 26 | crop |
| 12 | 주민 | 27 | traditional |
| 13 | 해결책, 치료 | 28 | curious |
| 14 | 해안의 | 29 | assign |
| 15 | 조치를 취하다 | 30 | surface |

## CHAPTER 10 Culture — Workbook p.7

| 01 | 맞다 | 16 | appreciate |
|---|---|---|---|
| 02 | 대담한 | 17 | make a living |
| 03 | 현존하는 | 18 | custom |
| 04 | ~을 무서워하다 | 19 | display |
| 05 | ~에 익숙하다 | 20 | adapt |
| 06 | 격려하다 | 21 | failure |
| 07 | 선명하게 | 22 | famine |
| 08 | ~이 부족하다 | 23 | rather |
| 09 | 초상화 | 24 | generation |
| 10 | 매력적인 | 25 | develop |
| 11 | 다루다 | 26 | unexpected |
| 12 | ~을 비웃다 | 27 | underwater |
| 13 | 특정한 | 28 | entertain |
| 14 | 사회적인 | 29 | regulation |
| 15 | 소중히 여기다 | 30 | promote |